파이썬으로 따라해보는
딥러닝 AI 프로젝트 실사례

Santanu Pattanayak 지음
용환승 옮김

텐서플로우와 케라스를 사용한 딥러닝의 9가지 실제 AI 프로젝트

Packt>

도서출판 홍릉

역자소개

용환승

서울대학교 컴퓨터공학과 졸업(학사, 석사, 공학박사)
현) 이화여자대학교 컴퓨터공학과 교수

Intelligent Projects Using Python(by Santanu Pattanayak)

파이썬으로 따라해보는 딥러닝
AI 프로젝트 실사례

인 쇄: 2020년 2월 25일 초판 1쇄
발 행: 2020년 3월 2일 초판 1쇄

역자와의 협의하에 인지생략

역 자: 용환승
발행인: 송 준
발행처: 도서출판 홍릉
주 소: 01093 서울시 강북구 인수봉로 50길 10
등 록: 1976년 10월 21일 제5-66호

전 화: 02-999-2274~5
팩 스: 02-905-6729
e-mail: hongpub@hongpub.co.kr
http://www.hongpub.co.kr
ISBN: 979-11-5600-737-1(93000)

정 가: 29,000원

머리말

파이썬 인공지능 프로젝트는 딥러닝 및 강화 학습을 활용하여 현명하고 실용적인 AI기반 시스템을 구축하는 데 도움이 된다. 이 책에 설명된 프로젝트는 컨볼루션 신경망, 심층 강화학습, LSTM 기반 RNN, 제한 볼츠만 머신, 생성적 적대신경망, 기계번역 및 전이 학습 등을 사용하여 건강, 전자상거래, 전문가 시스템, 패션 사업, 모바일 응용 및 자율주행 자동차 등의 다양한 문제들을 다루고 있다. 이 책에 설명된 지능형 애플리케이션을 구축하는 이론적인 측면을 통해 독자는 프로젝트를 흥미로운 방식으로 확장하고 영향력 있는 AI 애플리케이션을 빠르게 구축할 수 있다. 이 책의 끝에서, 독자는 번거로움 없이 모든 종류의 문제를 해결할 수 있는 자신만의 스마트 모델을 만들 수 있을 것이다.

이 책의 대상

이 책은 AI에 대한 지식을 확장할 준비가 된 데이터 과학자, 기계 학습 전문가 및 딥러닝 전문가를 대상으로 한다. 모든 복잡한 도메인에서 중요한 역할을 하는 실제 스마트 시스템을 구축하려면 이 책이 필요하다.

이 책의 내용

1장, 인공 지능 기반 시스템의 기초는 기계 학습, 딥러닝 및 강화학습을 사용하여 스마트 인공 시스템을 구축하는 방법에 대한 기본 사항을 다룬다. 우리는 이미지 처리 목적을 위한 CNN과 자연 언어 처리 목적을 위한 RNN을 포함하여 다양한 인공 신경망에 대해 논의할 것이다.

2장, 전이 학습 Transfer Learning은 전이 학습을 사용하여 사람의 눈에서 당뇨병 성 망막 병증 상태를 감지하고 망막증의 중증도를 결정하는 방법을 설명합니다. 우리는 CNN을 탐구하고 인간의 눈의 안저 영상에서 당뇨성 망막증을 탐지할 수 있는 CNN으로 모델을 훈련시키는 방법을 배우게 된다.

3장, 신경망 기계 번역, 반복 신경 네트워크 RNN 아키텍처의 기본 사항을 다룬다. 또한 규칙 기반 기계 번역, 통계기반 기계 번역 및 신경망 기계 번역의 세 가지 기계 번역 시스템에 대해 알아본다.

4장, GAN을 사용한 패션 산업에서의 스타일 전이에서는 지정된 핸드백과 비슷한 스타일로 신발을 생성하는 스마트 AI 모델을 생성하는 방법과 그 반대 방법을 설명한다. 우리는 기본 GAN을 사용하여 DiscoGAN 및 CycleGAN과 같은 GAN의 사용자 정의 버전을 사용하여 프로젝트를 구현할 것이다.

5장, 비디오 캡션 응용 프로그램에서는 비디오 캡션에서 CNN 및 LSTM의 역할에 대해 설명하고 시퀀스를 시퀀스(비디오에서 텍스트 아키텍처)로 활용하여 비디오 캡션 시스템을 구축하는 방법을 설명한다.

6장, 지능형 추천 시스템에서는 추천 시스템에 대해 설명한다. 추천 시스템은 디지털 데이터 과부하 문제를 처리하여 항목이나 정보를 가져오는 정보 필터링 시스템이다. 협업 필터링에 잠재 인수 분해를 사용하고 제한 볼츠만 기계를 사용하여 권장 시스템을 구축한다.

7장, 영화평 감정 분석을 위한 모바일 앱 서비스에서는 기계 학습이 모바일 앱에 도움이 되는 방법을 설명한다. TensorFlow를 사용하여 영화 리뷰를 입력으로 받아 감정 분석을 기반으로 등급을 제공하는 Android 모바일 앱을 만들 것이다.

8장 고객 서비스를 위한 대화형 AI 챗봇, 대화형 챗봇의 이점을 살펴보면서 챗봇이 어떻게 발전했는지 설명한다. 또한 챗봇을 만드는 방법과 LSTM 시퀀스-시퀀스 모델이 무엇인지 살펴볼 것이다. 우리 또한 트위터 지원 챗봇을 위한 시퀀스-시퀀스 모델을 구축할 예정이다.

9장 강화학습을 사용한 자율주행차에서는 강화학습 및 Q-러닝에 대해 설명합니다. 또한 딥러닝 및 강화학습을 사용하여 자율 주행 자동차를 제작할 예정이다.

10장 딥러닝 관점의 CAPTCHA에서는 CAPTCHA가 무엇이고 왜 필요한지를 설명한다. 또한 딥러닝을 사용하여 CAPTCHA를 깨는 모델을 만들고 그 다음에 적대적 학습을 사용하여 CAPTCHA를 생성하는 방법을 만들 것이다.

이 책을 최대한 활용하려면

독자는 이 책의 프로젝트를 진행하기 위해 Python 및 인공 지능에 대한 사전 지식이 있어야한다.

예제 코드 파일 다운로드

`www.packt.com`의 계정에서 이 책의 예제 코드 파일을 다운로드할 수 있습니다. 이 책을 다른 곳에서 구입한 경우 `www.packt.com/support`를 방문하여 등록하여 파일을 이메일로 직접 보낸다.

다음 단계에 따라 코드 파일을 다운로드할 수 있다.

1. `www.packt.com`에서 로그인하거나 등록한다.
2. **SUPPORT** 탭을 선택한다.
3. **Code Downloads & Errata**를 클릭한다.
4. Search 상자에 책 이름을 입력하고 화면의 지시를 따른다.

파일이 다운로드 되면 최신 버전을 사용하여 폴더의 압축을 풀거나 추출해야 한다.

- Windows용 WinRAR/7-Zip
- Mac용 Zipeg/iZip/UnRarX
- Linux용 7-Zip/PeaZip

이 책의 코드 번들은 GitHub(`https://github.com/PacktPublishing/Intelligent-Projects-using-Python`)에서도 호스팅된다. 코드가 업데이트되면 기존 GitHub 리포지토리에서 업데이트 된다.

또한 `https://github.com/PacktPublishing/`에서 제공되는 풍부한 서적 및 비디오 카탈로그의 다른 코드 번들도 있다.

컬러 이미지 다운로드

또한 이 책에 사용된 스크린 샷/다이어그램의 컬러 이미지가 포함 된 PDF 파일도 제공한다: `https:/www.packtpub.com/sites/default/files/downloads/9781788996921_ColorImages.pdf`에서 다운로드할 수 있다.

동영상 실습

실행중인 코드의 비디오를 확인하려면 다음 링크를 방문하시오.

`http://bit.ly/2Ru8rlU`

사용된 규칙

이 책 전체에서 사용되는 많은 텍스트 규칙이 있다.

`CodeInText`: 텍스트, 데이터베이스 테이블 이름, 폴더 이름, 파일 이름, 파일 확장자, 경로 이름, 더미 URL, 사용자 입력 및 Twitter 핸들의 코드 단어를 나타낸다. 예를 들면 다음과 같다. "다운로드한 `WebStorm-10*.dmg` 디스크 이미지 파일을 시스템의 다른 디스크로 마운트하십시오."

코드 블록은 다음과 같다.

```
def get_im_cv2(path,dim=224):
    img = cv2.imread(path)
    resized = cv2.resize(img, (dim,dim), cv2.INTER_LINEAR)
    return resized
```

코드 블록의 특정 부분에 주의를 기울이려면 관련 행 또는 항목이 굵게 표시된다.

```
adam = optimizers.Adam(lr=0.00001, beta_1=0.9, beta_2=0.999,
epsilon=1e-08, decay=0.0)
```

모든 명령 줄 입력 또는 출력은 다음과 같이 작성됩니다.

```
Cross Validation Accuracy: 0.6383708345200797
Validation Quadratic Kappa Score: 0.47422998110380984
```

굵은 체: 새로운 용어, 중요한 단어 또는 화면에 나타나는 단어를 나타냅니다. 예를 들어 메뉴나 대화 상자의 단어가 이와 같은 텍스트로 나타난다. 예를 들면 다음과 같다. "**Administration panel**에서 **System info**를 선택하십시오."

경고 또는 중요 참고 사항은 다음과 같다.

팁과 요령은 다음과 같다.

연락하기

독자의 의견은 언제나 환영합니다.

일반적인 피드백: 이 책의 내용에 대해 궁금한 점이 있으면 메시지 제목에 책 제목을 언급하고 customercare@packtpub.com으로 전자 메일을 보내십시오.

오타: 콘텐츠의 정확성을 보장하기 위해 모든 주의를 기울였지만 실수는 발생한다. 이 책에서 실수를 발견한 경우 이 사실을 알려주시면 감사하겠다. www.packt.com/submit-errata를 방문하여 책을 선택하고 Errata 제출 양식 링크를 클릭한 후 세부 정보를 입력하시오.

불법 복제: 인터넷에서 어떤 형식으로든 불법 복제물을 발견한 경우 위치 주소 나 웹 사이트 이름을 알려 주시면 감사하겠다. 자료에 대한 링크가 있는 copyright@packt.com으로 문의하시오.

저자가 되고자 하는 경우: 전문 지식이 있고 책을 쓰거나 책에 기고하고 싶은 주제가 있는 경우 authors.packtpub.com을 방문하시오.

리뷰

리뷰를 남겨주세요. 이 책을 읽고 사용한 후에는 구입한 사이트에서 리뷰를 남기지 않겠습니까? 잠재적 독자는 편견없는 의견을 보고 구매 결정을 내릴 수 있으며 Packt의 제품에 대한 귀하의 의견을 이해할 수 있으며 저자는 자신의 책에 대한 귀하의 의견을 볼 수 있습니다. 고맙습니다!

Packt에 대한 자세한 내용은 packt.com을 방문하십시오.

차례

CHAPTER 1

AI 기반 시스템의 개요

인공 지능(AI)은 지난 몇 년 동안 기술의 최전선에 서 왔으며, 전문가 시스템, 개인 맞춤형 모바일 기기 응용, 자연 언어 처리의 기계 번역, 챗봇chatbot, 자율주행 자동차 등 시스템 등 핵심 응용 프로그램으로 발전해오고 있다. 그러나 인공지능의 정의는 한동안 논쟁중이기도 하다. 그것은 과거 인공 지능 기술로 해결되었다고 간주된 작업들을 오늘날 인공지능이 아니라고 분류하는 과정으로 인하여 비롯된다. 저명한 컴퓨터 과학자에 의하면

> 지능이란 아직 기계로 할 수 없는 것이다.
>
> \- 래리 테슬러

체스 게임을 할 수 있는 지능형 시스템을 구축하는 것은 IBM 컴퓨터 딥 블루가 1996년 게리 카스파로프Gary Kasparov를 이길 때까지는 AI라고 여겨졌다. 마찬가지로 비전, 언어 및 자연어는 한때 복잡한 것으로 간주되었지만 AI 효과로 최근에는 실제 AI가 아닌 계산문제로 간주된다. 최근 AI는 복잡한 수학 문제를 풀고 음악을 작곡하며 추상적인 그림을 창작하기도 하며 이러한 인공 지능의 기능은 계속 향상하고 있다. 미래의 어느 시점에 인공지능 시스템이 인간의 지능 수준을 도달할 것이고 그 시점을 **인공지능 특이점**singulrarity라고 한다. 기계가 실제로 인간의 지능 수준에 도달할 것인가의 문제는 매우 흥미롭다.

많은 사람들은 기계는 결코 인간의 지능 수준에 도달하지 못할 것이라고 주장하는 데 그 이유는 AI 논리는 사람이 프로그래밍한 지능적인 작업을 배우거나 수행하기 때문이고 인간이 가지는 의식과 자의식이 없기 때문이다. 그러나 몇 연구자들은 인간의 의식과 자의

식도 주위 환경에서 피드백으로 배우는 무한 루프 프로그램과 유사하다는 생각을 제시하기도 했다.

따라서 기계에도 의식과 자의식을 프로그램으로 넣어줄 수 있다는 것이다. 우리는 AI의 철학적 측면은 훗날에 남겨두고 지금은 우리가 아는 것에 대해서만 논의를 하도록 하겠다.

AI는 쉽게 정리하면 추론과 경험으로부터 학습, 일반화, 의미 해독, 시각적 인지를 할 수 있는 특성을 가지고 인간처럼 지능을 가지고 작업을 수행하는 기계(일반적으로 컴퓨터 또는 로봇)의 능력으로 정의할 수 있다. 우리는 AI 결과에 의해 제기 된 철학적 의미와 AI 특이점의 전망들에 대해서 살펴보기 보다는 보다 실제적인 정의에 관심을 둘 것이다. AI가 할 수 있는 것과 할 수 없는 것에 대해 여러 논쟁이 있을 수 있지만, AI 기반 시스템의 최근의 성공 이야기는 놀라운 것이다. 가장 최근의 주요 AI의 응용 프로그램 몇 가지는 다음 다이어그램에 나와 있다:

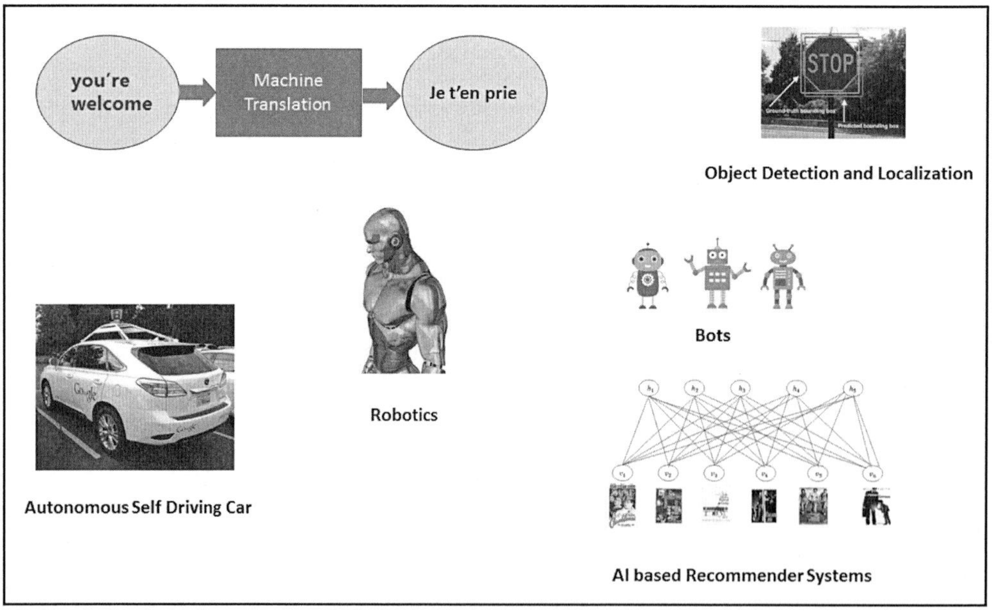

▌그림 1.1▐ AI의 응용들

이 책에서는 다음과 같은 핵심 주제들 전체들에 대한 구체적인 구현 기법을 살펴볼 것이다.

- AI 시스템의 트랜스퍼 학습
- AI 기반 자연언어 처리
- **GAN** Generative Adversarial Network 기반 응용
- 전문가 시스템
- 비디오-텍스트 번역 응용
- AI 기반 추천 시스템
- AI 기반 모바일 응용
- AI 기반 챗봇
- 강화학습 응용

이 장에서는 다음 장에서부터 다루어지는 프로젝트들을 구현하는 데 필요한 기계 학습과 딥러닝을 포함하는 주요 개념들에 대해서 간략하게 살펴볼 것이다.

신경망(뉴럴 네트워크)

신경망은 인간의 두뇌에서 영감을 얻은 기계 학습 모델이다. 이것은 계층적으로 상호 연결된 신경 처리 장치로 구성된다. 이 신경 처리 장치를 **인공 뉴런** artificial neuron이라고 하며, 인간의 두뇌에서 축색 돌기 axon와 같은 기능을 한다. 인간 두뇌에서, 수상 돌기 dendrite는 인근 뉴런으로부터 신호를 받아서 그 입력을 감쇠시키거나 증폭하여 다음 뉴런의 소마로 전달한다. 뉴런의 소마 soma에서는 수정된 신호들이 함께 더해져서 뉴런의 축색 돌기에 전달되었다. 축색 돌기에 대한 입력이 특정 임계값보다 크면, 신호는 이웃하는 뉴런의 수상 돌기로 전달된다.

인공 뉴런은 생물학적 신경의 논리와 유사하게 거의 동일한 논리로 작동한다. 이것은 이웃하는 뉴런으로부터 입력을 받는다. 이 입력은 뉴런의 입력 연결에 의해서 증대되고 합쳐진다. 최종으로 합쳐진 입력은 활성함수를 통하여 출력된 후 다음 계층의 뉴런으로 전

달된다. 생물학적 뉴런과 인공뉴런은 다음의 그림에서 비교되어 제시되었다:

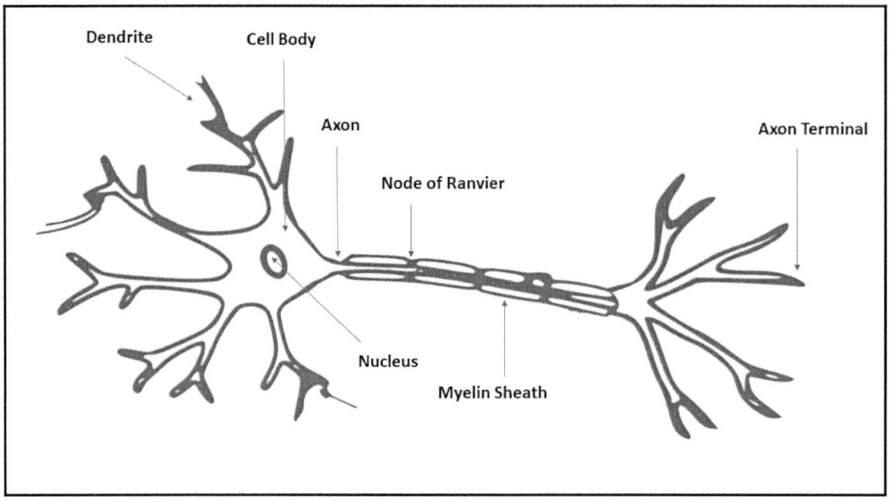

| 그림 1.2 | 생물학적 뉴런

인공 뉴런은 다음 그림과 같이 도시되었다:

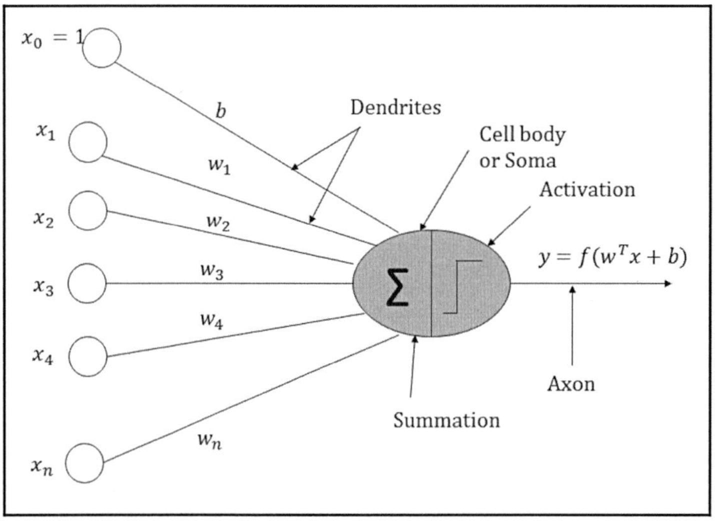

| 그림 1.3 | 인공 뉴런

이제 다음 그림에 나타난 인공신경망의 구조를 살펴보도록 하자.

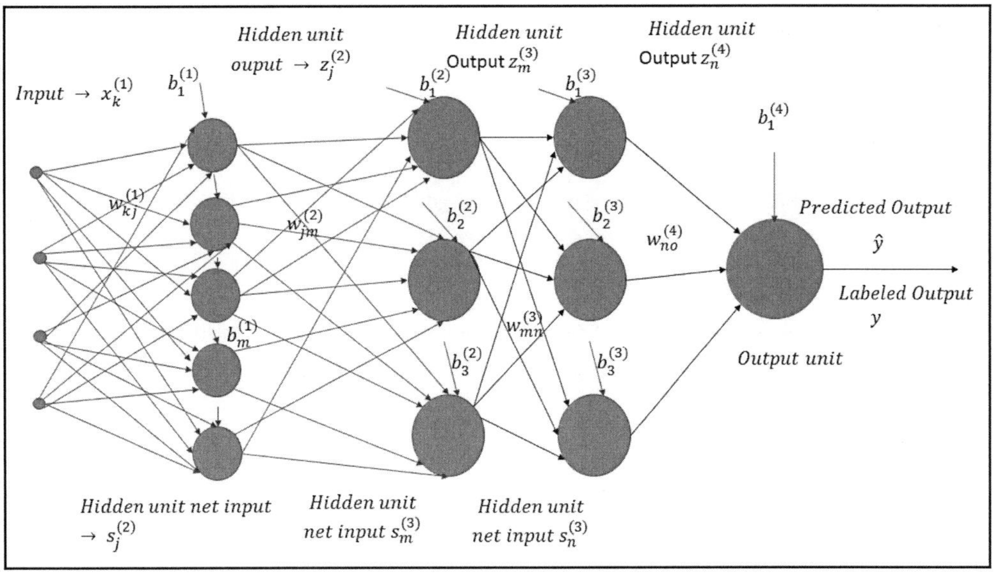

| 그림 1.4 | 인공 신경망

입력 $x \in R^N$은 계층적 방식으로 배열된 연속적인 신경 유닛 레이어를 통과한다. 특정 레이어의 각 뉴런은 이전 레이어의 뉴런으로부터 입력을 수신하고 이들 사이의 연결 가중치에 의해 감쇠되거나 증폭된다. 가중치 $w_{ij}^{(l)}$는 레이어 l의 i번째 뉴런과 레이어$(l+1)$의 j번째 뉴런 사이의 가중치 연결에 해당한다. 또한, 특정 층 (l)에서 각각의 뉴런 단위 (i)에는 바이어스[bias]가 수반된다. 신경망은 입력 벡터 $x \in R^N$에 대한 출력 $\hat{y}$를 예측한다. 데이터의 실제 레이블이 y인 경우, y는 연속적인 값을 가지며, 뉴런 네트워크는 예측 오차 $(y-\hat{y})^2$를 최소화하여 가중치와 바이어스를 학습한다. 물론 모든 레이블이 지정된 데이터 포인트에 대해 오류를 최소화해야 한다: $(x_i,\ y_i)\ \forall_i \in 1,\ 2,\ \dots\ m$.

하나의 공통 벡터 W로 가중치 및 바이어스 세트를 표시하고 예측의 총 오차를 C로 표시하면 훈련 과정을 통해 추정된 W를 다음과 같이 표현할 수 있다.

$$\hat{W} = \underbrace{argmin}_{W} C = \underbrace{argmin}_{W} \sum_i (y_i - \hat{y}_i)^2$$

또한 예측된 출력 $\hat{y}$는 다음과 같이 가중치 벡터 W에 의해 파라미터화된 입력 x의 함수로 나타낼 수 있다.

$$\hat{y} = f_W(x)$$

이와 같이 연속값을 출력으로 예측하는 형식을 **회귀 문제** regression problem라고 한다.

2개의 클래스를 분류하는 이진 분류의 경우, 제곱 오차 손실 대신 교차 엔트로피 손실이 최소화되고 신경망은 출력 대신 양수 클래스의 확률을 산출한다. 교차 엔트로피 손실은 다음과 같이 나타낼 수 있다.

$$C = -\sum_i [y_i logp_i + (1 - y_i)log(1 - p_i)]$$

여기서 p_i는 입력 x가 주어질 때 출력 클래스의 예측 확률이며 다음과 같이 가중치 벡터에 의해 매개 변수화된 입력 x의 함수로 표시될 수 있다.

$$p = P(y = 1/x; W) = f_W(x)$$

일반적으로 다중 클래스분류 문제(예: n 클래스)의 경우 교차 엔트로피 손실은 다음을 통해 제공된다.

$$C = -\sum_i y_i^{(j)} log(p_i^{(j)})$$

여기에는 i번째 데이터 포인트에 대한 j번째 클래스의 출력 레이블 $y_i^{(j)}$이 있다.

신경 활성 유닛

구조와 당면한 문제의 유형에 따라 여러 종류의 신경 활성유닛이 신경망에 사용된다. 신경망 구조와 성능을 결정하는 데 중요한 역할을 하기 때문에 가장 일반적으로 사용되는 활성 함수에 대해 설명한다. Hinton 등이 발명한 정류 선형 유닛 ReLU: rectified linear units가 신경망의 성능을 혁신할 때까지 선형 및 시그모이드 단위 활성 함수가 인공 신경망에서 주로 사용되었다.

선형 활성 유닛

선형 활성 유닛 linear activation unit는 다음 그래프와 같이 총 입력을 감쇠된 뉴런에 출력한다.

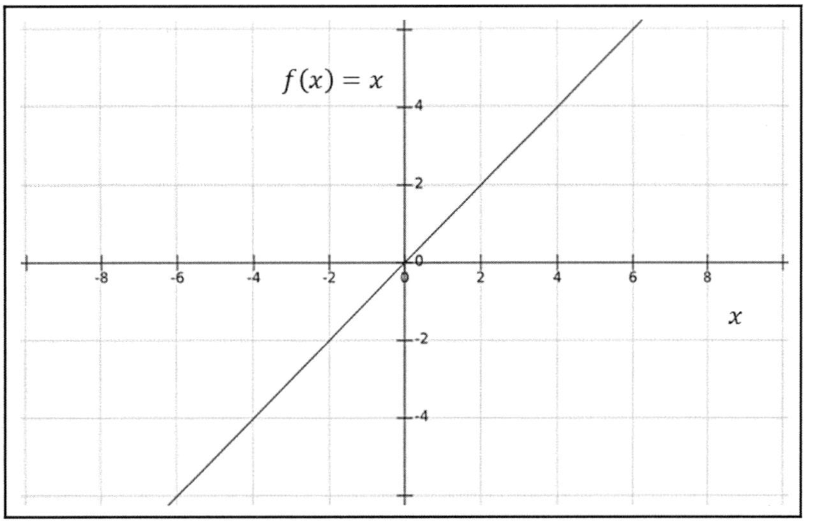

| 그림 1.5 | 선형 뉴런

x가 선형 활성 유닛에 대한 총 입력인 경우 출력 y는 다음과 같이 표시될 수 있다.

$$y = f(x) = x$$

시그모이드 활성 유닛

전체 입력 x의 함수인 **시그모이드 활성 유닛** sigmoid activation unit y의 출력은 다음과 같이 표현된다.

$$y = f(x) = \frac{1}{1 + e^{-x}}$$

시그모이드 활성 유닛 응답은 다음 그래프와 같이 비선형 함수이므로 신경망에 비선형성을 도입하는 데 사용된다.

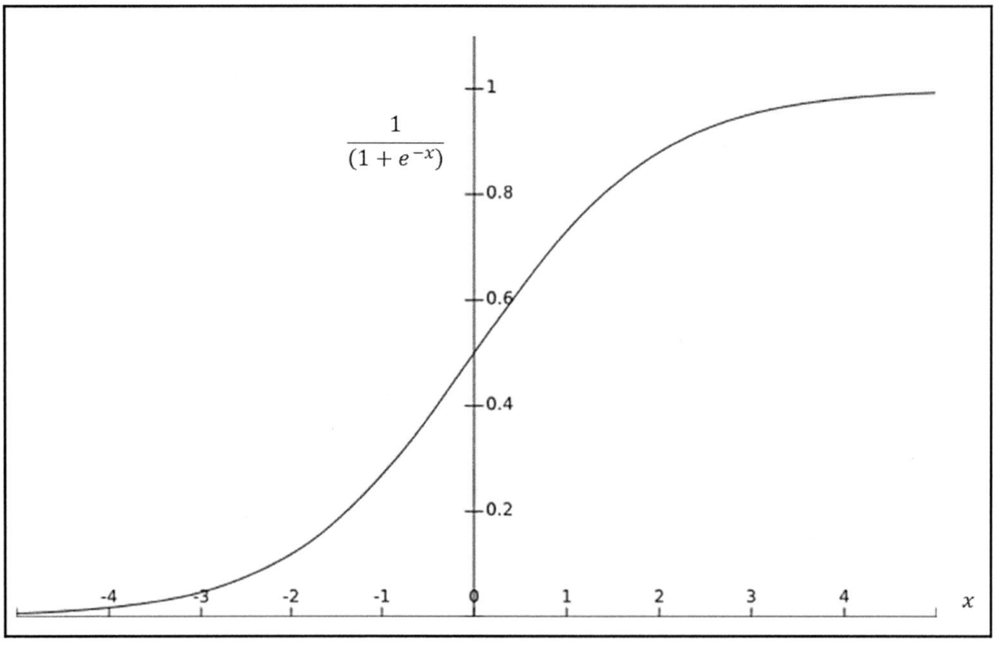

▎그림 1.6▎ 시그모이드 활성 함수

본질적으로 복잡한 프로세스는 일반적으로 입력-출력 관계에서 비선형적이므로 신경망을 통해 모델링하기 위해서는 비선형 활성 함수가 필요하다. 2개 클래스 분류에 대한 신경망의 출력 확률은 일반적으로 0에서 1까지의 값을 출력하기 때문에 시그모이드 신경 유닛의 출력에 의해 주어진다. 출력 확률은 다음과 같이 나타낼 수 있다.

$$\hat{p} = \frac{1}{1 + e^{-x}}$$

여기서, x는 출력층에서 시그모이드 유닛으로의 총 입력을 나타낸다.

쌍곡 탄젠트 활성화 기능

총 입력 x의 함수인 **쌍곡 탄젠트 활성 함수**tanh: hyperbolic tangent activation function의 출력 y는 다음과 같이 제공된다.

$$y = f(x) = \frac{e^x - e^{-x}}{e^x + e^{-x}}$$

tanh 활성 함수는 다음 그래프에서 볼 수 있듯이 $[-1,\ 1]$ 범위의 값을 출력한다.

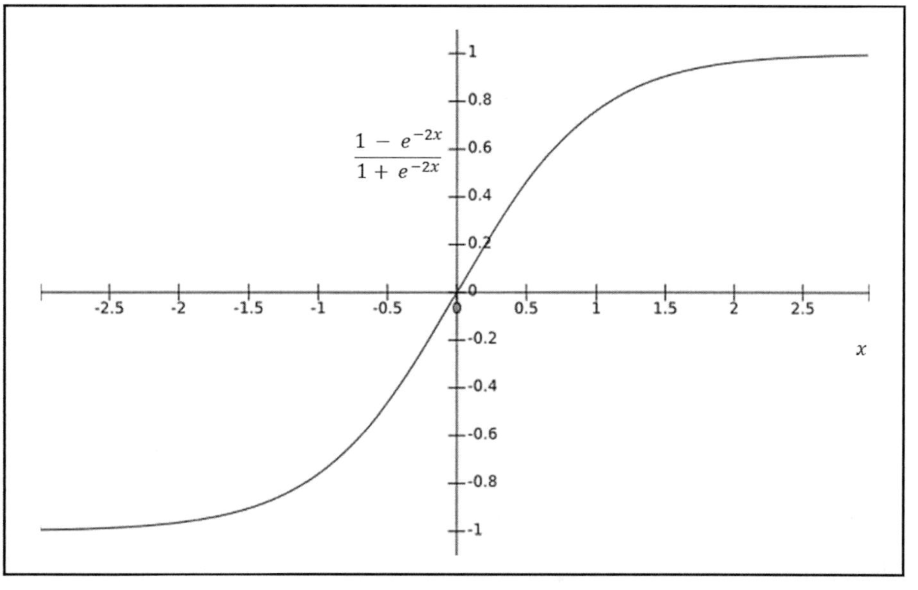

| 그림 1.1 | tanh 활성 함수

주의할 사항은 시그모이드와 tanh 활성 함수가 입력의 작은 범위 내에서 선형이며, 그 이상으로 출력이 포화된다는 것이다. 포화 영역에서 (입력에 대한) 활성 함수의 기울기가 매우 작거나 0에 가까움; 이는 소실되는 그래디언트 문제가 발생하기 쉽다는 것을 의미한다. 나중에 볼 수 있듯이 신경망은 역 전파 방법을 통해 레이어의 그래디언트가 후속 레이어의 활성 유닛의 그래디언트에 따라 최종 출력 레이어까지 결정된다. 따라서 활성 유닛의 유닛이 포화 영역에서 작동하는 경우, 훨씬 적은 에러가 신경망의 초기 계층으로 역전파된다.

신경망은 그래디언트를 활용하여 가중치 및 바이어스(W)를 학습하기 위해 예측 오차를 최소화한다. 즉, 그래디언트가 작거나 0으로 사라지면 신경망이 이러한 가중치를 제대로 학습하지 못한다.

정류 선형 유닛(ReLU)

뉴런에 대한 총 입력이 0보다 크면 ReLU의 출력이 선형이고 뉴런에 대한 총 입력이 음수인 경우 출력은 0이다. 이 간단한 활성 함수는 신경망에 비선형성을 제공하며 동시에 총 입력에 대해 일정한 기울기를 제공한다. 이 일정한 기울기는 시그모이드 및 tanh 활성 유닛과 같은 활성 함수에서 볼 수 있듯이 신경망이 포화 또는 사라지는 기울기 문제가 발생하지 못하게 한다. ReLU 기능 출력(그림 1.8 참조)은 다음과 같이 표현될 수 있다.

$$f(x) = max(0, x)$$

ReLU 활성화 기능은 다음과 같이 구성될 수 있다.

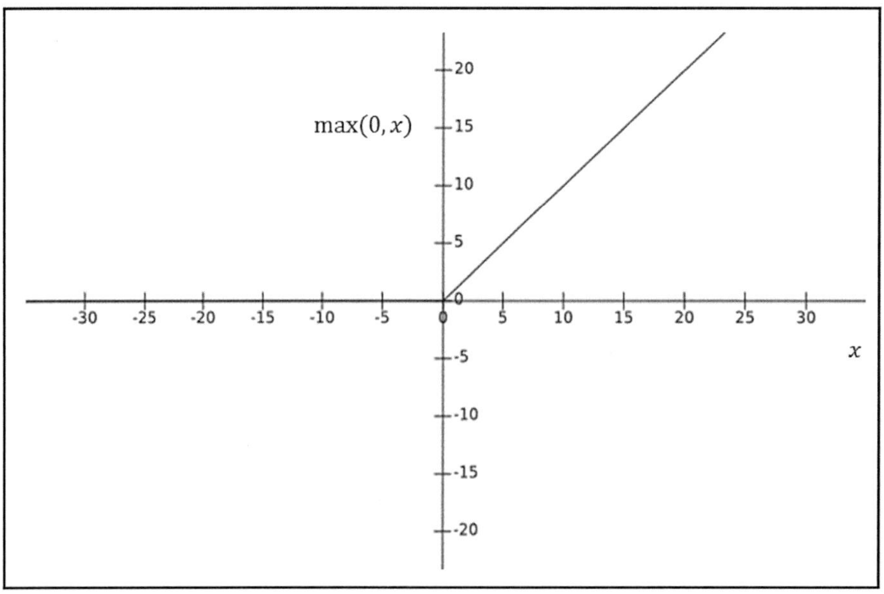

| 그림 1.8 | ReLU 활성 함수

ReLU의 제약 조건 중 하나는 입력의 음수 값에 대한 제로 기울기다. 이것은 특히 초기 단계에서 훈련 속도를 늦출 수 있다. 누출 ReLU 활성화 기능(그림 1.9 참조)은 입력의 음수 값에 대해서도 출력과 기울기가 0이 아닌 시나리오에서 유용할 수 있다. 누출 ReLU 출력 기능은 다음과 같이 표현될 수 있다.

$$f(x) = x, x > 0$$
$$= \alpha x, x \le 0$$

매개 변수 α는 누출 ReLU 활성 함수를 위해 제공되는 반면, 매개 변수 ReLU에서는 신경망이 훈련을 통해 학습할 매개 변수다. 다음 그래프는 누출 ReLU 활성 함수의 출력을 보여준다.

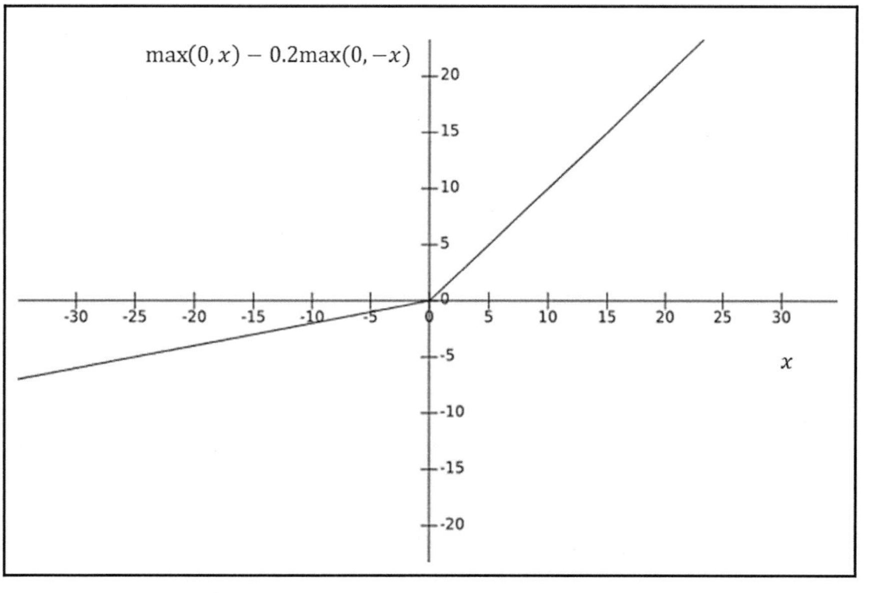

| 그림 1.9 | 누출 ReLU 활성 함수

Softmax 활성 함수

Softmax 활성 함수 softmax activation unit는 일반적으로 다중 등급 분류 문제의 경우 등급 확률을 출력하는 데 사용된다. 우리가 n 클래스 분류 문제를 다루고 있고 클래스에 해당하는 총 입력이 다음과 같이 주어진다고 가정하자.

$$x = [x^{(1)} x^{(2)} \ldots x^{(n)}]^T$$

이 경우, softmax 활성 함수의 k번째 클래스 출력 확률은 다음 공식으로 제공된다.

$$p^{(k)} = \frac{e^{x^{(k)}}}{\sum_{i=1}^{n} e^{x^{(i)}}}$$

몇 가지 다른 활성 함수가 있으며 대부분 기본 버전의 변형이다. 우리는 다음 장에서 다룰 다른 프로젝트에서 그것들을 만나면서 논의할 것이다.

신경망 훈련의 역전파 방법

역전파[backpropagation] 방법에서, 신경망은 그래디언트 하강 기술을 통해 학습되며, 여기서 결합된 가중치 벡터 W는 다음과 같이 반복적으로 업데이트된다.

$$W^{(t+1)} = W^{(t)} - \eta \nabla C(W^{(t)})$$

여기서, η는 학습률이고, $W^{(t+1)}$ 및 $W^{(t)}$는 각각 반복 $(t+1)$ 및 (t)에서의 가중치 벡터이며, $\nabla C(W^{(t)})$는 반복 (t)에서 가중치 벡터 W에 대한 비용 함수 또는 오류 함수의 가중치이다. $w \in W$로 일반화된 개별 가중치 또는 바이어스에 대한 이전 알고리즘은 다음과 같이 나타낼 수 있다.

$$w^{(t+1)} = w^{(t)} - \eta \frac{\partial C(w^{(t)})}{\partial w}$$

이전 식에서 수집할 수 있는 그래디언트 하강 학습 방법의 핵심은 각 가중치와 관련하여 비용 함수 또는 오류 함수의 그래디언트를 계산하는 데 의존한다.

미분의 연쇄 법칙에서 우리는 $y = f(x)$, $z = f(y)$가 있으면 다음과 같은 사실을 알고 있다.

$$\frac{\partial z}{\partial x} = \frac{\partial z}{\partial y}\frac{\partial y}{\partial x}$$

이 표현식은 여러 변수로 일반화 할 수 있다. 이제 역전파 알고리즘을 이해하기 위해 다음 다이어그램과 같이 매우 간단한 신경망을 살펴 보겠다.

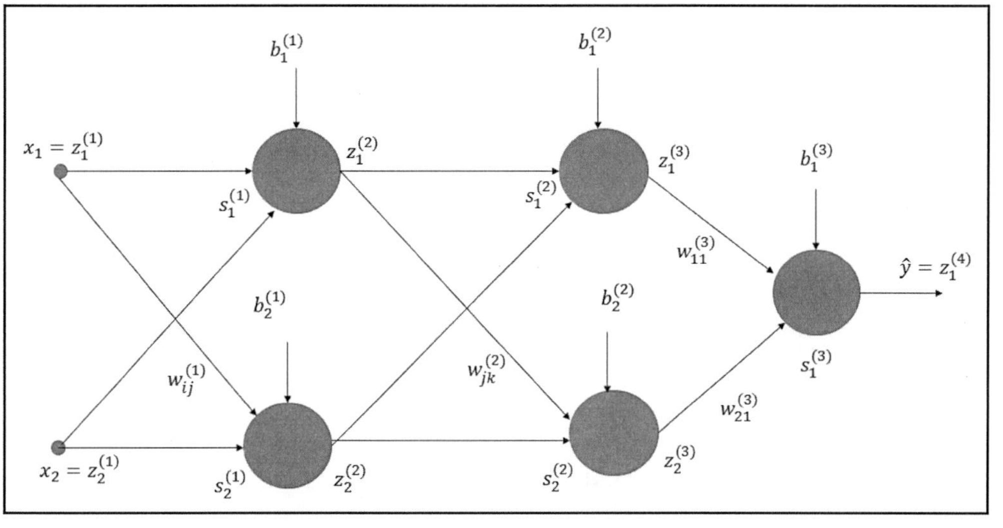

| 그림 1.10 | 역전파를 보여주는 신경망 예

신경망에 대한 입력은 2차원 벡터 $x = [x_1\, x_2]^T$이라고 하고 해당 출력 레이블과 예측은 각각 y 및 $\hat{y}$라고 하자. 또한 신경망의 모든 유닛의 활성 함수는 시그모이드라고 가정하자. $(l-1)$ 레이어의 임의의 단위 i에서 레이어 (l)의 단위 (j)의 연결 가중치는 $w_{ij}^{(l)}$로 표시하고, 층 (l)의 임의의 단위 i의 바이어스는 $b_i^{(l)}$로 표시하자. 하나의 데이터 포인트에 대한 그라디언트를 도출해 보자. 총 기울기는 훈련(또는 미니 배치)에 사용 된 모든 데이터 포인트의 합으로 계산될 수 있다. 출력이 연속값이면 손실 함수 C는 예측시 오차의 제곱으로 계산할 수 있다.

$$C = \frac{1}{2}(y - \hat{y})^2$$

집합 W에 의해 누적되어 표현되는 신경망의 가중치 및 바이어스는 다음과 같이 W 벡터에 대한 비용 함수를 최소화함으로써 결정될 수 있다:

$$\hat{W} = \underbrace{argmin}_{W} C(W)$$

그래디언트 하강을 통해 반복적으로 비용 함수의 최소화를 수행하려면 다음과 같이 각 가중치 $w \in W$에 대한 비용 함수의 기울기를 계산해야 한다.

$$w^{(t+1)} = w^{(t)} - \eta \frac{\partial C(W)}{\partial w} | W = W^{(t)}$$

이제 필요한 모든 것을 갖추었으므로 가중치 $w_{21}^{(3)}$와 관련하여 비용 함수 C의 기울기를 계산해 보자. 미분의 연쇄 규칙을 사용하여 다음을 얻는다.

$$\frac{\partial C}{\partial w_{21}^{(3)}} = \frac{\partial C}{\partial \hat{y}} \frac{\partial \hat{y}}{\partial s_1^{(3)}} \frac{\partial s_1^{(3)}}{\partial w_{21}^{(3)}}$$

이제 다음 공식을 보자.

$$\frac{\partial C}{\partial \hat{y}} = -(y - \hat{y}) = (\hat{y} - y)$$

이전 식에서 볼 수 있듯이 미분은 예측 오류일 뿐이다. 일반적으로 출력 단위 활성 함수는 회귀 문제의 경우 선형이므로 다음 표현식이 적용된다.

$$\frac{\partial \hat{y}}{\partial s_1^{(3)}} = 1$$

따라서 출력 단위의 총 입력에 대한 비용 함수의 기울기를 계산하면 $\frac{\partial C}{\partial s_1^{(3)}}$가 된다. 이것은 여전히 출력 예측의 오류와 같다. 출력 유닛에서의 총 입력은 입력되는 가중치와 활성 함수로서 다음과 같이 표현될 수 있다:

$$s_1^{(3)} = w_{11}^{(3)} z_1^{(3)} + w_{21}^{(3)} z_2^{(3)} + b_1^{(3)}$$

즉 $\frac{\partial s_1^{(3)}}{\partial w_{21}^{(3)}} = z_2^{(3)}$ 와 출력 레이어의 입력에 기여하는 가중치 $w_{21}^{(3)}$에 대한 비용 함수의 미분은 다음을 같다:

$$\frac{\partial C}{\partial w_{21}^{(3)}} = (\hat{y} - y) z_2^{(3)}$$

보다시피, 에러는 최종 출력 레이어 앞의 레이어의 가중치와 관련하여 비용 함수의 기울기를 계산할 때 역 전파됩니다. 이는 일반화된 가중치 $w_{jk}^{(2)}$에 대한 비용 함수의 기울기를 계산할 때 더욱 분명해집니다. $j = 1$과 $k = 2$에 해당하는 가중치를 $w_{jk}^{(2)}$라고 하자. 이 가중치에 대한 비용 함수 C의 기울기는 다음과 같이 표현될 수 있다:

$$\frac{\partial C}{\partial w_{12}^{(2)}} = \frac{\partial C}{\partial s_2^{(2)}} \frac{\partial s_2^{(2)}}{\partial w_{12}^{(2)}}$$

이제 $\frac{\partial s_2^{(2)}}{\partial w_{12}^{(2)}} = z_1^{(2)}$ 은 $\frac{\partial C}{\partial w_{12}^{(2)}} = \frac{\partial C}{\partial s_2^{(2)}} z_1^{(2)}$ 을 의미한다.

따라서 뉴런에 대한 총 입력에 대한 비용 함수의 그래디언트 $\frac{\partial C}{\partial s}$를 계산하고 나면, 총 입력에 기여하는 모든 가중치 w의 그래디언트는 단순히 활성값 z와 연관가중치를 곱하여 얻을 수 있다.

이제 총 입력 $s_2^{(2)}$에 대한 비용 함수의 기울기는 다음과 같이 체인 규칙으로 다시 유도된다:

$$\frac{\partial C}{\partial s_2^{(2)}} = \frac{\partial C}{\partial s_1^{(3)}} \frac{\partial s_1^{(3)}}{\partial z_2^{(3)}} \frac{\partial z_2^{(3)}}{\partial s_2^{(2)}} \quad (1)$$

신경망의 모든 장치(출력 장치 제외)는 시그모이드 활성함수이므로 다음과 같다.

$$\frac{\partial z_2^{(3)}}{\partial s_2^{(2)}} = z_2^{(3)}(1 - z_2^{(3)}) \quad (2)$$

$$\frac{\partial s_1^{(3)}}{\partial z_2^{(3)}} = w_{21}^{(3)} \quad (3)$$

(1), (2) 및 (3)을 결합하면 다음과 같은 결과가 얻게 된다.

$$\frac{\partial C}{\partial s_2^{(2)}} = \frac{\partial C}{\partial s_1^{(3)}} \frac{\partial s_1^{(3)}}{\partial z_2^{(3)}} \frac{\partial z_2^{(3)}}{\partial s_2^{(2)}} = (\hat{y} - y) w_{21}^{(3)} z_2^{(3)} (1 - z_2^{(3)})$$

앞의 파생 그라디언트 표현식에서 예측 오차 $(\hat{y} - y)$가 각 레이어의 가중치의 그라디언트를 계산하기 위해 관련 활성 및 가중치(분화의 연쇄 규칙에 따라)와 결합하여 역전파됨을 알 수 있다. 따라서 AI 명명법에서 역전파라는 이름이 붙었다.

컨볼루션 신경망

컨볼루션 신경망CNN: Convolutional Neural Network은 컨볼루션 연산을 사용하여 이와 관련된 토폴로지가 있는 데이터에서 유용한 정보를 추출한다. 이 신경망은 이미지 및 오디오 데이터에 가장 적합하다. 입력 이미지는 컨볼루션 레이어를 통과할 때 **출력 특징 맵**output feature map이라고 하는 여러 개의 출력 이미지를 생성한다. 출력 특징 맵은 특징들을 감지한다. 첫 컨볼루션 층의 출력 특징 맵은 에지 및 색 구성 변화와 같은 기본 특징을 검출하는 것을 학습할 수 있다. 제2 컨볼루션 층은 정사각형, 원 및 다른 기하학적 구조와 같은 약간 더 복잡한 특징을 검출할 수 있다. 우리가 신경망을 통해 진행함에 따라, 컨볼루션 레이어는 점점 더 복잡한 특징을 탐지하는 법을 배운다. 예를 들어, 이미지가 고양이인지 개인지를 분류하는 CNN이 있으면 신경망의 맨 아래에 있는 컨볼루션 레이어가 머리, 다리 등과 같은 특징을 감지하는 방법을 배울 수 있다.

그림 1.11은 고양이와 강아지의 이미지를 분류하기 위해 처리하는 CNN의 아키텍처 다이어그램을 보여준다. 이미지는 가장자리 및 색상 구성과 같은 관련 기능을 감지하는 데 도움이 되는 컨볼루션 레이어를 통과합니다. ReLU 활성 함수는 비선형성을 제공한다. 활성 계층 다음에 오는 풀링[pooling] 계층은 많은 양의 **변환 불변**[translation invariance]을 제공하기 위해 지역 주변 정보를 요약한다. 이상적인 CNN에서 이 컨볼루션-활성화-풀링 작업은 신경망이 고밀도 연결로 연결되기 전에 여러 번 수행된다.

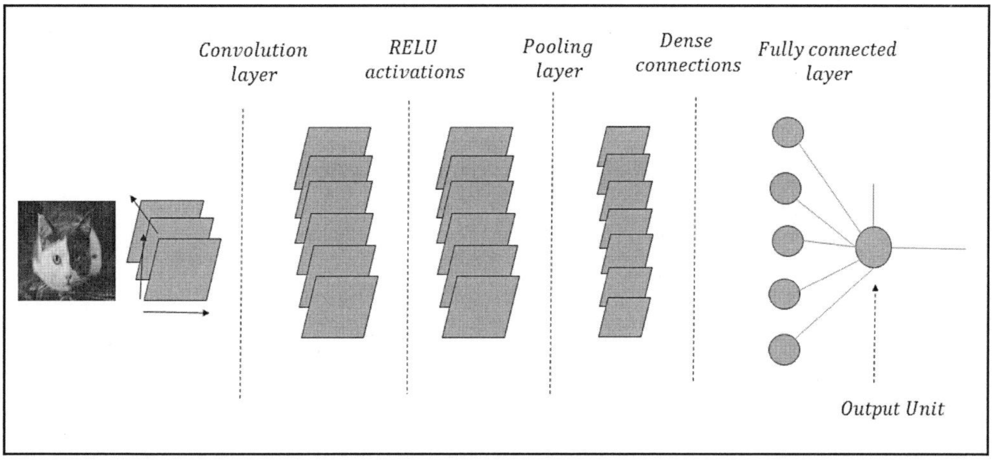

| 그림 1.11 | CNN 구조

여러 컨볼루션-활성화-풀링 작업으로 이러한 신경망을 진행하면 이미지의 공간 해상도가 감소하는 반면 모든 레이어에서 출력 특징 맵 수가 증가한다. 컨볼루션 레이어의 각 출력 특징 맵은 필터 커널과 관련이 있으며, 가중치는 CNN 훈련 프로세스를 통해 학습된다.

컨볼루션 연산에서, 반전[flip]된 버전의 필터 커널이 전체 이미지 또는 특징 맵 위에 놓여지고, 대응하는 이미지 픽셀을 갖는 필터-커널 입력 값의 내적 또는 특징 맵 값이 입력 이미지 또는 특징 맵의 각각의 위치에 대해 계산된다. 이미 일반적인 이미지 처리에 익숙한 독자들은 가우스 필터gaussian filter, 소벨 에지sobel edge 검출 필터 등과 같이 필터의 가중치가 미리 정의 된 다른 필터 커널을 사용했을 수도 있다. 컨볼루션 신경망의 장점은 다른 필터 가중치가 훈련 과정을 통해 결정된다는 것이다. 이것은 컨볼루션 신경망이 다루고 있는 문제에 대해 필터가 더 잘 맞춤화됨을 의미한다.

컨볼루션 연산이 입력의 모든 위치에서 필터 커널을 오버레이하는 것을 포함하는 경우 컨볼루션은 하나의 보폭stride을 갖는다. 필터 커널을 오버레이하는 동안 한 위치를 건너뛰기로 선택하면 두 단계를 거쳐 컨볼루션이 수행된다. 일반적으로 입력에 필터 커널을 오버레이하는 동안 n개의 위치를 건너뛰면 컨볼루션은 $(n+1)$의 보폭으로 수행되었다고 한다. 1보다 큰 보폭은 컨볼루션 출력의 공간 차원을 줄인다.

일반적으로 컨볼루션 레이어 다음에는 풀링 레이어가 온다. 풀링 레이어는 기본적으로 풀링의 수용 필드에 의해 결정되는 인근의 출력 특징 맵 활성화를 요약한다. 예를 들어, 2×2 수용 필드는 네 개의 인접 출력 특징 맵 활성화에 대한 로컬 정보를 수집한다. 최대 풀링 작업의 경우 네 가지 활성화의 최대 값이 출력으로 선택되고 평균 풀링의 경우 네 가지 활성화의 평균이 선택된다. 풀링은 특징 맵의 공간 해상도를 줄인다. 예를 들어, 2×2 수용 필드를 갖는 224×224 크기의 특징 맵 풀링 연산의 경우, 특징 맵의 공간 차원은 112×112로 줄어든다.

주목해야 할 것은 컨볼루션 연산은 각 레이어에서 학습할 가중치의 수를 줄인다는 것이다. 예를 들어 공간 크기가 224×224인 입력 이미지가 있고 다음 레이어의 원하는 출력이 224×224인 경우 완전 연결을 갖춘 기존 신경망에서 학습해야 할 가중치의 수는 $224 \times 224 \times 224 \times 224$입니다. 입력 및 출력 크기가 동일한 컨볼루션 레이어의 경우 필터 커널의 가중치 만 알아야합니다. 따라서 3×3 필터 커널을 사용하는 경우 $224 \times 224 \times 224 \times 224$ 가중치와 달리 9개의 가중치를 배우면 된다. 로컬 공간 부근의 이미지 및 오디오와 같은 구조는 그 사이에 높은 상관관계가 있기 때문에 이 단순화가 작동한다.

입력 이미지는 여러 계층의 컨볼루션 및 풀링 작업을 통과한다. 신경망이 진행됨에 따라 특징 맵의 수가 증가하는 반면 이미지의 공간 해상도는 감소한다. 컨볼루션-풀링 레이어의 끝에서 특징 맵은 완전 연결된 레이어에 공급되고 그 뒤에 출력 레이어가 제공된다.

출력 유닛은 현재 작업에 따라 다르다. 회귀를 수행하는 경우 출력 활성 유닛은 선형이고 이진 분류 문제인 경우 출력 유닛은 시그모이드이다. 멀티클래스 분류의 경우 출력 레이어는 소프트맥스 softmax 유닛이다.

이 책의 모든 이미지 처리 프로젝트에서는 컨볼루션 신경망을 어떤 형태로든 사용할 것이다.

재귀 신경망(RNN)

RNN Recurrent Neural Networks은 순차적 또는 시간적 데이터를 처리하는 데 유용하다. 여기서 주어진 인스턴스 또는 위치의 데이터는 이전 시간 단계 또는 위치의 데이터와 높은 상관관계가 있다. RNN은 텍스트 데이터를 처리하는 데 이미 매우 성공적이다. 주어진 인스턴스의 단어가 그 앞의 단어와 밀접한 관련이 있기 때문이다. RNN에서 각 시간 단계에서 네트워크는 동일한 기능을 수행하므로 해당 이름으로 **재귀** recurrent라는 용어가 사용된다. RNN의 아키텍처는 다음 다이어그램에 설명되어 있다.

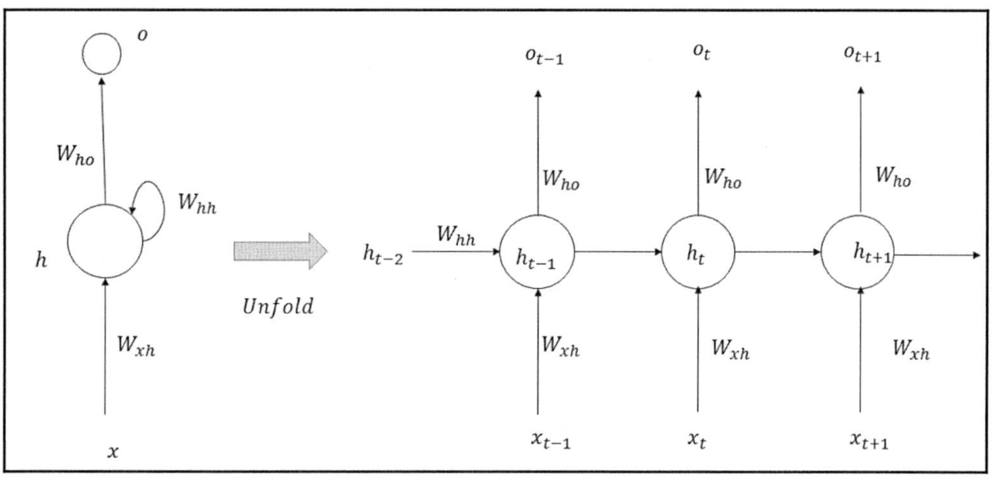

그림 1.12 RNN 구조

각각의 주어진 시간 단계 t에서, 단계 $t-1$에서 이전 상태 h_{t-1} 및 시간 단계 t에서 입력 x_t에 기초하여 메모리 상태 h_t가 계산된다. 새로운 상태 h_t는 단계 t에서 출력 o_t를 예측하는데 사용된다. RNN을 지배하는 방정식은 다음과 같다.

$$h_t = f_1(W_{hh}h_{t-1} + W_{xh}x_t + b^{(1)}) \tag{1}$$

$$o_t = f_2(W_{ho}h_t + b^{(2)}) \tag{2}$$

문장에서 다음 단어를 예측하는 경우 함수 f_2는 일반적으로 어휘의 단어에 관한 소프트맥스 함수이다. 기능 f_1은 현재 문제에 기반한 모든 활성 함수일 수 있다.

RNN에서, 단계 t에서의 출력 에러는 이전 시간 단계에서의 에러를 전파함으로써 $k \in 1$, 2, $\cdots t-1$로 일반화된 이전 시간 단계에서의 예측을 정정하려고 시도한다. 이를 통해 RNN은 서로 멀리 떨어져 있는 단어 간의 긴 종속성에 대해 배울 수 있다. 실제로, 사라지고 폭발하는 그래디언트 문제로 인해 RNN을 통해 이러한 긴 의존성을 배우는 것이 항상 가능한 것은 아니다.

알다시피 신경망은 그래디언트 디센트를 통해 학습하고 시간 단계 t의 단어와 이전 시퀀스 단계 k의 단어와의 관계는 메모리 상태 $h_i^{(t)} \forall i$의 그래디언트에 대한 메모리 상태 $h_t^{(i)}$의 그래디언트를 통해 학습할 수 있다. 이것은 다음 공식으로 표현된다:

$$\frac{\partial h_t^{(i)}}{\partial h_k^{(i)}} = \prod_{g=k+1}^{t} \frac{\partial h_g^{(i)}}{\partial h_{g-1}^{(i)}} = \frac{\partial h_{k+1}^{(i)}}{\partial h_k^{(i)}} \frac{\partial h_{k+2}^{(i)}}{\partial h_{k+1}^{(i)}} \cdots \frac{\partial h_t^{(i)}}{\partial h_{t-1}^{(i)}} \tag{3}$$

시퀀스 단계 k의 메모리 상태 $h_k^{(i)}$로부터 시퀀스 단계 $(k+1)$의 메모리 상태 $h_{k+1}^{(i)}$로의 가중치 연결이 $u_{ii} \in W_{hh}$에 의해 주어지면, 다음은 참이다:

$$\frac{\partial h_{k+1}^{(i)}}{\partial h_k^{(i)}} = u_{ii} \frac{\partial f_2(s_{k+1}^{(i)})}{\partial s_{k+1}^{(i)}} \tag{4}$$

위의 방정식에서 시간 단계 $(k+1)$에서 메모리 상태 i에 대한 총 입력 값 $s_{k+1}^{(i)}$은 다음과 같다.

$$s_{k+1}^{(i)} = W_{hh}[i,:]h_k + W_{xh}[i,:]x_{t+1} = u_{ii}h_k^{(i)} + \sum_{j \neq i} u_{ij}h_k^{(j)} + W_{xh}[i,:]x_{t+1}$$

$$f_2(s_{k+1}^{(i)}) = h_{k+1}^{(i)}$$

이제 모든 것이 준비되었으므로 RNN에서 사라지는 그라디언트 문제가 발생하는 이유를 쉽게 알 수 있다. 앞의 방정식 (3)과 (4)에서 다음을 얻는다.

$$\frac{\partial h_t^{(i)}}{\partial h_k^{(i)}} = (u_{ii})^{t-k} \prod_{k=k}^{t-1} \frac{\partial f_2(s_{k+1}^{(i)})}{\partial s_{k+1}^{(i)}}$$

RNN의 경우, 함수 f_2는 일반적으로 시그모이드 또는 tanh이며, 입력에 대해 지정된 범위의 값을 초과하여 낮은 기울기를 갖는 채도 문제를 겪는다. 이제, f_2 도함수가 서로 곱해지기 때문에, 활성화 함수에 대한 입력이 포화 구역에서 동작하는 경우, $(t-k)$의 비교적 적당한 값 일지라도 그래디언트 $\frac{\partial h_t^{(i)}}{\partial h_k^{(i)}}$는 0이 될 수 있다. f_2 함수가 포화 영역에서 작동하지 않더라도 시그모이드에 대한 f_2 함수의 그라디언트는 항상 1보다 작으므로 시퀀스에서 단어 사이의 먼 종속성을 배우기가 매우 어렵다. 마찬가지로, 인수 $u_{ii}^{(t-k)}$으로 인해 폭발적인 그래디언트 문제가 발생할 수 있다. 단계 t와 k 사이의 거리가 약 10인 반면 가중치 u_{ii}는 약 2라고 가정한다. 그러한 경우, 그레디언트는 2배 ($2^{10} = 1024$)만큼 확대되어 폭발적 그래디언트 문제를 야기한다.

장기 단기 기억(LSTM) 셀

그래디언트 소멸 문제는 **LSTM** Long Short-Term Memory **셀**이라고 하는 수정된 버전의 RNN에 의해 처리된다. 장기 단기 메모리 셀의 아키텍처 다이어그램은 다음과 같다.

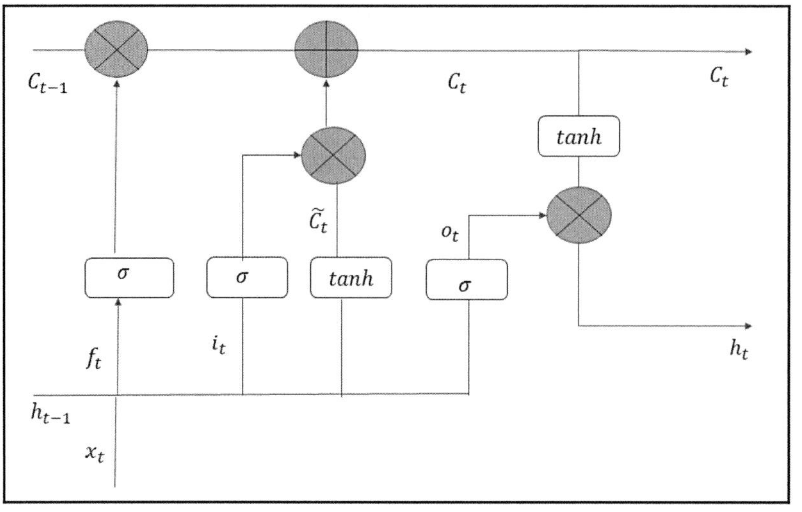

| 그림 1.13 | LSTM 구조

LSTM은 RNN에 대해 배울 때 이미 본 메모리 상태 h_t 외에 셀 상태 C_t를 도입한다. 셀 상태는 3개의 게이트, 즉 망각forget 게이트, 업데이트update 게이트 및 출력output 게이트에 의해 조절된다. 망각 게이트는 이전 셀 상태 C_{t-1}에서 보유할 정보의 양을 결정하며 그 출력은 다음과 같이 표현된다.

$$f_t = \sigma(U_f h_{t-1} + W_f x_t) \tag{1}$$

업데이트 게이트의 출력은 다음과 같이 표현된다.

$$i_t = \sigma(U_i h_{t-1} + W_i x_t) \tag{2}$$

잠재적인 새로운 후보 셀 상태 $\widetilde{C}_t$는 다음과 같이 표현된다.

$$\widetilde{C}_t = tanh(U_c h_{t-1} + W_c x_t) \tag{3}$$

이전 셀 상태 및 현재 전위 셀 상태에 기초하여 업데이트된 셀 상태 출력은 다음을 통해 제공된다.

$$C_t = f_t * C_{t-1} + i_t * \widetilde{C_t} \tag{4}$$

셀 상태의 모든 정보가 다음 단계로 전달되는 것은 아니며, 다음 단계로 해제되어야 하는 셀 상태의 양은 **출력 게이트**에 의해 결정된다. 출력 게이트의 출력은 다음을 통해 제공된다.

$$o_t = \sigma(U_o h_{t-1} + W_o x_t) \tag{5}$$

현재 셀 상태 및 출력 게이트에 따라 다음 단계로 전달된 갱신된 메모리 상태는 다음을 통해 제공된다.

$$h_t = o_t * tanh(C_t) \tag{6}$$

이제 LSTM이 사라지는 그래디언트 문제를 어떻게 피합니까? LSTM에서 $\frac{\partial h_t^{(i)}}{\partial h_k^{(i)}}$에 상응하는 것은 $\frac{\partial C_t^{(i)}}{\partial C_k^{(i)}}$로 주어지며 다음과 같이 제품 형태로 표현될 수 있다.

$$\frac{\partial C_t^{(i)}}{\partial C_k^{(i)}} = \prod_{g=k+1}^{t} \frac{\partial C_g^{(i)}}{\partial C_{g-1}^{(i)}} = \frac{\partial C_{k+1}^{(i)}}{\partial C_k^{(i)}} \frac{\partial C_{k+2}^{(i)}}{\partial C_{k+1}^{(i)}} \cdots \frac{\partial C_t^{(i)}}{\partial C_{t-1}^{(i)}} \tag{7}$$

이제 셀 상태 단위의 재귀는 다음과 같다.

$$C_t^{(i)} = f_t^{(i)} C_{t-1}^{(i)} + i_t^{(i)} \widetilde{C_t^{(i)}} \tag{8}$$

이것으로부터 우리는 다음을 얻는다.

$$\frac{\partial C_t^{(i)}}{\partial C_{t-1}^{(i)}} = f_t^{(i)}$$

결과적으로 그래디언트 표현식 $\frac{\partial C_t^{(i)}}{\partial C_k^{(i)}}$은 다음과 같다.

$$\frac{\partial C_t^{(i)}}{\partial C_k^{(i)}} = \prod_{g=k+1}^{t} \frac{\partial C_g^{(i)}}{\partial C_{g-1}^{(i)}} = \prod_{g=k+1}^{t} f_g^{(i)} \tag{9}$$

보시다시피, 망각 셀 상태를 1에 가깝게 유지할 수 있다면 그래디언트는 거의 감쇄되지 않고 LSTM은 사라지는 그래디언트 문제를 겪지 않을 것이다.

이 책에서 살펴볼 대부분의 텍스트 처리 응용 프로그램은 LSTM 버전의 RNN을 사용한다.

생성적 적대 신경망

일반적으로 GAN으로 알려진 **생성적 적대 신경망**generative adversarial network는 생성기 G를 통해 특정 확률 분포를 학습하는 생성 모델이다. 평형에 도달한다. 생성기는 주어진 확률 분포 $P(x)$에 의해 생성된 것과 유사한 샘플을 생성하려고 시도하는 반면, 판별기 D는 생성기 G에 의해 생성된 가짜 데이터 샘플을 원래 분포의 데이터 샘플과 구별하려고 시도한다. 생성기 G는 노이즈 분포 $P(z)$에서 추출한 샘플 z를 변환하여 $P(x)$의 샘플과 유사한 샘플을 생성하려고 한다. 판별기 D는 가짜일 때 생성기 G에 의해 생성된 샘플을 $G(z)$로 태그 지정하는 법을 배운다. x는 원본일 때 $P(x)$에 속한다. minimax 게임의 평형에서 generator는 원래 분포 $P(x)$에 의해 생성된 것과 유사한 샘플을 생성하는 방법을 배우므로 다음 사항이 적용된다.

$$P(G(z)) \sim P(x)$$

다음 다이어그램은 MNIST 숫자의 확률 분포를 학습하는 GAN 신경망을 보여준다.

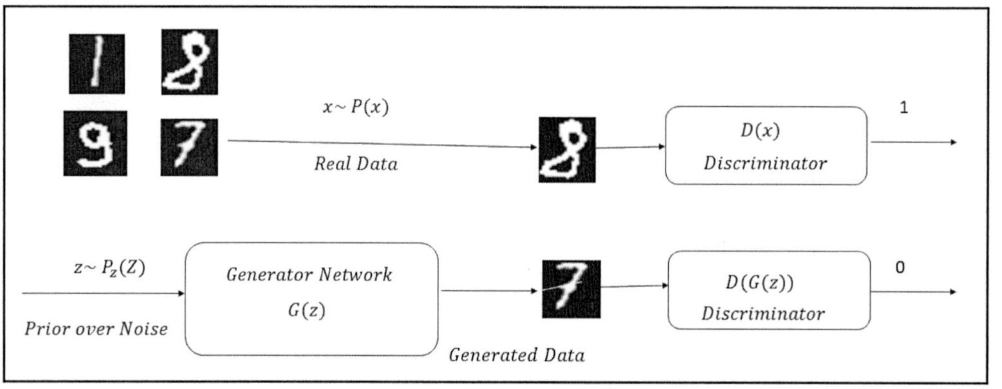

| 그림 1.14 | GAN 구조

판별기에 의해 최소화된 비용 함수는 확률 분포 $P(x)$에 속하는 실제 데이터 포인트를 생성기에 의해 생성된 가짜 포인트(즉, $G(z)$)와 구별하기 위한 이진 교차 엔트로피이다.

$$U(G,D) = -\mathbb{E}_{x\sim P(x)}[\log D(x)] - \mathbb{E}_{G(z)\sim P(G(z))}[\log(1-D(G(z))] \tag{1}$$

생성기는 **(1)**과 동일한 비용 함수를 최대화하려고 시도한다. 즉, 최적화 문제는 다음과 같이 유틸리티 함수 $U(G, D)$를 사용하여 minimax 플레이어로 공식화 될 수 있다.

$$\underbrace{min}_{D}\underbrace{max}_{G} U(G,D) = \underbrace{min}_{D}\underbrace{max}_{G} - \mathbb{E}_{x\sim P(x)}[\log D(x)] - \mathbb{E}_{G(z)\sim P(G(z))}[\log(1-D(G(z))] \tag{2}$$

일반적으로 주어진 확률 분포가 주어진 분포의 확률 분포와 얼마나 일치하는지 측정하기 위해 **KL** Kullback-Leibler 발산, Jensen Shannon 발산 및 Bhattacharyya 거리와 같은 f-발산 척도가 사용된다. 예를 들어, 두 확률 분포 P와 Q 사이의 KL 발산은 다음과 같이 주어지며, 여기서 예상은 분포 P와 관련이 있다.

$$KL(P||Q) = \mathbb{E}_P \log \frac{P}{Q}$$

마찬가지로, P와 Q 사이의 Jensen Shannon 발산은 다음과 같다.

$$JSD(P||Q) = \mathbb{E}_P \log \frac{P}{\frac{P+Q}{2}} + \mathbb{E}_Q \log \frac{Q}{\frac{P+Q}{2}}$$

이제 (2)로 돌아가서 다음과 같이 표현을 작성할 수 있다.

$$-\mathbb{E}_{x\sim P(x)}[\log D(x)] - \mathbb{E}_{x\sim G(x)}[\log(1-D(x)] \tag{3}$$

여기서 $G(x)$는 생성기의 확률 분포이다. 기대치를 적분 형식으로 확장하면 다음과 같은 결과를 얻는다.

$$U(G,D) = -\int_{x\sim P(x)} P(x)[\log D(x)] - \int_{x\sim G(x)} [\log(1 - D(x)] \tag{4}$$

고정 생성기 분포 $G(x)$의 경우 다음의 식이 참이 되면 유틸리티 함수는 판별기에 대해 최소가 된다.

$$D(x) = \hat{D}(x) = \frac{P(x)}{P(x)+G(x)} \tag{5}$$

(3)의 (5)에서 $D(x)$를 대체하면 다음과 같은 결과를 얻는다.

$$V(G,\hat{D}) = -\mathbb{E}_{x\sim P(x)} \log \frac{P(x)}{P(x)+G(x)} - \mathbb{E}_{x\sim G(x)} \log \frac{G(x)}{P(x)+G(x)} \tag{7}$$

이제 생성기의 임무는 유틸리티 $V(G, \hat{D})$를 최대화하거나 유틸리티 $-V(G, \hat{D})$를 최소화하는 것이다. $-V(G, \hat{D})$에 대한 표현식은 다음과 같이 정리될 수 있다.

$$-V(G,\hat{D}) = \mathbb{E}_{x\sim P(x)} \log \frac{P(x)}{P(x)+G(x)} + \mathbb{E}_{x\sim G(x)} \log \frac{G(x)}{P(x)+G(x)}$$

$$= -\log 4 + \mathbb{E}_{x\sim P(x)} \log \frac{P(x)}{\frac{P(x)+G(x)}{2}} + \mathbb{E}_{x\sim G(x)} \log \frac{G(x)}{\frac{P(x)+G(x)}{2}}$$

$$-\log 4 + JSD(P||G)$$

따라서 생성기가 $-V(G, \hat{D})$를 최소화하는 것은 실제 분포 $P(x)$와 생성기 G에 의해 생성 된 샘플의 분포(즉, $G(x)$) 사이의 Jensen Shannon 분기를 최소화하는 것과 같다.

GAN 교육은 간단한 과정이 아니며 이러한 네트워크를 교육하는 동안 고려해야 할 몇 가지 기술적 고려 사항이 있습니다. 우리는 고급 GAN 네트워크를 사용하여 4장, GAN을 사용한 패션 산업의 스타일 전송에서 도메인 간 스타일 전송 응용 프로그램을 빌드할 것이다.

강화 학습

강화 학습reinforcement learning은 기계 및/또는 에이전트가 특정 작업을 수행하여 특정 상황 내에서 특정 형태의 보상을 극대화할 수 있는 기계 학습의 한 분야이다. 강화 학습은 감독 및 비지도 학습과 다르다. 강화 학습은 게임 이론, 제어 시스템, 로봇 공학 및 기타 인공 지능 분야에서 광범위하게 사용된다. 다음 다이어그램은 강화 학습 문제에서 에이전트와 환경 간의 상호 작용을 보여준다.

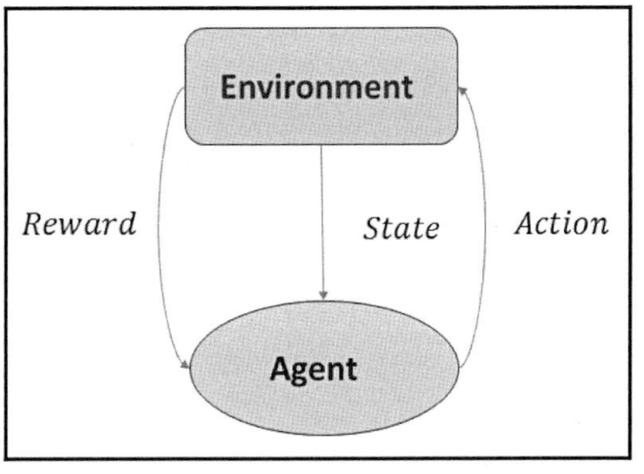

| 그림 1.15 | 강화 학습 모델에서 에이전트-환경 상호작용

Q-러닝

이제 **Q-러닝**이라는 인기 있는 강화학습 알고리즘을 살펴보자. Q-러닝은 주어진 유한 마르코프 결정 프로세스에 대한 최적의 행동 선택 정책을 결정하는 데 사용된다. **마르코프 결정 프로세스**Markov decision process는 상태 공간 S 액션 공간, A; 즉각적인 보상 세트, R; 현재 상태 $S^{(t)}$가 주어지면 다음 상태 $S^{(t+1)}$의 확률; 현재 행동 $a^{(t)}$; $P(S^{(t+1)}/S^{(t)}$; $r^{(t)}$; 할인 율 γ에 의해 정의된다. 다음 다이어그램은 다음 상태가 현재 상태 및 현재 상태에서 취한 조치에 따라 달라지는 Markov 의사 결정 프로세스를 보여준다.

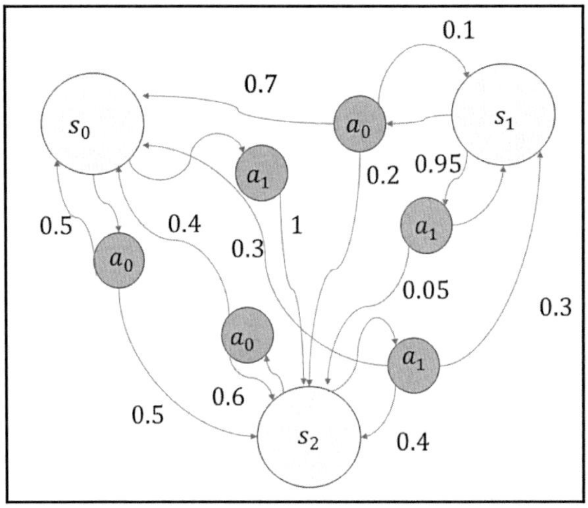

| 그림 1.16 | 마르코프 결정 프로세스

다음과 같이 일련의 상태, 조치 및 해당 보상이 있다고 가정하자.

$$s^{(1)}, a^{(1)}, r^{(1)}, s^{(2)}, a^{(2)}, r^{(2)}, \ldots\ldots. s^{(t)}, a^{(t)}, r^{(t)}, s^{(t+1)} \ldots s^{(T)}, a^{(T)}, r^{(T)}$$

단계 t에서 장기 보상 R_t를 고려하면 다음과 같이 t에서 끝까지 각 단계의 즉각적인 보상의 합과 같다.

$$R_t = r_t + r_{t+1} + \ldots. + r_T$$

이제 마르코프 결정 프로세스는 임의의 프로세스이므로 매번 $S^{(t)}$ 및 $a^{(t)}$를 기반으로 동일한 다음 단계인 $S^{(t+1)}$을 얻을 수 없다. 따라서 향후 보상에 할인율 γ를 적용한다. 이는 장기 보상이 다음과 같이 더 잘 표현될 수 있음을 의미한다.

$$R_t = r_t + \gamma r_{t+1} + \gamma^2 r_{t+2} \ldots. + \gamma^{(T-t)} r_T$$
$$= r_t + \gamma(r_{t+1} + \gamma r_{t+2} \ldots. + \gamma^{(T-t-1)} r_T) = r_t + \gamma R_{t+1}$$

시간 단계 t에서 즉각적인 보상이 이미 실현되었으므로 장기 보상을 극대화하려면 최적의 조치를 선택하여 시간 단계 $t+1$에서 (즉, R_{t+1}) 장기 보상을 최대화해야 한다. 조치

$a^{(t)}$를 취함으로써 상태 $S^{(t)}$에서 예상되는 최대 장기 보상은 다음 Q 함수로 표시된다.

$$Q(s^{(t)}, a^{(t)}) = max\ R_t = r_t + \gamma\ max\ R_{t+1} = r_t + \gamma \underbrace{max}_{a} Q(s^{(t+1)}, a) \quad (1)$$

Q-러닝의 에이전트는 각 상태 $s \in S(s)$에서 장기 보상을 극대화하는 행동 $a \in A$를 취하려고 한다. Q- 러닝 알고리즘은 반복 프로세스이며 업데이트 규칙은 다음과 같다.

$$Q(s^{(t)}, a^{(t)}) = (1-\alpha)Q(s^{(t)}, a^{(t)}) + \alpha(r^{(t)} + \gamma \underbrace{max}_{a} Q(s^{(t+1)}, a)) \quad (2)$$

보시다시피 알고리즘은 (1)에 표시된 장기 보상 개념에서 영감을 얻었다.

상태 $s^{(t)}$에서 조치 $a^{(t)}$를 수행한 전체 누적 보상 $Q(s^{(t)},\ a^{(t)})$는 즉각적인 보상 $r^{(t)}$과 새로운 단계 $s^{(t+1)}$에서 기대할 수 있는 최대 장기 보상에 따라 달라집니다.

마르코프 결정 과정에서, 새로운 상태 $s^{(t+1)}$은 현재 상태 $s^{(t)}$와 $P(S^{(t+1)}/S^{(t)};\ r^{(t)})$ 형식의 확률 밀도/질량 함수를 통해 취해진 행동 $a^{(t)}$에 확률적으로 의존된다.

이 알고리즘은 α값을 기준으로 기존 기대치의 가중 평균과 새로운 장기 보상을 취함으로써 예상되는 장기 누적 보상을 계속 수정한다.

반복 알고리즘을 통해 $Q(s,\ a)$ 함수를 구축 한 후 주어진 상태 s를 기반으로 게임을 하는 동안 Q 함수를 최대화하는 정책으로 최선의 행동 $\hat{a}$을 취할 수 있다.

$$\pi(s) = \hat{a} = \underbrace{argmax}_{a} Q(s, a) \quad (2)$$

딥 Q-러닝

Q-러닝에서 우리는 일반적으로 유한한 상태와 행동으로 작업한다. 이것은 테이블이 Q-값과 보상을 보유하기에 충분하다는 것을 의미한다. 그러나 실제 응용에서, 상태의 수와 적

용 가능한 동작은 대부분 무한하며, Q함수를 표현하고 배우기 위해서는 더 나은 Q함수 근사가 필요하다. 심층 신경망은 보편적인 함수 근사기이기 때문에 이 문제를 풀기 위해서 적용하게 되었다. 상태와 동작을 입력으로 사용하고 해당 Q-값을 출력으로 제공하는 신경망으로 Q-함수를 나타낼 수 있다. 또는 상태만 사용하여 신경망을 학습하고 출력을 모든 작업에 해당하는 Q-값으로 가질 수 있다. 이 두 시나리오는 다음 다이어그램에 설명되어 있다. Q값은 보상이므로 이 신경망에서는 회귀를 처리할 것이다.

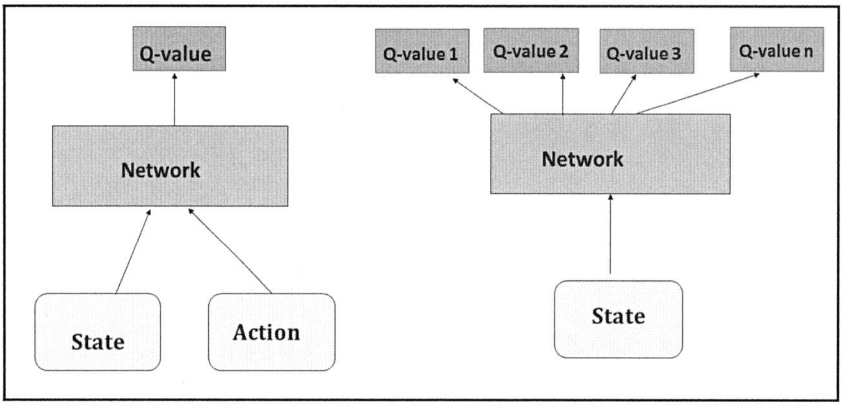

❙그림 1.17❙ 딥 Q-러닝 함수 근사 신경망

이 책에서는 강화학습을 사용하여 딥 Q-러닝을 통해 경주용 자동차를 스스로 운전하도록 훈련할 예정이다.

전이 학습(transfer learning)

일반적으로 전이 학습은 한 도메인에서 얻은 지식을 사용하여 다른 도메인의 관련 문제를 해결한다는 개념을 말한다. 그러나 딥러닝에서는 특정 작업에 대해 훈련된 신경망을 다른 도메인 내 유사한 작업에 재사용하는 과정을 구체적으로 나타낸다. 새로운 작업은 이전 작업에서 배운 특징 탐지기를 사용하므로 모델을 배우기 위해 학습할 필요가 없다.

딥러닝 모델은 서로 다른 계층 단위 간의 연결 패턴의 특성으로 인해 많은 수의 매개 변수를 갖는 경향이 있다. 이러한 큰 모델을 훈련시키려면 상당한 양의 데이터가 필요하다. 그렇지 않으면 모델이 과적합될 수 있다. 딥러닝 솔루션이 필요한 많은 문제의 경우 많은 양의 데이터를 사용할 수 없다. 예를 들어, 물체 인식을 위한 이미지 처리에서 딥러닝 모델은 최첨단 솔루션을 제공한다. 이러한 경우, 전이 학습을 사용하여 기존의 훈련된 딥러닝 모델에서 학습한 기능 탐지기를 기반으로 한다. 그런 다음 이러한 기능을 사용하여 새로운 문제를 해결하기 위해 사용 가능한 데이터로 간단한 모델을 작성할 수 있다. 따라서 새 모델에서 학습해야하는 유일한 매개 변수는 단순 모델 작성과 관련된 매개 변수이므로 과적합의 가능성이 줄어든다. 사전 훈련된 모델은 일반적으로 방대한 양의 데이터에 대해 훈련되므로 특징 검출기로서 신뢰할 수 있는 매개 변수를 갖는다.

CNN에서 이미지를 처리할 때 초기 레이어는 컬, 가장자리, 색상 구성 등과 같은 매우 일반적인 특징을 감지하는 방법을 배운다. 네트워크가 깊어질수록 더 깊은 레이어의 컨볼루션 레이어는 특정 종류의 데이터 집합과 관련이 있다. 우리는 사전 훈련된 네트워크를 사용하고 매우 일반적인 기능을 배우기 때문에 처음 몇 개의 계층을 훈련시키지 않도록 선택할 수 있다. 대신, 우리는 마지막 몇 층의 매개 변수를 훈련하는 데만 집중할 수 있다. 이는 현재 문제에 특정한 복잡한 기능을 배우기 때문이다. 이를 통해 훈련할 매개 변수가 줄어들고 일반 기능이 아닌 필요한 복잡한 매개 변수에 대해서만 훈련할 수 있다.

전이 학습은 필터가 특징 탐지기 역할을 하는 CNN을 통한 이미지 처리에 널리 사용된다. 전이 학습에 사용되는 가장 일반적인 사전 훈련된 CNN은 `AlexNet`, `VGG16`, `VGG19`, `Inception V3` 및 `ResNet`이다.

다음 다이어그램은 전이학습에 사용되는 사전 훈련된 `VGG16` 네트워크를 보여준다.

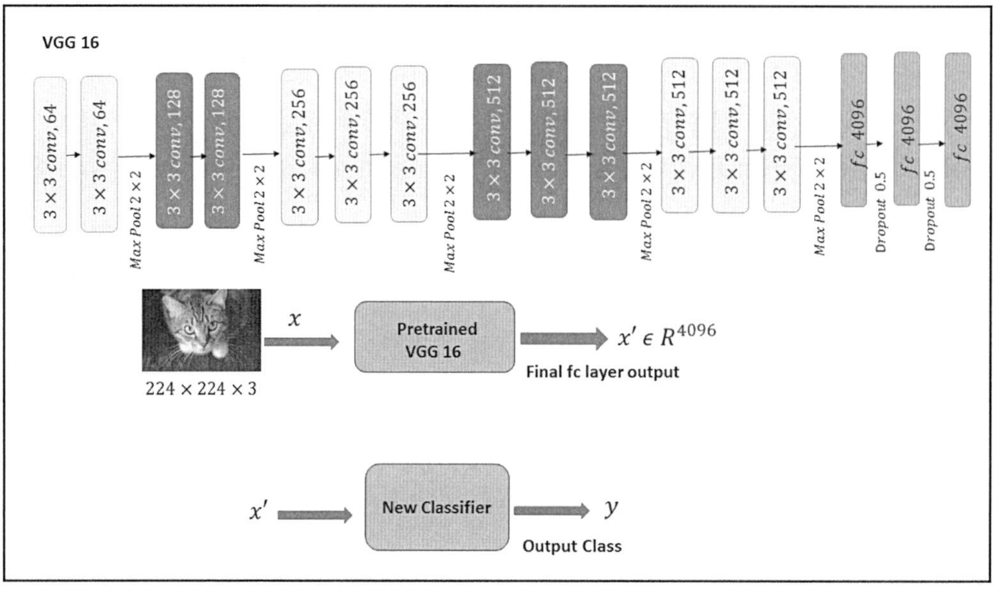

| 그림 1.18 | 사전 학습된 VGG16 신경망에서의 전이학습

x로 표시되는 입력 이미지는 **사전 학습된 VGG16** 신경망에 공급되고 마지막으로 완전 연결된 레이어에서 **4096** 차원 출력 특징 벡터 **x'**가 추출된다. 추출된 특징 **x'**는 해당 클래스 레이블 **y**와 함께 간단한 분류 신경망을 학습하는 데 사용되어 문제를 해결하는 데 필요한 데이터를 줄인다.

2장 전이학습에서 전이학습을 사용하여 의료 분야의 이미지 분류 문제를 해결할 예정이다.

제한 볼츠만 머신

제한 볼츠만 머신RBM: Restricted Boltzmann machines은 데이터의 내부 표현을 학습하는 감독되지 않은 기계 학습 알고리즘 클래스다. RBM에는 가시적인 레이어 $v \in R^m$과 숨겨진 레이어인 $h \in R^n$이 있다. RBM은 보이는 레이어의 입력을 숨겨진 레이어의 낮은 차원 표현으로 표현하는 방법을 배운다. 보이는 레이어 입력이 주어지면 모든 숨겨진 레이어 유닛은 조건부로 독립적이다. 마찬가지로, 숨겨진 레이어 입력이 주어지면 모든 보이는 레이어는 조건부 독립적이다. 이를 통해 RBM은 숨겨진 레이어 입력을 고려할 때 보이는 유닛의 출력을 독립적으로 샘플링할 수 있으며 그 반대도 가능하다.

다음 다이어그램은 RBM의 아키텍처를 보여준다.

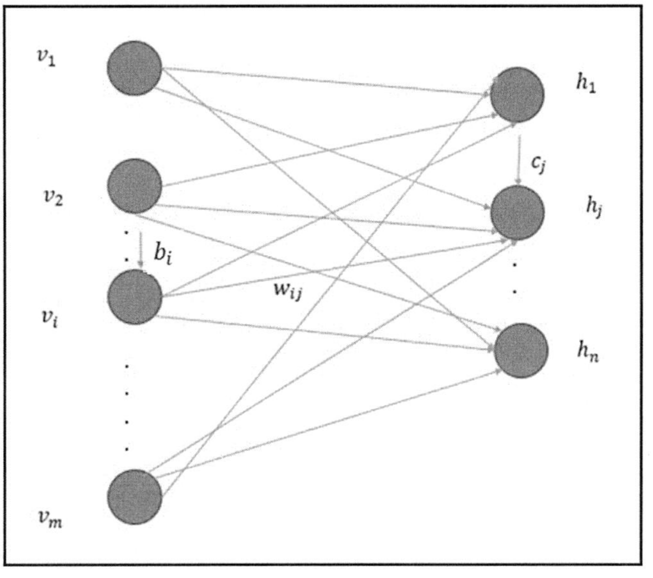

| 그림 1.19 | 제한 볼츠만 머신

가중치 $w_{ij} \in W$는 보이는 단위 i를 숨겨진 단위 j에 연결한다. 여기서 $W \in R^{mxn}$은 가시 노드에서 은닉 노드까지 이러한 모든 가중치의 집합이다. 가시 노드의 바이어스는 $b_i \in b$로 표시되고 은닉 노드의 바이어스는 $c_j \in c$로 표시된다.

통계 물리학의 볼츠만 분포에서 나온 아이디어에서 볼 수 있는 것처럼 보이는 레이어 벡터 v와 숨겨진 레이어 벡터 h의 공동 분포는 구성의 음의 에너지 지수에 비례한다.

$$P(v,h) \propto e^{-E(v,h)} \tag{1}$$

이 구성의 에너지는 다음에 의해 제공된다.

$$E(v,h) = v^T Wh + b^T v + c^T h \quad (2)$$

보이는 입력 벡터 v가 주어지면 숨겨진 단위 j의 확률은 다음과 같이 나타낼 수 있다.

$$P(h_j/v) = \sigma(\sum_i v_i w_{ij} + b_j = \sigma(v^T W[:,j] + c_j) \quad (2)$$

유사하게, 숨겨진 입력 벡터 h가 주어지면 보이는 단위 i의 확률은 다음과 같이 주어진다:

$$P(v_i/h) = \sigma(\sum_j h_j w_{ij} + c_i = \sigma(h^T W^T[:,i] + c_j) \quad (3)$$

따라서 훈련을 통해 RBM의 가중치와 편견을 익힌 후에는 은닉 상태를 통해 가시적 표현을 샘플링할 수 있고, 가시적 상태를 고려하면 숨겨진 상태를 샘플링할 수 있다.

주성분 분석 PCA: principal component analysis과 유사하게, RBM은 가시 계층 v에 의해 제공되는 한 차원에서 은닉 계층 h에 의해 제공되는 다른 차원으로 데이터를 표현하는 방법이다. 은닉 레이어의 차수가 가시 레이어의 차수보다 작은 경우 RBM은 차원 축소 작업을 수행한다. RBM은 일반적으로 이진 데이터에 대해 학습된다.

RBM은 훈련 데이터의 가능성을 최대화하여 훈련된다. 가중치 및 바이어스와 관련하여 비용 함수의 경사 하강의 각 반복에서, 샘플링이 그림에 나타나고, 이는 훈련 과정을 비싸고 계산적으로 다루기 어려워지게 한다. 깁스 Gibbs 샘플링을 사용하는 **대조 발산** contrastive divergence이라는 스마트 샘플링 방법이 RBM을 훈련시키는 데 사용된다.

우리는 6장, 지능형 추천 시스템에서 RBM을 사용하여 추천 시스템을 구축할 것이다.

오토인코더(Autoencoders)

RBM과 마찬가지로, **오토인코더**는 데이터 내의 숨겨진 구조를 찾아내는 것을 목표로 하는 무감독 학습 알고리즘 클래스이다. **주성분 분석(PCA)**에서 입력 변수 간의 선형 관계를 포착하고 데이터를 데이터 변동의 대부분을 설명하는 (입력 변수의) 선형 조합을 취함으로써 차원 공간을 줄였다. 그러나 PCA는 입력 변수 간의 비선형 관계를 캡처할 수 없다.

오토인코더는 입력 변수 간의 비선형 상호 작용을 캡처하면서 숨겨진 레이어에서 다른 차원으로 입력을 나타낼 수 있는 신경망이다. 대부분 숨겨진 레이어의 크기는 입력의 크기보다 작다. 우리는 고차원 데이터에 고유한 저 차원 구조가 있다는 가정하에 생략했다. 예를 들어, 고차원 이미지는 저차원으로 표현될 수 있다. 매니폴드 및 오토인코더는 종종 해당 구조를 발견하는 데 사용된다. 다음 다이어그램은 오토인코더의 신경 구조를 보여준다.

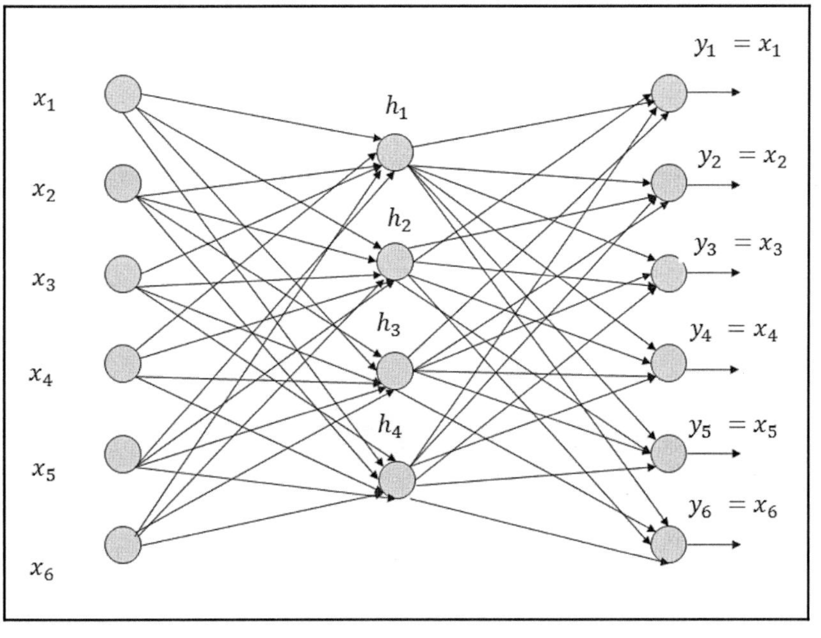

| 그림 1.20 | 오토인코더 구조

오토인코더에는 인코더와 디코더의 두 부분이 있다. 인코더는 입력 데이터 x를 숨겨진 레이어 h에 투영하려고 시도한다. 디코더는 숨겨진 계층 h로부터 입력을 재구성하려고 시도한다. 그러한 네트워크를 수반하는 가중치는 재구성 에러, 즉 디코더로부터 재구성된 입력 $\tilde{x}$와 원래 입력 사이의 에러를 최소화함으로써 훈련된다. 입력이 연속적인 경우, 오토엔코더의 가중치를 배우기 위해 재구성 오차의 제곱의 합이 최소화된다.

함수 $f_W(x)$로 인코더를, $f_u(x)$로 디코더를 나타내고 W와 U는 인코더 및 디코더와 관련된 가중치 행렬인 경우 다음과 같다.

$$h = f_W(x) \tag{1}$$

$$\tilde{x} = f_U(h) \tag{2}$$

훈련 세트 x_i, $i=1, 2, 3, \ldots m$에 대한 재구성 에러 C는 다음과 같이 표현될 수 있다:

$$C(W,U) = \frac{1}{m}\sum_{i=1}^{m} ||x_i - \widetilde{x_i}||_2^2 \tag{3}$$

오토인코더 최적 가중치 $\widehat{W}$, $\widehat{U}$는 다음과 같이 (3)에서 비용 함수를 최소화하여 알 수 있다.

$$\hat{W}, \hat{U} = \underbrace{argmin}_{W,U}\, C(W,U) \tag{4}$$

오토인코더는 잠재적인 데이터 표현 학습, 노이즈 감소 및 특징 탐지와 같은 다양한 목적으로 사용된다. 노이즈 감소 자동 인코더는 실제 입력의 노이즈 버전을 입력으로 사용한다. 그들은 재구성을 위한 레이블 역할을 하는 실제 입력을 구성하려고 한다. 마찬가지로, 오토엔코더는 생성 모델로 사용될 수 있다. 생성 모델로 작동할 수 있는 이러한 종류의 오토인코더는 **변형 자동 인코더**이다. 현재, 가변 오토인코더 및 GAN은 이미지 처리를 위한 생성 모델로서 매우 인기가 있다.

요약

이제 이 장의 끝 부분에 도달했다. 우리는 이미지 처리 목적을 위한 CNN과 자연언어 처리 목적을 위한 RNN을 포함하여 여러 가지 인공 신경망의 변형을 살펴보았다. 또한 RBM과 GAN을 다음과 같이 살펴보았다. 노이즈 감소 또는 데이터의 내부 구조 해독과 같은 많은 문제를 해결하는 감독되지 않은 방법으로 생성 모델 및 오토인코더. 또한 로봇 학습과 AI에 큰 영향을 미치는 강화 학습에 대해서도 살펴보았다.

이제 이 책의 나머지 장에서 스마트 AI 애플리케이션을 구축할 때 사용할 핵심 기술에 익숙해져야 한다. 응용 프로그램을 구축하는 동안 필요한 경우 약간의 기술 위반이 발생한다. 딥러닝에 익숙하지 않은 독자에게는 이 장에서 다루는 핵심 기술에 대해 더 자세히 살펴보는 것이 좋다.

다음 장에서는 실제 AI 프로젝트에 대해 논의하고 이 장에서 논의 된 기술을 사용하여 구현할 것이다. 2장 전이학습에서는 전이학습을 사용하여 의료 이미지 분석을 위한 의료 응용 프로그램을 구현하는 것으로 시작한다. 여러분의 참여를 기대한다.

CHAPTER 2

전이 학습(transfer learning)

전이 학습은 특정 영역의 작업에서 얻어진 지식을 유사한 영역의 관련 작업에 적용하는 것이다. 딥러닝 패러다임에서, 일반적으로 전이 학습은 사전 훈련 된 모델을 다른 문제에 재사용하는 것을 의미한다. 컴퓨터 비전 및 자연 언어 처리 문제는 의미 있는 딥러닝 모델을 훈련시키기 위해 많은 양의 데이터와 전산 자원이 필요하다. 비전과 텍스트 분야는 많은 양의 훈련과 데이터 및 학습 시간이 필요성을 경감해주기 때문에 전이 학습이 매우 중요하다. 이 장에서는 의료 문제를 해결하기 위해 이전 학습을 사용할 것이다.

이 장에서 다루게 될 전이 학습과 관련된 주요 주제는 다음과 같다:

- 인간에서 당뇨 망막 병증의 상태를 확인하고 병증의 중증도 결정하기 위해 전이 학습을 사용
- 인간의 눈의 안저 이미지에서 당뇨성 망막증을 검출할 수 있는 **컨볼루션 신경망(CNN)**을 학습시키는데 사용할 수 있는 사전학습 진화된 컨볼루션 신경망을 탐색하기
- 실용인 CNN 구현을 위해 필요한 다양한 이미지 전처리 단계를 살펴보기
- 주어진 문제에 적합한 비용 함수를 공식화하는 방법
- 학습 모델의 성능을 측정하기 위한 적절한 척도 정의 모델
- 어파인 affine 변환을 사용하여 추가 데이터 생성
- 적절한 학습 속도와 최적화 도구 선택 등 학습 조정
- 종단 간 End-to-End 파이썬 구현하기

기술 요구사항

Python 3, TensorFlow, Keras 및 OpenCV에 대한 기본 지식이 필요하다.

이 장의 코드 파일은 GitHub에서 찾을 수 있다.

`https://github.com/PacktPublishing/Intelligent-Projects-using-Python/tree/master/Chapter02`

동영상 실습은 다음 비디오를 참고한다.

`http://bit.ly/2t6LLyB`

전이 학습 소개

기존의 기계 학습 패러다임(그림 2.1 참조)에서 모든 사용 예와 작업은 주어진 데이터를 기반으로 독립적으로 모델링된다. 이전 학습에서는 특정 업무에서 얻은 지식(아키텍처 형태나 모델 매개 변수로)을 사용하여 다음 다이어그램과 같이 다른 (그러나 관련된) 작업을 해결하는데 사용한다.

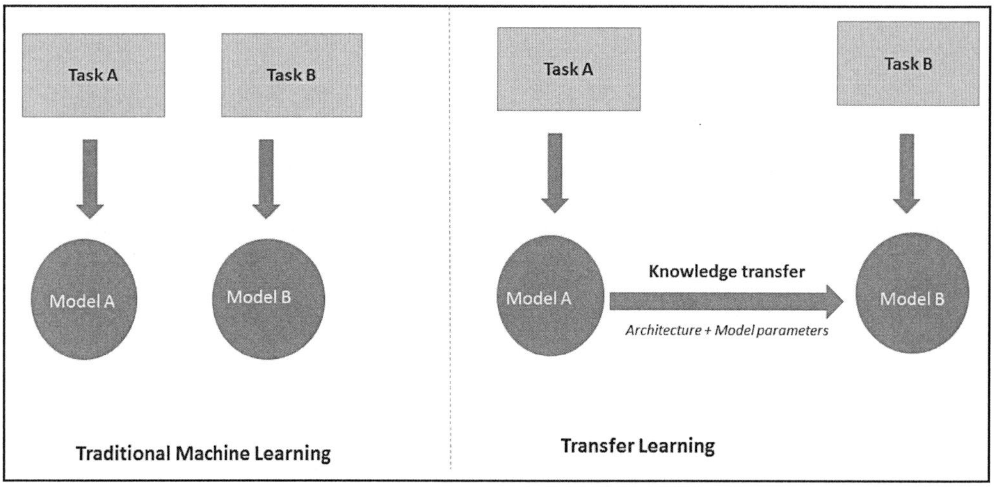

| 그림 2.1 | 기존 기계 학습과 전이 학습 비교

앤드류 응(Andrew Ng)은 2016년 NIPS 튜토리얼에서 전이 학습이 기계 학습(감독 학습 후)의 상업적 성공에 주요 동력이 될 것이라고 했다: 이 지적은 시간이 흐를수록 분명해지고 있다. 전이 학습은 이제 인공 신경망을 사용하여 해결할 필요가 있는 문제에서는 광범위하게 사용된다. 다음에 생각해야할 질문은 이유가 무엇인가이다.

다른 작업에 대해서 처음부터 인공신경망을 학습하는 것은 다음과 같은 두 가지 이유로 어려운 작업이다:

- 인공신경망의 비용함수는 볼록하지 않아서 적절한 수렴을 위해서는 초기 가중치를 잘 정해야할 필요가 있다.
- 인공신경망은 파라미터가 많아서 훈련하는데 많은 데이터를 필요로 한다. 불행히도 신경망을 훈련하는 데 필요한 특정 데이터가 대부분의 프로젝트에서 충분하지 않은 반면에 해결하고자 하는 프로젝트의 문제는 신경망을 사용해야만 할 정도로 충분히 복잡하다.

두 경우 모두 전이 학습이 해결할 수 있다. ImageNet 또는 CIFAR과 같은 대규모 레이블이 지정된 데이터베이스를 사용하여 사전 훈련된 모델을 사용하는 경우, 전이 학습과 관련된 문제에는 훈련을 시작하기에 좋은 초기 가중치가 있다. 그런 다음 해당 데이터를 기반으로 가중치를 미세 조정할 수 있다. 마찬가지로, 소량의 데이터에서 복잡한 모델을 학습하지 않기 위해 사전 훈련된 신경망에서 복잡한 기능을 추출한 다음 해당 기능을 사용하여 SVM 또는 로지스틱 회귀와 같은 비교적 간단한 모델을 학습할 수 있다. 예를 들어, 이미지 분류 문제에 대해 작업 중이고 이미 1,000개의 ImageNet 클래스에 대한 VGG16 네트워크와 같은 사전 훈련된 모델이 있는 경우 VGG16의 가중치를 통해 학습 데이터를 전달하고 기능을 추출할 수 있다. 마지막 풀링 레이어에서 훈련 데이터 포인트가 m개인 경우 방정식 $(x^{(i)}, y^{(i)})_{i=1}^{m}$을 사용할 수 있다. 여기서 x는 특징 벡터이고 y는 출력 클래스이다. 그런 다음 사전 훈련된 VGG16 네트워크에서 다음과 같이 벡터 h와 같은 복잡한 기능을 도출할 수 있다.

$$h = f_W(x) \tag{1}$$

여기서 W는 마지막 훈련 계층까지 사전 훈련된 VGG16 네트워크의 가중치 집합이다.

그런 다음 변환된 학습 데이터 포인트 세트 $(h^{(i)}, y^{(i)})_{i=1}^{m}$를 사용하여 비교적 간단한 모델을 구축할 수 있다.

전이학습과 당뇨성 망막증 진단

이 장에서는 전이 학습을 사용하여 인간의 눈에서 당뇨성 망막증diabetic retinopathy을 감지하는 모델을 구축할 것이다. 당뇨성 망막증은 일반적으로 고혈당 수치가 망막의 혈관을 손상시키는 당뇨병 환자에서 발견된다. 다음 이미지는 왼쪽에 정상적인 망막과 오른쪽에 당뇨병 성 망막증이 있는 것을 보여준다.

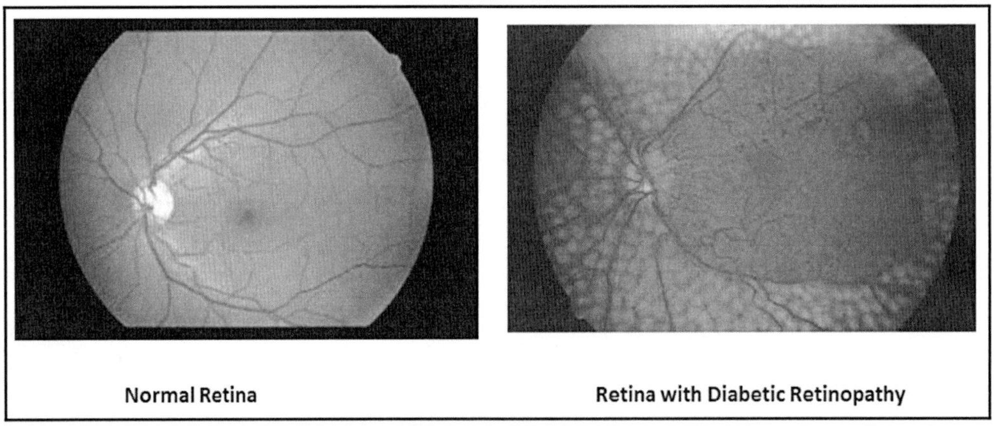

| 그림 2.2 | 정상적인 인간의 망막과 당뇨성 망막병증을 가진 망막

건강관리에서 당뇨성 망막 병증 탐지는 일반적으로 숙련된 의사가 색 안저 망막 이미지를 검사하는 수작업 과정이다. 이로 인해 진단 과정이 지연되어 치료가 지연되는 경우가 많다. 우리 프로젝트의 일환으로 당뇨성 망막병증과 관련하여 망막의 색 안저 이미지를 촬영하고 망막 상태의 심각성을 분류할 수 있는 강력한 인공지능 시스템을 구축할 것이다. 망막 이미지를 분류할 여러 조건은 다음과 같다.

- **0** : 당뇨성 망막증이 없다.
- **1** : 가벼운 당뇨성 망막증
- **2** : 중등도 당뇨성 망막증
- **3** : 심한 당뇨성 망막증
- **4** : 증식성 당뇨성 망막증

당뇨성 망막증 데이터셋

당뇨성 망막증 탐지 응용 프로그램을 구축하기 위한 데이터 세트는 Kaggle에서 가져 오며 다음 링크에서 다운로드할 수 있다.

`https://www.kaggle.com/c/classroom-diabetic-retinopathy-detection-competition/data.`

교육 및 홀드 아웃 테스트 데이터 세트는 모두 `train_dataset.zip` 파일은 이전 링크에서 사용 가능하다.

레이블이 지정된 교육 데이터를 사용하여 교차 유효성 검사를 통해 모델을 작성한다. 홀드 아웃 데이터 세트에서 모델을 평가한다.

우리는 클래스 예측을 다루기 때문에 정확성은 유용한 검증 지표가 될 것이다. 정확도는 다음과 같이 정의된다.

$$a_c = \frac{c}{N}$$

여기에서 c는 올바르게 분류 된 샘플수이고 N은 평가된 샘플의 총수이다.

또한 **2차 가중 카파 통계량**quadratic weighted kappa을 사용하여 모델의 품질을 결정하고 Kaggle 표준과 비교하여 모델의 품질에 대한 벤치마크를 마련한다. 2차 가중 카파는 다음과 같이 정의된다.

$$\kappa = 1 - \frac{\sum_{i,j} w_{i,j} O_{i,j}}{\sum_{i,j} w_{i,j} E_{i,j}}$$

2차 가중 카파 표현에서 가중치(w_{ij})는 다음과 같습니다.

$$w_{i,j} = \frac{(i-j)^2}{N-1}$$

위의 공식에서 다음이 적용된다.

- N은 클래스 수를 나타낸다.
- O_{ij}는 클래스 I가 있는 것으로 예측된 이미지 수를 나타내며 이미지의 실제 클래스는 j이다.
- E_{ij}는 예측 클래스와 실제 클래스 사이의 독립성을 가정할 때 예측 클래스 i에 대한 예상 관측치 수를 나타내고 실제 클래스는 j이다.

카파 매트릭스 구성 요소를 더 잘 이해하기 위해 사과와 오렌지의 이진 분류를 살펴보겠다. 예측된 클래스와 실제 클래스의 혼동 행렬이 다음 다이어그램에 표시된 것으로 가정한다.

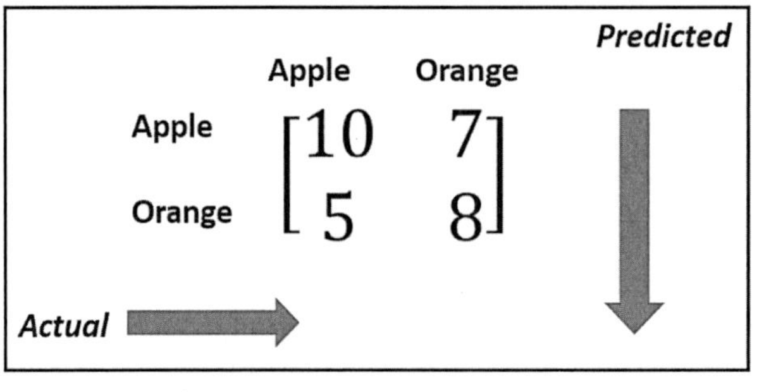

| 그림 2.3 | 카파 척도 용어

실제 레이블이 *Orange*일 때 레이블 사이의 독립성을 가정할 때 예상되는 *Apple* 예측 수는 다음 공식으로 제공된다.

$$E[i =" Apple ", j =" Orange "] = P(i =" Apple ")P(j =" Orange ") * (Total\ of " Apples " and " Oranges ")$$

$$= \frac{(10+7)}{30}\frac{(5+8)}{30}30 = \frac{(17*13)}{30} = 11.05$$

이 예상 카운트는 모델이 없는 경우 발생할 수 있는 최악의 오류다.

두 범주형 변수 사이의 독립성에 대한 카이 제곱 검정에 익숙한 경우 혼동 테이블의 각 셀에서 예상되는 개수는 범주형 변수 사이의 독립성을 가정하여 동일한 수식을 기반으로 계산된다. 참 레이블이 주황색일 때 *Apple*을 예측하는 모델의 관측 수는 다음과 같이 혼동 행렬에서 직접 추적할 수 있으며 5와 같다.

$$O[i =" Apple ", j =" Orange "] = 5$$

따라서 *Apple*이 모델을 사용하지 않을 경우 얻을 수 있는 오류보다 작기 때문에 모델이 *Orange*를 예측할 때 발생하는 오류를 알 수 있다. Kappa는 일반적으로 모델 없이 이루어진 예측과 비교하여 우리가 얼마나 잘 수행하고 있는지 측정한다.

2차 가중치 (w_{ij})에 대한 표현을 관찰하면 실제 레이블과 예측 레이블의 차이가 클수록 가중치가 더 높다. 이것은 클래스의 서수적 특성으로 인해 의미가 있다. 예를 들어, 클래스 레이블 0을 사용하여 완벽한 상태의 눈을 표시해 보자. 경증 당뇨성 망막증 상태를 1; 중등도 당뇨성 망막증 상태를 2; 당뇨성 망막증의 중증 상태를 3으로 표시하자. 이 2차 항 (w_{ij})은 경증 당뇨성 망막증 상태가 중등도 당뇨성 망막증보다는 중증 당뇨성 망막증으로 잘못 분류될 때 더 높아질 것이다. 실제 클래스를 예측할 수 없는 경우에도 가능한 한 실제 조건에 가까운 조건을 예측하려고 하므로 이는 의미가 있다.

여기서 `weights = "quadratic"` 조건으로 `sklearn.metrics.cohen_kappa_score`를 사용하여 카파 점수를 계산한다. 가중치가 높을수록 카파 점수는 낮아진다.

손실 함수 공식화

이 사례에 대한 데이터는 당뇨성 망막증, 경증 당뇨성 망막증, 중등도 당뇨성 망막증, 중증 당뇨성 망막증 및 증식성 당뇨성 망막증에 관한 5가지 등급을 갖는다. 따라서 우리는 이것을 범주 분류 문제로 취급할 수 있다. 범주형 분류 문제의 경우 다음과 같이 출력 레이블이 원핫one-hot 인코딩되어야 한다.

- **당뇨성 망막증 없음**No diabetic retinopathy : $[1\ 0\ 0\ 0\ 0]^T$
- **경증 당뇨성 망막증**Mild diabetic retinopathy : $[0\ 1\ 0\ 0\ 0]^T$
- **중등도 당뇨성 망막증**Moderate diabetic retinopathy : $[0\ 0\ 1\ 0\ 0]^T$
- **중증 당뇨성 망막증**Severe diabetic retinopathy : $[0\ 0\ 0\ 1\ 0]^T$
- **증식성 당뇨성 망막증**Proliferative diabetic retinopathy : $[0\ 0\ 0\ 0\ 1]^T$

Softmax는 출력 계층에서 서로 다른 클래스의 확률을 나타내는 데 가장 적합한 활성화 함수인 반면, 각 데이터 포인트의 범주 간 엔트로피 손실의 합은 최적화하기에 가장 좋은 손실이다. 출력 레이블 벡터 y 및 예측 확률 p를 갖는 단일 데이터 포인트의 경우 교차 엔트로피 손실은 다음 방정식으로 제공된다.

$$L = -\sum_{j=1}^{5} y_j \log p_j \tag{1}$$

여기서 $y = [y_1 \cdots y_j \cdot\cdot y_5]^T$ 이고 $p = [p_1 \cdots p_j \cdot\cdot p_5]^T$ 이다.

마찬가지로 M 훈련 데이터 포인트에 대한 평균 손실은 다음과 같이 나타낼 수 있다.

$$L = -\frac{1}{M}\sum_{i=1}^{M}\sum_{j=1}^{5}[y_j^{(i)} \log p_j^{(i)}] \tag{2}$$

훈련 과정 동안, 미니 배치의 기울기는 (2)에 의해 주어진 평균 로그 손실에 기초하며, 여기서 M은 선택된 배치 크기이다. 유효성 검사 정확도와 함께 모니터링할 유효성 검사로

그 손실의 경우 M은 유효성 검사 세트 데이터 수다. 각 폴드마다 **K-폴드 교차 검증** K-fold cross-validation을 수행할 것이므로, 폴드마다 다른 검증 데이터 세트를 갖게 된다.

훈련 방법론, 손실 함수 및 검증 메트릭을 정의했으므로 이제 데이터 탐색 및 모델링을 진행하겠다.

출력 클래스의 분류는 순서에 따라 다르지만 심각도는 클래스마다 다르다. 이러한 이유로 회귀가 유용할 수 있다. 범주 분류 대신 회귀를 사용하여 시험 해보고 그 결과가 어떻게 나오는지 살펴볼 것이다. 회귀 문제 중 하나는 원시 점수를 클래스로 변환하는 것이다. 간단한 체계를 사용하여 가장 가까운 심각도 클래스로 점수를 정수화 한다.

클래스 불균형 고려

클래스 불균형은 분류와 관련하여 중요한 문제이다. 다음 다이어그램은 5가지 심각도 클래스의 클래스 밀도를 보여준다.

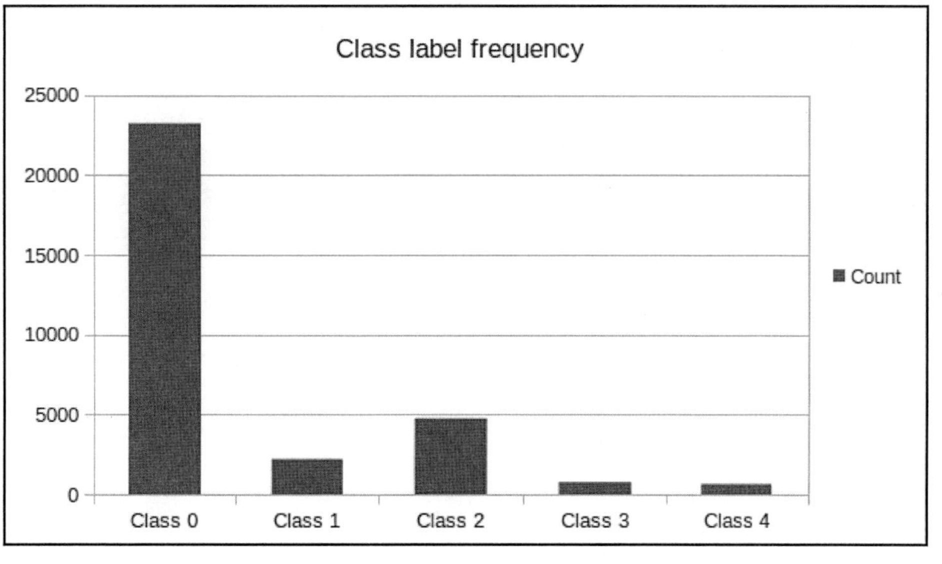

| 그림 2.4 | 5가지 심각도 클래스의 클래스 밀도

앞의 차트에서 볼 수 있듯이 훈련 데이터의 거의 73%가 **Class 0**에 속하며 이는 당뇨성 망막증 상태가 아니다. 따라서 모든 데이터 포인트에 **클래스 0**으로 레이블을 지정하면 정확도가 73%이다. 이것은 환자의 건강 상태에서는 바람직하지 않다. 차라리 환자가 특정 건강 상태를 감지하지 못하는 테스트, 즉 질병이 있는데 없다고 판정하는 위음성false negative보다 환자가 질병이 없는데 있다고 판정하는 위양성false positive고 말하는 것이 더 좋다. 모델이 **클래스 0**에 속하는 것으로 모든 포인트를 분류하는 것을 배우면 73% 정확도는 아무 의미가 없다.

심각도가 없는 클래스를 잘 수행하는 것보다 심각도가 높은 클래스를 감지하는 것이 더 중요하다. 로그 손실 또는 교차 엔트로피 비용 함수를 사용하는 분류 모델의 문제점은 고빈도 클래스를 선호한다는 것이다. 교차 엔트로피 오차는 다수 클래스에 더 높은 확률을 할당하는 경향이 있는 최대 우도 원리에서 도출되기 때문이다. 우리는 두 가지 일을 할 수 있다:

- 더 많은 샘플을 가진 클래스의 데이터를 버리고 저빈도 클래스를 업샘플링하여 클래스간 샘플 분포를 균일하게 유지한다.
- 손실 함수에서 밀도에 반비례하여 가중치를 클래스에 할당한다. 이것은 저빈도 클래스가 모델이 분류하지 않을 때 비용 함수에 더 높은 페널티를 부과하도록 보장할 것이다.

더 많은 데이터를 생성하거나 기존 데이터를 버릴 필요가 없는 두 번째 방법으로 작업할 것이다. 클래스 가중치를 클래스 빈도의 역수에 비례하도록 취하면 다음 클래스 가중치를 얻는다.

Severity classes	Class weights
Class 0	0.0120353863
Class 1	0.1271350558
Class 2	0.0586961973
Class 3	0.3640234214
Class 4	0.4381974727

분류 신경망을 훈련하는 동안 이러한 가중치를 사용한다.

이미지 전처리

다른 클래스의 이미지는 다른 폴더에 저장되므로 클래스에 쉽게 레이블을 지정할 수 있다. Opencv 함수를 사용하여 이미지를 읽고 224 × 224 × 3과 같은 다른 크기로 크기를 조정한다. ImageNet 데이터 셋을 기반으로 각 이미지에서 채널 단위로 평균 픽셀 강도[intensity]를 뺄셈연산을 수행할 것이다. 이것은 뺄셈이 당뇨성 망막증 이미지를 사전 훈련된 모델이 훈련되는 처리된 ImageNet 이미지와 동일한 강도 범위로 가져오는 것을 의미한다. 각 이미지가 확보되면 numpy 배열에 저장된다. 이미지 전처리 기능은 다음과 같이 정의할 수 있다.

```
def get_im_cv2(path,dim=224):
    img = cv2.imread(path)
    resized = cv2.resize(img, (dim,dim), cv2.INTER_LINEAR)
    return resized

def pre_process(img):
    img[:,:,0] =      img[:,:,0] - 103.939
    img[:,:,1] =      img[:,:,0] - 116.779
    img[:,:,2] =      img[:,:,0] - 123.68
    return img
```

이미지는 opencv 함수 imread를 통해 읽은 다음 interlinear interpolation 방법을 사용하여 (224,224,3) 또는 주어진 치수로 크기를 조정한다. ImageNet 이미지에 대한 빨강, 녹색 및 파랑 채널의 평균 픽셀 강도는 각각 103.939, 116.779 및 123.68이다. 사전 훈련된 모델은 빼기후 훈련된다. 이 평균 빼기 활동은 데이터를 중앙에 배치하는 데 사용된다. 제로를 중심으로 데이터를 배치하면 소실 및 폭발적인 그래디언트 문제를 해결하는 데 도움이 된다. 또한 채널당 정규화는 각 채널로의 그라디언트 흐름을 균일하게 유지하는 데 도움이 된다. 이 프로젝트에 사전 훈련된 모델을 사용하기 때문에 사전 훈련된 네트워크에 이미지를 공급하기 전에 채널 별 평균 픽셀 값을 기반으로 이미지를 수정하는 것이 좋다. 그러나 사전 훈련된 신경망을 기반으로 하는 ImageNet의 평균값을 기반으로 이미지를 수정해야 한다는 의미는 아니다. 프로젝트에 대한 훈련 코퍼스의 평균 픽셀 강도로 정규화할 수 있다.

마찬가지로 채널 단위 평균 정규화를 수행하는 대신 전체 이미지에 대해 평균 정규화를 수행하도록 선택할 수 있다. 이것은 그 자체에서 각 이미지의 평균값을 빼는 것을 수반한다. CNN이 인식할 객체가 낮과 밤과 같은 다른 조명 조건에서 노출되는 시나리오를 상상해보자. 우리는 빛의 조건에 관계없이 물체를 정확하게 분류하고 싶지만, 다른 픽셀 강도는 신경망의 뉴런을 다르게 활성화시켜 물체의 잘못된 분류 가능성을 초래한다. 그러나 각 이미지의 평균을 자체에서 빼면 다른 조명 조건의 영향을 받지 않는다. 따라서 작업하는 이미지의 특성에 따라 최상의 이미지 정규화 체계를 선택할 수 있다. 그러나 기본 방법 중 하나는 정규화는 합리적인 성능을 제공하는 경향이 있다.

어파인(affine) 변환을 사용한 추가 데이터 생성

`keras ImageDataGenerator`를 사용하여 이미지 픽셀 좌표에 대한 어파인 변환을 사용하여 추가 데이터를 생성한다. 주로 사용할 변환은 회전, 평행 이동 및 배율이다. 픽셀 공간 좌표가 $x = [x_1 x_2]^T \in R^2$에 의해 정의되면, 픽셀의 새로운 좌표는 다음에 의해 주어질 수 있다:

$$x' = Mx + b$$

여기서, $M = R^{2\times 2}$는 어파인 변환 행렬이고, $b = [b_1 b_2]^T \in R^2$는 이동 벡터이다.

b_1이라는 항은 공간 방향 중 하나를 따른 이동을 나타내고 b_2는 다른 공간 차원을 따는 이동을 나타낸다.

신경망은 일반적으로 이동[translation] 불변, 회전 불변 또는 스케일 불변이 아니기 때문에 이러한 변환이 필요하다. 풀링 연산은 일부 변환 불일치를 제공하지만 일반적으로는 충분하지 않다. 신경망은 이미지의 특정 위치에 있는 하나의 객체와 다른 이미지의 이동된 위치에 있는 동일한 객체를 동일한 것으로 취급하지 않는다. 그렇기 때문에 우리는 신경망이 더 잘 배우기 위해 서로 다른 이동된 위치에 이미지의 여러 인스턴스가 필요하다. 회전과 크기 조정에도 같은 설명이 적용된다.

회전(rotation)

다음은 회전에 대한 어파인 변환 매트릭스로 θ는 회전 각도를 나타낸다:

$$M = \begin{bmatrix} cos\theta & -sin\theta \\ sin\theta & cos\theta \end{bmatrix}$$

이동 벡터 b는 0이 아니다. 0이 아닌 b값을 선택함으로써 이동 후에 회전을 얻을 수 있다. 예로 다음 이미지는 망막사진으로 90도 회전한 것이다.

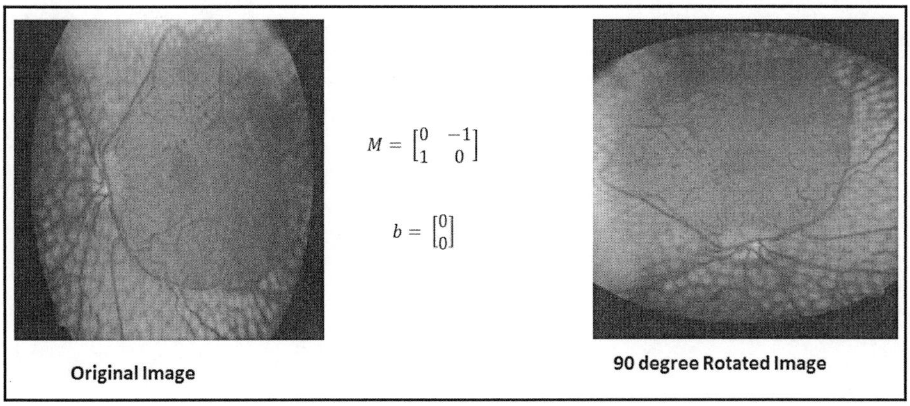

| 그림 2.5 | 회전된 망막 사진

이동(translation)

이동을 위해서 사용하는 어파인 매트릭스는 동일 매트릭스이고 이동 벡터 b는 0이 아닌

값을 가져야 한다:

$$M = I = \begin{bmatrix} 1 & 0 \\ 0 & 1 \end{bmatrix}$$

$$b \neq 0$$

예를 들어 수직으로 5픽셀과 수평으로 3픽셀의 위치 이동을 위해서는 $b = [5\ 3]^T$와 단위 매트릭스identity matrix M을 사용한다.

다음은 폭과 높이로 24픽셀을 망막 이미지를 이동한 것이다.

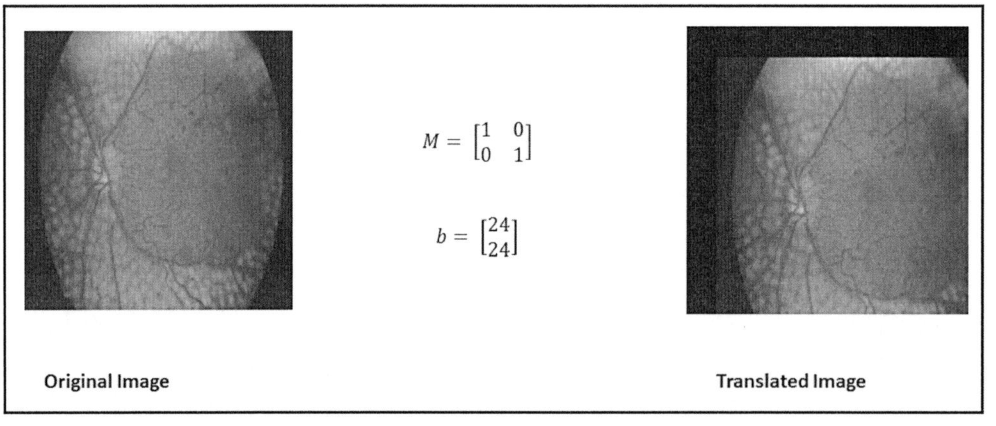

▌그림 2.5▌ 망막 이미지 이동

크기조정(scaling)

크기조정은 아래와 같은 대각행렬 $M \in R^{2\times 2}$에 의해서 구할 수 있다.

$$M = \begin{bmatrix} s_v & 0 \\ 0 & s_h \end{bmatrix}$$

여기서 S_v는 수직 방향에 따른 크기조정 비율을 나타내며 S_h는 수평 방향의 크기조정 비율을 나타낸다(그림 2.6의 예시 참조). 이때 크기조정 이동 벡터 b를 가지는 이동과 연동

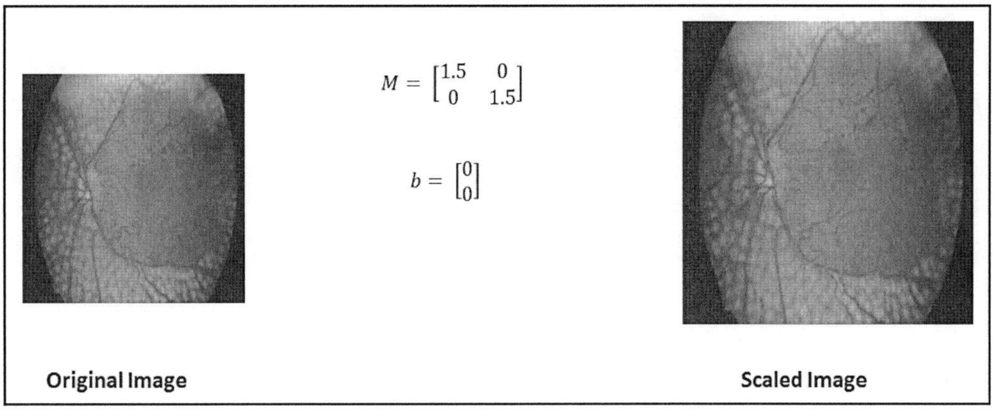

| 그림 2.6 | 망막의 이미지 크기조정

해서 선택할 수 있다.

반사(reflection)

라인 L을 각도 θ로 수평으로 반사시키는 것은 변환 매트릭스 $T \in R^{2 \times 2}$로 얻을 수 있다.

$$T = \begin{bmatrix} \cos 2\theta & \sin 2\theta \\ \sin 2\theta & -\cos 2\theta \end{bmatrix}$$

다음 이미지는 망막 사진을 수평으로 반사한 것을 보여준다.

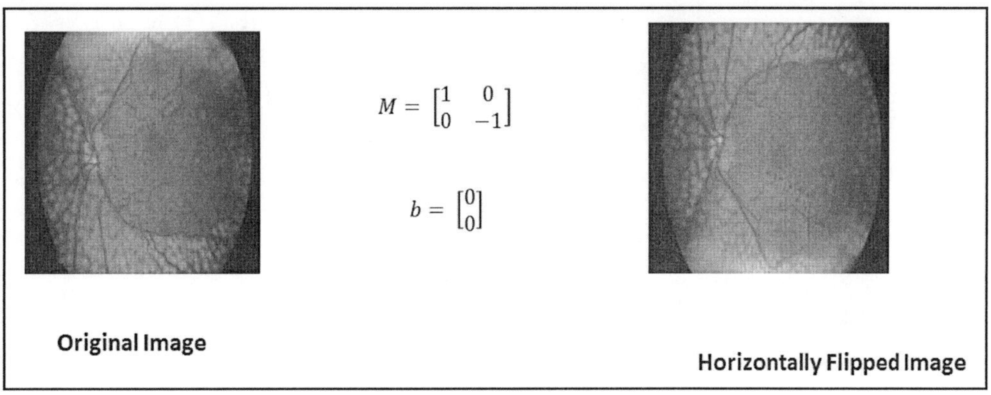

| 그림 2.7 | 망막 사진의 수평 반사

어파인 변환을 통한 이미지 생성

keras 이미지 생성기는 다음 클래스를 사용한다.

```
datagen = ImageDataGenerator(
            horizontal_flip = True,
                           vertical_flip = True,
                           width_shift_range = 0.1,
                           height_shift_range = 0.1,
                           channel_shift_range=0,
                           zoom_range = 0.2,
                           rotation_range = 20)
```

정의 된 제너레이터에서 볼 수 있듯이 수평 및 수직 뒤집기를 활성화했다. 수평 및 수직 축을 따라 이미지가 각각 반사된다. 마찬가지로 너비와 높이를 따라 이미지 변환이 해당 방향을 따라 픽셀 위치의 10% 이내가 되도록 정의했다. 그만큼 회전 범위는 20도 각도로 제한되는 반면, 배율은 원본 이미지의 0.8~1.2 이내로 정의된다.

신경망 구조

이제 사전 훈련 된 ResNet50, InceptionV3 및 VGG16 네트워크를 실험하고 어느 네트워크가 가장 좋은 결과를 제공하는지 알아본다. 사전 훈련된 각 모델의 무게는 ImageNet을 기준으로 한다. 참고로 ResNet, InceptionV3 및 VGG16 아키텍처의 원본 문서에 대한 링크를 제공했다. 독자는 이 문서를 검토하여 이러한 아키텍처와 이들 간의 미묘한 차이점에 대해 심층적으로 이해하는 것이 좋다.

VGG 논문 링크는 다음과 같다.

- **제목** : 대규모 이미지 인식을 위한 매우 깊은 컨볼루션 네트워크
- **링크** : https://arxiv.org/abs/1409.1556

ResNet 논문 링크는 다음과 같다.

- **제목** : 이미지 인식을위한 딥 레지던트 학습
- **링크** : https://arxiv.org/abs/1512.03385

InceptionV3 논문 링크는 다음과 같다.

- **제목** : 컴퓨터 비전을위한 시작 아키텍처 재검토
- **링크** : https://arxiv.org/abs/1512.00567

간단히 설명하자면 VGG16은 컨볼루션에 3 × 3 필터와 2 × 2 수용 필드를 사용하는 16계층 CNN이다. 신경망 전체에서 사용되는 활성 함수는 모두 ReLU이다. Simonyan과 Zisserman이 개발한 VGG 아키텍처는 ILSVRC 2014대회에서 1위를 차지했다. VGG16 신경망은 단순성으로 인해 많은 인기를 얻었으며 이미지에서 기능을 추출하는 데 가장 널리 사용되는 신경망이다.

ResNet50은 VGG16 네트워크와는 매우 다른 잔여 블록 아이디어를 구현하는 심층적인 CNN이다. 일련의 회선 활성화 풀링 작업 후 블록의 입력이 다시 출력으로 피드백된다. ResNet 아키텍처가 Kaiming He 등에 의해 개발되었으며 152개의 계층을 가지고 있지만 VGG 네트워크보다 덜 복잡하다. 이 아키텍처는 상위 5개 오류율 3.57%를 달성하여 ILSVRC 2015경쟁에서 이겼으며 이는 이 경쟁 데이터 세트에서 인간 수준의 성능보다 우수하다. 상위 5개 오류율은 대상이 가장 높은 확률로 5개의 클래스 예측에 있는지 여부를 확인하여 계산된다. 원칙적으로 ResNet 네트워크는 다음 잔차 블록 다이어그램에서 볼 수 있듯이 출력에서 입력으로 직접 매핑하는 것과 달리 잔차[residual] 매핑을 배우려고 한다.

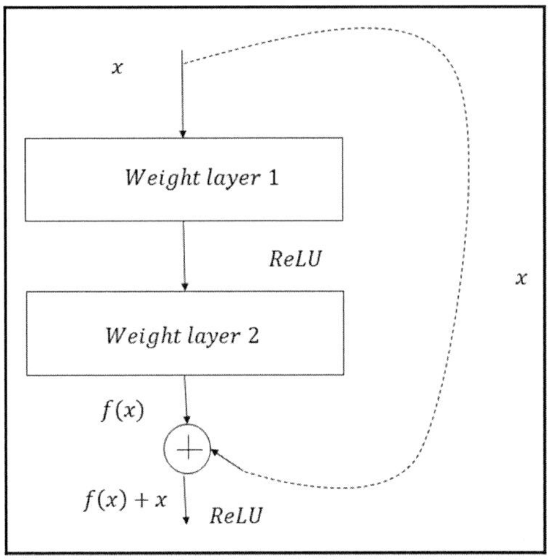

▌그림 2.8▐ ResNet 모델의 잔차 블록

InceptionV3은 Google의 최신 CNN입니다. 각 레이어에서 고정 크기 컨볼루션 필터를 사용하는 대신 InceptionV3 아키텍처는 서로 다른 크기의 필터를 사용하여 서로 다른 레벨의 세분성에서 특징을 추출한다. InceptionV3 레이어의 컨볼루션 블록이 다음 다이어그램에 나와 있다.

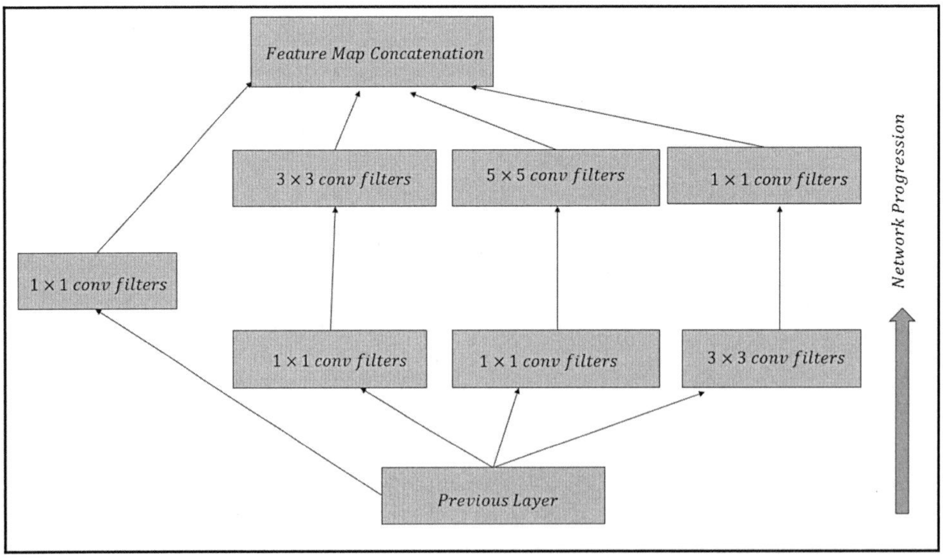

▌그림 2.9▐ InceptionV3의 컨볼루션 블록

Inception V1(GoogleNet)은 ILSVRC 2014 대회에서 우승했다. 최고 5%의 오류율은 6.67%로 인간 수준의 성능과 매우 유사했다.

VGG16 전이 학습 신경망

사전 훈련된 VGG16 네트워크의 마지막 풀링 레이어에서 출력을 가져와 각각 512 단위의 완전히 연결된 레이어 몇 개를 추가한 다음 출력 레이어를 추가한다. 최종 풀링 레이어의 출력은 전체 연결된 레이어 전에 글로벌 평균 풀링 작업에서 전달된다. 전체 평균 풀링을 수행하는 대신 풀링 레이어의 출력을 평탄화 할 수 있다. 풀링의 출력이 2차원 격자 형식이 아니라 1 차원 배열 형식이어야 한다. 완전히 연결된 레이어와 매우 비슷하다. 다음 다이어그램은 사전 훈련 된 VGG16을 기반으로 하는 새로운 VGG16의 구조를 보여준다.

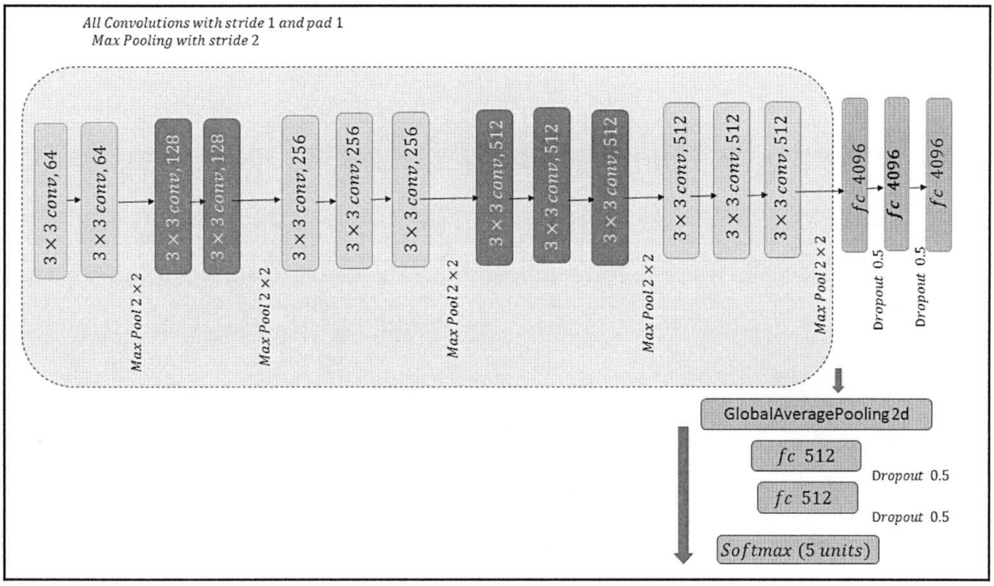

| 그림 2.10 | VGG16 전이학습망

앞의 다이어그램에서 볼 수 있듯이 사전 훈련된 네트워크의 마지막 최대 풀링 레이어에서 출력을 추출하고 최종 출력 레이어 앞에 두 개의 완전히 연결된 레이어를 연결한다. 이전 구조를 기반으로 VGG 정의 함수는 keras를 사용하여 다음 코드 블록과 같이 정의할 수 있다.

```
def VGG16_pseudo(dim=224,freeze_layers=10,full_freeze='N'):
    # model_save_dest = {}
    model = VGG16(weights='imagenet',include_top=False)
    x = model.output
    x = GlobalAveragePooling2D()(x)
    x = Dense(512, activation='relu')(x)
    x = Dropout(0.5)(x)
    x = Dense(512, activation='relu')(x)
    x = Dropout(0.5)(x)
    out = Dense(5,activation='softmax')(x)
    model_final = Model(input = model.input,outputs=out)
    if full_freeze != 'N':
        for layer in model.layers[0:freeze_layers]:
         layer.trainable = False
    return model_final
```

ImageNet에서 학습된 사전 훈련된 VGG16의 가중치를 모델의 초기 가중치로 사용하고 모델을 미세 조정할 것이다. CNN에서는 처음 몇 개의 레이어가 가장자리, 색상 구성 등과 같은 일반적인 기능을 감지하는 방법을 배우기 때문에 처음 몇 개의 레이어(10은 기본값)의 가중치를 동결한다. 따라서 기능은 도메인마다 크게 다르지 않다. 레이어 고정은 해당 레이어에 특정한 가중치를 학습하지 않는 것을 말한다. 동결할 레이어 수를 시험해보고 최고의 검증 점수를 제공하는 레이어를 사용할 수 있다. 멀티 클래스 분류를 수행하고 있기 때문에 출력 계층에 대해 softmax 활성화 기능이 선택되었다.

InceptionV3 전이학습망

우리 작업의 InceptionV3 네트워크는 다음 코드 블록에 정의되어 있다. 주목할 것은 InceptionV3는 훨씬 더 깊은 네트워크이기 때문에 더 많은 초기 계층을 가질 수 있다는 것이다. 각 모델에서 모든 레이어를 학습하지 않는다는 아이디어는 데이터 가용성 측면에서 이점이 있다. 데이터 교육을 적게 사용하면 전체 네트워크의 가중치로 인해 과적합이 발생할 수 있다. 레이어를 고정하면 학습할 가중치 수가 줄어들기 때문에 정규화 형식이 제공된다.

초기 레이어는 문제의 영역에 관계없이 일반적인 기능을 배우므로 동결하기에 가장 좋은 레이어다. 또한 과적합을 방지하기 위해 완전히 연결된 레이어에서 드롭 아웃을 사용했다.

```
def inception_pseudo(dim=224,freeze_layers=30,full_freeze='N'):
    model = InceptionV3(weights='imagenet',include_top=False)
    x = model.output
    x = GlobalAveragePooling2D()(x)
    x = Dense(512, activation='relu')(x)
    x = Dropout(0.5)(x)
    x = Dense(512, activation='relu')(x)
    x = Dropout(0.5)(x)
    out = Dense(5,activation='softmax')(x)
    model_final = Model(input = model.input,outputs=out)
    if full_freeze != 'N':
        for layer in model.layers[0:freeze_layers]:
            layer.trainable = False
    return model_final
```

ResNet50 전이 학습망

ResNet50 모델은 VGG16과 InceptionV3 망과 비슷하게 다음과 같이 정의된다.

```
def resnet_pseudo(dim=224,freeze_layers=10,full_freeze='N'):
    # model_save_dest = {}
    model = ResNet50(weights='imagenet',include_top=False)
    x = model.output
    x = GlobalAveragePooling2D()(x)
    x = Dense(512, activation='relu')(x)
    x = Dropout(0.5)(x)
    x = Dense(512, activation='relu')(x)
    x = Dropout(0.5)(x)
    out = Dense(5,activation='softmax')(x)
```

```
model_final = Model(input = model.input,outputs=out)
if full_freeze != 'N':
     for layer in model.layers[0:freeze_layers]:
    layer.trainable = False
return model_final
```

최적화 및 초기 학습 속도

Adam 옵티마이저adaptive moment estimator는 고급 버전의 확률적 경사 하강을 구현하는 훈련에 사용된다. Adam 옵티마이저는 비용 함수의 곡률을 처리하며 동시에 모멘텀을 사용하여 우수한 로컬 최소값으로 꾸준히 진행한다. 당면한 문제를 위해, 우리는 전이 학습을 사용하고 있으며 사전 훈련된 네트워크에서 가능한 많은 이전에 배운 기능을 사용하기를 원하기 때문에 0.00001의 작은 초기 학습 속도를 사용할 것이다. 이를 통해 네트워크는 사전 훈련된 네트워크에서 학습한 유용한 기능을 잃지 않고 당면한 문제에 대한 새로운 데이터를 기반으로 최적의 지점으로 미세 조정된다. Adam 최적화 프로그램은 다음과 같이 정의할 수 있다.

```
adam = optimizers.Adam(lr=0.00001, beta_1=0.9, beta_2=0.999, epsilon=1e-08,
decay=0.0)
```

beta_1 매개 변수는 운동량 계산에서 현재 그래디언트의 기여도를 제어하는 반면 beta_2 매개 변수는 그래디언트 정규화에서 그래디언트 제곱의 기여도를 제어하여 비용 함수의 곡률을 해결하는 데 도움이 된다.

교차-검증(cross-validation)

훈련 데이터 세트가 작기 때문에, 우리는 새로운 데이터로 일반화하는 모델의 능력을 더 잘 이해하기 위해 5배 교차 검증을 수행할 것이다. 또한 추론 훈련에서 서로 다른 교차 검증에 구축 된 5가지 모델을 모두 사용할 것이다. 클래스 레이블에 속하는 테스트 데이터 포인트의 확률은 다음과 같이 5개 모델 모두의 평균 확률 예측이다.

$$\hat{p} = \frac{1}{5}\sum_{i=1}^{5} p_i$$

목표는 확률이 아닌 실제 클래스를 예측하는 것이므로 최대 확률을 갖는 클래스를 선택한다. 이 방법론은 분류 기반 네트워크 및 비용 기능으로 작업할 때 작동한다. 문제를 회귀 문제로 취급하는 경우 프로세스에 몇 가지 변경 사항이 있으며, 나중에 논의하겠다.

유효성 검사 로그 손실을 기반으로 모델 검사 점

평가를 위해 선택한 유효성 검사 점수가 향상될 때 항상 모델을 저장하는 것이 좋다. 프로젝트의 경우 유효성 검사 로그 손실을 추적하고 유효성 검사 점수가 다른 시대에 비해 향상됨에 따라 모델을 저장한다. 이 방법으로 훈련 후, 우리는 훈련을 중단했을 때의 최종 모델 무게가 아닌 최고의 검증 점수를 제공한 모델 무게를 저장한다. 훈련은 훈련에 대해 정의된 최대 에포크 수에 도달할 때까지 또는 유효성 검사 로그 손실이 연속으로 10에포크에 대해 감소하지 않을 때까지 계속된다. 또한 3개의 에포크에서 유효성 검사 로그 손실이 개선되지 않을 때 학습 속도를 줄인다. 학습률 감소 및 검사 점 작업을 수행하는 데 다음 코드 블록을 사용할 수 있다.

```
reduce_lr = keras.callbacks.ReduceLROnPlateau(monitor='val_loss',
factor=0.50,
 patience=3, min_lr=0.000001)

 callbacks = [
 EarlyStopping(monitor='val_loss', patience=10, mode='min', verbose=1),
 CSVLogger('keras-5fold-run-01-v1-epochs_ib.log', separator=',',
append=False),reduce_lr,
 ModelCheckpoint(
```

```
 'keral-5fold-run-01-v1-fold-' + str('%02d' % (k + 1)) + '-run-' +
str('%02d' % (1 + 1)) + '.check',
 monitor='val_loss', mode='min', # mode must be set to max or keras will be
confused
 save_best_only=True,
 verbose=1)
]
```

앞의 코드 블록에서 볼 수 있듯이 유효성 손실이 3(patience = 3) 에포크에서 개선되지 않은 경우 학습 속도는 절반 (0.50)으로 줄어든다. 마찬가지로 유효성 손실이 10(patience = 10) 에포크에서 감소하지 않으면(ShortStopping을 수행하여) 훈련을 중단한다. 다음 코드 조각과 같이 유효성 검사 로그 손실이 줄어들 때마다 모델이 저장된다.

```
'keral-5fold-run-01-v1-fold-' + str('%02d' % (k + 1)) + '-run-' +
str('%02d' % (1 + 1)) + '.check'
```

교육 과정의 각 시대에서 유효성 검사 로그 손실은 keras-5fold-run-01-v1-epochs_ib.log 로그 파일에서 추적되며 유효성 검사 로그 손실이 개선되는 경우 모델을 저장하기 위해 참조된다. 학습 속도를 줄이거나 교육을 중단할 시기를 결정한다.

각 폴드의 모델은 사용자 정의 경로에서 keras 저장 기능을 사용하여 저장되며 추론 중에 모델은 keras.load_model 기능을 사용하여 메모리에 로드된다.

훈련 과정의 파이썬 구현

다음 Python 코드 블록은 훈련 프로세스의 종단간 구현을 보여준다. 이전 절에서 설명한 모든 기능 블록으로 구성된다. 다음과 같이 필요한 모든 Python 패키지를 호출하여 시작하겠다. 다음에는 아래와 같이 이미지를 읽어서 적절한 차원으로 크기를 조정하는 함수를 정의하자.

```
import numpy as np
np.random.seed(1000)

import os
import glob
import cv2
import datetime
import pandas as pd
import time
import warnings
warnings.filterwarnings("ignore")
from sklearn.model_selection import KFold
from sklearn.metrics import cohen_kappa_score
from keras.models import Sequential,Model
from keras.layers.core import Dense, Dropout, Flatten
from keras.layers.convolutional import Convolution2D, MaxPooling2D,
ZeroPadding2D
from keras.layers import GlobalMaxPooling2D,GlobalAveragePooling2D
from keras.optimizers import SGD
from keras.callbacks import EarlyStopping
from keras.utils import np_utils
from sklearn.metrics import log_loss
import keras
from keras import __version__ as keras_version
from keras.applications.inception_v3 import InceptionV3
from keras.applications.resnet50 import ResNet50
from keras.applications.vgg16 import VGG16
from keras.preprocessing.image import ImageDataGenerator
from keras import optimizers
from keras.callbacks import EarlyStopping, ModelCheckpoint, CSVLogger,
Callback
from keras.applications.resnet50 import preprocess_input
import h5py
import argparse
from sklearn.externals import joblib
import json
```

필요한 라이브러리를 가져 오면 TransferLearning 클래스를 정의할 수 있다.

```
class TransferLearning:
    def __init__(self):
        parser = argparse.ArgumentParser(description='Process the inputs')
        parser.add_argument('--path',help='image directory')
        parser.add_argument('--class_folders',help='class images folder
                            names')
        parser.add_argument('--dim',type=int,help='Image dimensions to
                            process')
        parser.add_argument('--lr',type=float,help='learning rate',
                            default=1e-4)
        parser.add_argument('--batch_size',type=int,help='batch size')
        parser.add_argument('--epochs',type=int,help='no of epochs to train')
        parser.add_argument('--initial_layers_to_freeze',type=int,
                            help='the initial layers to freeze')
        parser.add_argument('--model',help='Standard Model to
                            load',default='InceptionV3')
        parser.add_argument('--folds',type=int,help='num of cross
                            validation folds',default=5)
        parser.add_argument('--outdir',help='output directory')
                            args = parser.parse_args()
        self.path = args.path
        self.class_folders = json.loads(args.class_folders)
        self.dim = int(args.dim)
        self.lr = float(args.lr)
        self.batch_size = int(args.batch_size)
        self.epochs = int(args.epochs)
        self.initial_layers_to_freeze = int(args.initial_layers_to_freeze)
        self.model = args.model
        self.folds = int(args.folds)
        self.outdir = args.outdir
```

다음으로 이미지를 읽고 적절한 크기로 크기를 조정할 수 있는 함수를 정의해 보겠다.

```
def get_im_cv2(self,path,dim=224):
    img = cv2.imread(path)
    resized = cv2.resize(img, (dim,dim), cv2.INTER_LINEAR)
    return resized
```

```
# Pre Process the Images based on the ImageNet pre-trained model
    Image transformation
def pre_process(self,img):
    img[:,:,0] = img[:,:,0] - 103.939
    img[:,:,1] = img[:,:,0] - 116.779
    img[:,:,2] = img[:,:,0] - 123.68
    return img
# Function to build X, y in numpy format based on the
    train/validation datasets
def read_data(self,class_folders,path,num_class,dim,train_val='train'):
    print(train_val)
    train_X,train_y = [],[]
    for c in class_folders:
        path_class = path + str(train_val) + '/' + str(c)
        file_list = os.listdir(path_class)
        for f in file_list:
            img = self.get_im_cv2(path_class + '/' + f)
            img = self.pre_process(img)
            train_X.append(img)
            train_y.append(int(c.split('class')[1]))
        train_y =
keras.utils.np_utils.to_categorical(np.array(train_y),num_class)
    return np.array(train_X),train_y
```

다음은 전이학습의 세 모델을 정의하는데 먼저 InceptionV3를 사용한다.

```
def inception_pseudo(self,dim=224,freeze_layers=30,full_freeze='N'):
    model = InceptionV3(weights='imagenet',include_top=False)
    x = model.output
    x = GlobalAveragePooling2D()(x)
    x = Dense(512, activation='relu')(x)
    x = Dropout(0.5)(x)
    x = Dense(512, activation='relu')(x)
    x = Dropout(0.5)(x)
    out = Dense(5,activation='softmax')(x)
    model_final = Model(input = model.input,outputs=out)
    if full_freeze != 'N':
        for layer in model.layers[0:freeze_layers]:
```

```
            layer.trainable = False
    return model_final
```

ResNet50 모델에 대한 전이학습의 정의는 다음과 같다.

```
def resnet_pseudo(self,dim=224,freeze_layers=10,full_freeze='N'):
    model = ResNet50(weights='imagenet',include_top=False)
    x = model.output
    x = GlobalAveragePooling2D()(x)
    x = Dense(512, activation='relu')(x)
    x = Dropout(0.5)(x)
    x = Dense(512, activation='relu')(x)
    x = Dropout(0.5)(x)
    out = Dense(5,activation='softmax')(x)
    model_final = Model(input = model.input,outputs=out)
    if full_freeze != 'N':
        for layer in model.layers[0:freeze_layers]:
            layer.trainable = False
    return model_final
```

끝으로 VGG16 모델을 정의하자.

```
def VGG16_pseudo(self,dim=224,freeze_layers=10,full_freeze='N'):
    model = VGG16(weights='imagenet',include_top=False)
    x = model.output
    x = GlobalAveragePooling2D()(x)
    x = Dense(512, activation='relu')(x)
    x = Dropout(0.5)(x)
    x = Dense(512, activation='relu')(x)
    x = Dropout(0.5)(x)
    out = Dense(5,activation='softmax')(x)
    model_final = Model(input = model.input,outputs=out)
    if full_freeze != 'N':
        for layer in model.layers[0:freeze_layers]:
            layer.trainable = False
    return model_final
```

이제 다음과 같이 훈련함수를 정의한다.

```
def train_model(self,train_X,train_y,n_fold=5,batch_size=16,epochs=40,
dim=224,lr=1e-5,model='ResNet50'):
    model_save_dest = {}
    k = 0
    kf = KFold(n_splits=n_fold, random_state=0, shuffle=True)

    for train_index, test_index in kf.split(train_X):
        k += 1
        X_train,X_test = train_X[train_index],train_X[test_index]
        y_train, y_test = train_y[train_index],train_y[test_index]
        if model == 'Resnet50':
            model_final =
            self.resnet_pseudo(dim=224,freeze_layers=10,full_freeze='N')
        if model == 'VGG16':
            model_final =
            self.VGG16_pseudo(dim=224,freeze_layers=10,full_freeze='N')
        if model == 'InceptionV3':
            model_final =
self.inception_pseudo(dim=224,freeze_layers=10,full_freeze='N')
    datagen = ImageDataGenerator(
        horizontal_flip = True,
        vertical_flip = True,
        width_shift_range = 0.1,
        height_shift_range = 0.1,
        channel_shift_range=0,
        zoom_range = 0.2,
        rotation_range = 20)
    adam = optimizers.Adam(lr=lr, beta_1=0.9, beta_2=0.999,
        epsilon=1e-08, decay=0.0)
    model_final.compile(optimizer=adam,
     loss= ["categorical_crossentropy"],metrics=['accuracy'])
    reduce_lr = keras.callbacks.ReduceLROnPlateau(monitor='val_loss',
        factor=0.50, patience=3, min_lr=0.000001)
    callbacks = [
            EarlyStopping(monitor='val_loss', patience=10, mode='min',
             verbose=1),
        CSVLogger('keras-5fold-run-01-v1-epochs_ib.log',
```

```
        separator=',', append=False),reduce_lr,
            ModelCheckpoint(
                'keral-5fold-run-01-v1-fold-' + str('%02d' % (k + 1)) +
                '-run-' + str('%02d' % (1 + 1)) + '.check',
                monitor='val_loss', mode='min',
                save_best_only=True,
                verbose=1)
        ]
    model_final.fit_generator(datagen.flow(X_train,y_train,
                              batch_size=batch_size),
    steps_per_epoch=X_train.shape[0]/batch_size, epochs=epochs,
        verbose=1, validation_data= (X_test,y_test),
        callbacks=callbacks, class_weight=
        {0:0.012,1:0.12,2:0.058,3:0.36,4:0.43})

    model_name = 'keral-5fold-run-01-v1-fold-' + str('%02d' % (k +
                1)) + '-run-' + str('%02d' % (1 + 1)) + '.check'
    del model_final
    f = h5py.File(model_name, 'r+')
    del f['optimizer_weights']
    f.close()
    model_final = keras.models.load_model(model_name)
    model_name1 = self.outdir + str(model) + '___' + str(k)
    model_final.save(model_name1)
    model_save_dest[k] = model_name1
return model_save_dest
```

우리는 다음과 같이 홀드아웃 데이터셋을 위한 inference 함수를 정의한다.

```
def inference_validation(self,test_X,test_y,model_save_dest,
    n_class=5,folds=5):
    pred = np.zeros((len(test_X),n_class))

    for k in range(1,folds + 1):
        model = keras.models.load_model(model_save_dest[k])
        pred = pred + model.predict(test_X)
    pred = pred/(1.0*folds)
    pred_class = np.argmax(pred,axis=1)
```

```
    act_class = np.argmax(test_y,axis=1)
    accuracy = np.sum([pred_class == act_class])*1.0/len(test_X)
    kappa = cohen_kappa_score(pred_class,act_class,weights='quadratic')
    return pred_class,accuracy,kappa
```

이제 훈련과정을 시작하는 main 함수를 다음과 같이 호출하도록 하자.

```
def main(self):
        start_time = time.time()
        self.num_class = len(self.class_folders)
    if self.mode == 'train':
            print("Data Processing..")
            file_list,labels=
            self.read_data(self.class_folders,self.path,self.num_class,
                              self.dim,train_val='train')
            print(len(file_list),len(labels))
            print(labels[0],labels[-1])
            self.model_save_dest =
            self.train_model(file_list,labels,n_fold=self.folds,
                                batch_size=self.batch_size,
                                epochs=self.epochs,dim=self.dim,
                                lr=self.lr,model=self.model)
            joblib.dump(self.model_save_dest,f'{self.outdir}/model_dict.pkl')
            print("Model saved to dest:",self.model_save_dest)
    else:
            model_save_dest = joblib.load(self.model_save_dest)
            print('Models loaded from:',model_save_dest)
                # Do inference/validation
            test_files,test_y =
            self.read_data(self.class_folders,self.path,self.num_class,
                              self.dim,train_val='validation')
        test_X = []
        for f in test_files:
            img = self.get_im_cv2(f)
            img = self.pre_process(img)
            test_X.append(img)
        test_X = np.array(test_X)
```

```
        test_y = np.array(test_y)
        print(test_X.shape)
        print(len(test_y))
        pred_class,accuracy,kappa =
        self.inference_validation(test_X,test_y,model_save_dest,
                                  n_class=self.num_class,folds=self.folds)
        results_df = pd.DataFrame()
        results_df['file_name'] = test_files
        results_df['target'] = test_y
        results_df['prediction'] = pred_class
        results_df.to_csv(f'{self.outdir}/val_resuts_reg.csv',index=False)
        print("-----------------------------------------------------")
        print("Kappa score:", kappa)
        print("accuracy:", accuracy)
        print("End of training")
        print("-----------------------------------------------------")
        print("Processing Time",time.time() - start_time,' secs')
```

학습률이나 배치크기, 이미지크기 등 여러 개의 파라메터는 바꿔가며 더 좋은 모델을 만들도록 실험을 해볼 수 있다. 훈련단계에서 모델은 model_save_dest 사전에 저장되고 dict_model 파일에 쓰여진다.

추론 단계에서는 모델은 훈련된 모델을 사용하여 새 검증데이터에 대한 예측만을 만든다.

TransferLearning.py 이름의 전이학습 코드는 다음과 같이 호출된다.

```
python TransferLearning.py --path '/media/santanu/9eb9b6dc-b380-486e-
b4fdc424a325b976/book AI/Diabetic Retinopathy/Extra/assignment2_train_
dataset/'--class_folders '["class0","class1","class2","class3","class4"]'
--dim 224 --lr 1e-4 --batch_size 16 --epochs 20 --initial_layers_to_freeze
10 --model InceptionV3 --folds 5 --outdir '/home/santanu/ML_DS_Catalog-
/Transfer_Learning_DR/'
```

이 코드의 출력 로그는 다음과 같다.

```
Model saved to dest:  {1: '/home/santanu/ML_DS_Catalog-
/Transfer_Learning_DR/categorical/InceptionV3___1', 2:
'/home/santanu/ML_DS_Catalog-
/Transfer_Learning_DR/categorical/InceptionV3___2', 3:
'/home/santanu/ML_DS_Catalog-
/Transfer_Learning_DR/categorical/InceptionV3___3', 4:
'/home/santanu/ML_DS_Catalog-
/Transfer_Learning_DR/categorical/InceptionV3___4', 5:
'/home/santanu/ML_DS_Catalog-
/Transfer_Learning_DR/categorical/InceptionV3___5' m
validation
-----------------------------------------------------
Kappa score: 0.42969781637876836
accuracy: 0.5553973227000855
End of training
-----------------------------------------------------
Processing Time 26009.3344039917 secs
```

로그의 결과에서 알 수 있듯이 약 56%의 적절한 교차 검증 정확도와 약 0.43의 2차 Kappa를 달성한다.

이 스크립트에서는 모든 데이터를 메모리에 로드한 다음 ImageDataGenerator의 증강된 이미지를 훈련을 위한 모델로 보냈다. 훈련 이미지 세트가 소수이거나 적절한 크기의 데이터인 경우 이 데이터를 메모리에 로드하는 것은 별 문제가 되지 않는다. 그러나 이미지 코퍼스가 거대하고 제한된 리소스가 있는 경우, 모든 데이터를 메모리에 로드하는 것은 실행 가능한 옵션이 아니다. 이 실험은 64 GB RAM으로 실행되었으며 이러한 모델은 문제없이 학습할 수 있다. 16 GB RAM 시스템의 경우는 이를 실행하기에 충분하지 않아서 모든 데이터를 메모리에 로드하여 실험을 수행하면 메모리 오류가 발생할 수 있다.

의문점은 모든 데이터를 메모리에 모두 로드할 필요가 있는가이다.

신경망은 미니 배치와 함께 작동하므로 한 번에 역전파를 통해 모델을 훈련시키기 위해 하나의 미니 배치에 해당하는 데이터만 필요하다. 다음 번 역전파의 경우와 마찬가지로 현재 배치에 해당하는 데이터를 버리고 대신 다음 배치를 처리할 수 있다. 따라서 각 미니 배치의 메모리 요구 사항은 해당 배치에 해당하는 데이터이다. 따라서 훈련 시간에 동적 배치를 생성하여 메모리가 적은 머신에서 딥러닝 모델을 익힐 수 있다. Keras는 다음 절에서 설명할 교육 시간에 동적 배치를 작성하는 데 유용한 기능을 가지고 있다.

훈련 중 동적 미니 배치 생성

미니 배치에 해당하는 데이터만 로드하는 방법 중 하나는 위치에서 무작위로 이미지를 처리하여 미니 배치를 동적으로 만드는 것이다. 미니 배치로 처리할 이미지 수는 지정한 미니 배치 크기와 같다. 물론 훈련 시간 동안 역동적인 미니 배치 생성으로 인해 훈련 과정에 병목 현상이 발생하지만 병목 현상은 무시할 수 있다. 특히 keras와 같은 패키지에는 효율적인 동적 배치 생성 메커니즘이 있다. 우리는 교육 과정의 메모리 요구 사항을 줄이기 위해 훈련 중에 mini-batches를 동적으로 만들기 위해 keras의 flow_from_ directory 기능을 활용할 것이다. 이미지 기능 보강에는 여전히 ImageDataGenerator를 계속 사용한다. 훈련기 생성기 및 검증기 생성기는 다음과 같이 정의될 수 있다.

세 개의 채널에서 평균 이미지 픽셀 강도를 빼는 이미지 전처리 단계는 ImageDataGenerator의 preprocessing_function의 입력으로 pre_process 기능을 공급하여 수행된다.

```
def pre_process(img):
    img[:,:,0] = img[:,:,0] - 103.939
    img[:,:,1] = img[:,:,0] - 116.779
    img[:,:,2] = img[:,:,0] - 123.68
    return img


train_file_names = glob.glob(f'{train_dir}/*/*')
val_file_names = glob.glob(f'{val_dir}/*/*')
train_steps_per_epoch = len(train_file_names)/float(batch_size)
val_steps_per_epoch = len(val_file_names)/float(batch_size)
```

```
train_datagen =
ImageDataGenerator(horizontal_flip =
                   True,vertical_flip =
                   True,width_shift_range =
                   0.1,height_shift_range = 0.1,
                   channel_shift_range=0,zoom_range = 0.2,
                   rotation_range = 20,
                   preprocessing_function=pre_process)
val_datagen =
ImageDataGenerator(preprocessing_function=pre_process)
train_generator =
train_datagen.flow_from_directory(train_dir,
                                  target_size=(dim,dim),
                                  batch_size=batch_size,
                                  class_mode='categorical')
val_generator =
val_datagen.flow_from_directory(val_dir,
                                target_size=(dim,dim),
                                batch_size=batch_size,
                                class_mode='categorical')
print(train_generator.class_indices)
joblib.dump(train_generator.class_indices,
f'{self.outdir}/class_indices.pkl')
```

flow_from_directory 함수는 이미지 디렉토리를 입력으로 가져와서 입력하고 이미지 디렉토리 내의 클래스와 관련된 폴더를 예상한다. 그런 다음 폴더 이름에서 클래스 레이블을 유추한다. 이미지 디렉토리의 이미지 디렉토리 구조가 다음과 같은 경우 클래스는 클래스 폴더 'class0', 'class1', 'class2', 'class3' 및 'class4'에 속하는 0, 1, 2, 3, 4로 추론된다.

flow_from_directory 함수에 대한 다른 중요한 입력은 batch_size, target_size 및 class_mode. target_size는 신경망에 공급 될 이미지의 크기를 지정하는 반면 class_mode는 문제의 본질을 지정하는 것이다. 이진 분류의 경우 class_mode는 이진으로 설정되고 멀티 클래스 분류의 경우 동일하게 범주로 설정된다.

다음으로 모든 데이터를 한 번에 메모리에 로드하는 대신 동적 배치를 생성하여 동일한 모델을 학습한다. flow_from_directory 옵션을 사용하여 생성기를 작성하고 이를 데이터 기능 보강 오브젝트에 연결하기 만하면 된다. 데이터 생성기 객체는 다음과 같이 생성될 수 있다.

```
# Pre processing for channel wise mean pixel subtraction
def pre_process(img):
    img[:,:,0] = img[:,:,0] - 103.939
    img[:,:,1] = img[:,:,0] - 116.779
    img[:,:,2] = img[:,:,0] - 123.68
    return img


# Add the pre_process function at the end of the ImageDataGenerator,
#rest all of the data augmentation options
# remain the same.

train_datagen =
ImageDataGenerator(horizontal_flip = True,vertical_flip = True,
                      width_shift_range = 0.1,height_shift_range = 0.1,
                      channel_shift_range=0,zoom_range =
                      0.2,rotation_range = 20,
                      preprocessing_function=pre_process)

# For validation no data augmentation on image mean subtraction
preprocessing
val_datagen = ImageDataGenerator(preprocessing_function=pre_process)


# We build the train generator using flow_from_directory
train_generator = train_datagen.flow_from_directory(train_dir,
         target_size=(dim,dim),
         batch_size=batch_size,
         class_mode='categorical')

# We build the validation generator using flow_from_directory
val_generator = val_datagen.flow_from_directory(val_dir,
```

```
            target_size=(dim,dim),
            batch_size=batch_size,
            class_mode='categorical')
```

앞의 코드에서는 ImageDataGenerator에 이미지 데이터를 메모리에 로드하고 pre_process 함수를 통해 전달할 수 있는 통제가 없기 때문에 평균 픽셀 빼기를 수행하는 추가 작업을 전달한다. preprocessing_function 옵션에서 특정 전처리 작업에 대해 원하는 사용자 정의 함수를 전달할 수 있다.

train_dir 및 val_dir을 통해 훈련 및 검증 디렉토리를 flow_with_directory 옵션으로 작성한 열차 및 검증 생성기로 전달한다. 생성기는 전달된 학습 데이터 디렉토리(여기서 train_dir) 내의 클래스 폴더 수를 확인하여 클래스 수를 식별한다. target_size를 기준으로 훈련 시간 동안 이미지는 지정된 batch_size를 기반으로 메모리로 읽힌다.

class_mode는 생성자가 이진 분류인지 다중 클래스 ('범주')인지 식별하는 데 도움이 된다.

자세한 구현은 다음 GitHub https://github.com/PacktPublishing/Python-Artificial-Intelligence-Projects/tree/master/Chapter02의 TransferLearning_ffd.py 폴더에 있다.

Python 스크립트 TransferLearning_ffd.py는 다음과 같이 호출할 수 있다.

```
python TransferLearning_ffd.py --path '/media/santanu/9eb9b6dc-b380-
486eb4fd-c424a325b976/book AI/Diabetic
Retinopathy/Extra/assignment2_train_dataset/' --class_folders
'["class0","class1","class2","class3","class4"]' --dim 224 --lr 1e-4 --
batch_size 32 --epochs 50 --initial_layers_to_freeze 10 --model InceptionV3
--outdir '/home/santanu/ML_DS_Catalog-/Transfer_Learning_DR/'
```

작업 실행의 출력 로그 끝은 다음과 같다.

```
Validation results saved at : /home/santanu/ML_DS_Catalog-
/Transfer_Learning_DR/val_results.csv
[0 0 0 ... 4 2 2]
[0 0 0 ... 4 4 4]
Validation Accuracy: 0.5183708345200797
Validation Quadratic Kappa Score: 0.44422008110380984
```

기존 네트워크를 재사용하고 동일한 네트워크에서 전송 학습을 수행하여 알 수 있듯이 적절한 이차 카파 0.44를 달성할 수 있다.

범주분류 결과

범주 분류는 VGG16, ResNet50 및 InceptionV3의 세 가지 신경망 아키텍처를 모두 사용하여 수행된다. 이 당뇨성 망막증 사용 사례에 대한 InceptionV3 버전의 전송 학습 네트워크를 사용하여 최상의 결과를 얻었다. 범주 분류의 경우 예측된 심각도 레이블로 예상되는 최대 클래스 확률을 사용하여 클래스를 변환한다. 그러나 문제의 클래스가 순서 의미를 갖기 때문에 softmax 확률을 활용할 수 있는 방법 중 하나는 softmax 확률과 관련하여 클래스 심각도를 예상하고 다음과 같이 예상 점수 $\hat{y}$를 얻는 것이다.

$$\hat{y} = 0p_0 + 1p_1 + 2p_2 + 3p_3 = p_1 + 2p_2 + 3p_3$$

점수의 순위를 매기고 이미지가 속하는 클래스를 결정하기 위해 3개의 임계값을 결정할 수 있다. 이러한 임계값은 기능으로 예상 점수에 대한 2차 모델을 훈련시켜 선택할 수 있다. 독자는 이러한 행을 따라 실험하고 이점이 있는지 확인하는 것이 좋다.

> 이 프로젝트의 일환으로 전이 학습을 사용하여 어려운 문제에 대한 합리적인 결과를 얻는다. 주어진 데이터 세트에서 신경망을 처음부터 훈련함으로써 모델 성능이 훨씬 향상되었을 수 있다.

테스트시 추론

다음 코드를 사용하여 레이블이 없는 테스트 데이터에 대한 추론을 할 수 있다.

```
import keras
import numpy as np
import pandas as pd
import cv2
import os
import time
from sklearn.externals import joblib
import argparse

# Read the Image and resize to the suitable dimension size
def get_im_cv2(path,dim=224):
    img = cv2.imread(path)
    resized = cv2.resize(img, (dim,dim), cv2.INTER_LINEAR)
    return resized

# Pre Process the Images based on the ImageNet pre-trained model Image
transformation
def pre_process(img):
    img[:,:,0] = img[:,:,0] - 103.939
    img[:,:,1] = img[:,:,0] - 116.779
    img[:,:,2] = img[:,:,0] - 123.68
    return img

# Function to build test input data
def read_data_test(path,dim):
    test_X = []
    test_files = []
    file_list = os.listdir(path)
    for f in file_list:
        img = get_im_cv2(path + '/' + f)
        img = pre_process(img)
        test_X.append(img)
        f_name = f.split('_')[0]
        test_files.append(f_name)
return np.array(test_X),test_files
```

추론은 다음과 같이 정의한다.

```
def inference_test(test_X,model_save_dest,n_class):
    folds = len(list(model_save_dest.keys()))
    pred = np.zeros((len(test_X),n_class))
    for k in range(1,folds + 1):
        model = keras.models.load_model(model_save_dest[k])
        pred = pred + model.predict(test_X)
    pred = pred/(1.0*folds)
    pred_class = np.argmax(pred,axis=1)
    return pred_class

def main(path,dim,model_save_dest,outdir,n_class):
    test_X,test_files = read_data_test(path,dim)
    pred_class = inference_test(test_X,model_save_dest,n_class)
    out = pd.DataFrame()
    out['id'] = test_files
    out['class'] = pred_class
    out['class'] = out['class'].apply(lambda x:'class' + str(x))
    out.to_csv(outdir + "results.csv",index=False)

if __name__ == '__main__':
    parser = argparse.ArgumentParser(description='arguments')
    parser.add_argument('--path',help='path of images to run inference on')
    parser.add_argument('--dim',type=int,help='Image dimension size to
                        process',default=224)
    parser.add_argument('--model_save_dest',
                        help='location of the trained models')
    parser.add_argument('--n_class',type=int,help='No of classes')
    parser.add_argument('--outdir',help='Output DIrectory')
    args = parser.parse_args()
    path = args.path
    dim = args.dim
    model_save_dest = joblib.load(args.model_save_dest)
    n_class = args.n_class
    outdir = args.outdir
    main(path,dim,model_save_dest,outdir,n_class)
```

범주 분류 대신에 회귀 수행하기

손실 함수 공식화 절에서 논의한 것 중 하나는 클래스 레이블이 독립적인 범주 클래스가 아니라 당뇨성 망막증 상태의 심각성이 증가함에 따라 서수적 의미가 있다는 사실이다. 따라서 분류 대신 정의된 전이 학습 신경망을 통해 회귀를 수행하고 결과가 어떻게 나타났는지 살펴보는 것이 좋다. 우리가 변경해야 할 유일한 것은 softmax에서 linear 단위까지의 출력 단위다. 우리는 부정적인 점수를 피하기 위해 실제로 그것을 ReLU로 바꿀 것이다. 다음 코드 블록은 회귀 신경망의 `InceptionV3` 버전을 보여준다.

```
def inception_pseudo(dim=224,freeze_layers=30,full_freeze='N'):
    model = InceptionV3(weights='imagenet',include_top=False)
    x = model.output
    x = GlobalAveragePooling2D()(x)
    x = Dense(512, activation='relu')(x)
    x = Dropout(0.5)(x)
    x = Dense(512, activation='relu')(x)
    x = Dropout(0.5)(x)
    out = Dense(1,activation='relu')(x)
    model_final = Model(input = model.input,outputs=out)
    if full_freeze != 'N':
        for layer in model.layers[0:freeze_layers]:
         layer.trainable = False
    return model_final
```

분류망에서와 같이 범주 크로스 엔트로피를 최소화하는 대신에 회귀망의 평균제곱에러를 최소화한다. 회귀문제에서 최소화 된 비용함수는 $\hat{y}$를 예측 레이블이라고 하는 경우 다음과 같다.

$$L = \frac{1}{M}\sum_{i=1}^{M}(y^i - \hat{y}^{(i)})^2$$

회귀 점수를 예측하면 가장 가까운 심각도 순위 점수(0에서 4)로 반올림한다.

Keras의 sequential utils를 generator로 사용하기

Keras는 keras.utils.sequence()라는 훌륭한 배치 생성기를 사용하여 뛰어난 유연성으로 사용자가 원하는 배치를 생성하도록 한다. 사실 keras.utils.sequence()를 사용하면 우리는 전체 에포크epoch 파이프 라인을 설계할 수 있다. 우리는 이 회귀 문제에서 이 유틸리티에 익숙해지도록 사용할 것이다. 전이 학습 문제를 위해 우리는 다음과 같이 keras.utils.sequence() 클래스를 사용하여 generator 클래스를 설계할 수 있다.

```
class DataGenerator(keras.utils.Sequence):
    'Generates data for Keras'
    def
__init__(self,files,labels,batch_size=32,n_classes=5,dim=(224,224,3),shuffl
e=True):
        'Initialization'
        self.labels = labels
        self.files = files
        self.batch_size = batch_size
        self.n_classes = n_classes
        self.dim = dim
        self.shuffle = shuffle
        self.on_epoch_end()

    def __len__(self):
        'Denotes the number of batches per epoch'
        return int(np.floor(len(self.files) / self.batch_size))

    def __getitem__(self, index):
        'Generate one batch of data'
        # Generate indexes of the batch
        indexes = self.indexes[index*self.batch_size:
                              (index+1)*self.batch_size]

        # Find list of files to be processed in the batch
        list_files = [self.files[k] for k in indexes]
        labels = [self.labels[k] for k in indexes]
```

```
        # Generate data
        X, y = self.__data_generation(list_files,labels)

        return X, y

    def on_epoch_end(self):
        'Updates indexes after each epoch'
        self.indexes = np.arange(len(self.files))
        if self.shuffle == True:
            np.random.shuffle(self.indexes)
    def __data_generation(self,list_files,labels):
        'Generates data containing batch_size samples' # X : (n_samples,
                                                        *dim, n_channels)
        # Initialization

        X = np.empty((len(list_files),self.dim[0],self.dim[1],self.dim[2]))
        y = np.empty((len(list_files)),dtype=int)
    # print(X.shape,y.shape)

        # Generate data
        k = -1
        for i,f in enumerate(list_files):
            # print(f)
            img = get_im_cv2(f,dim=self.dim[0])
            img = pre_process(img)
            label = labels[i]
            #label =
            keras.utils.np_utils.to_categorical(label,self.n_classes)
            X[i,] = img
            y[i,] = label
        # print(X.shape,y.shape)
        return X,y
```

이전 코드에서 DataGenerator 클래스는 keras.utils.Sequence를 사용하여 정의했다.

이미지 파일 이름, 레이블, 배치 크기, 클래스 수 및 이미지 크기를 조정할 차원을 허용하도록 데이터 생성기를 정의한다. 또한 우리는 에포크[epoch]에서 이미지가 처리되는 순서가 뒤섞이기를 원하는지 여부를 지정한다.

우리가 지정한 함수는 keras.utils.Sequence에서 상속되므로 이러한 각 함수의 특정 활동은 다른 곳에서 지정할 수 없다. len 함수는 에포크에서 배치수를 계산하는 것이다. 마찬가지로 on_epoch_end 함수 내에서 에포크에서 입력이 처리되는 순서를 섞는 것과 같이 에포크의 끝에서 수행할 활동을 지정할 수 있다. 처리할 각 에포크마다 다른 데이터 집합을 만들 수 있다. 이것은 일반적으로 많은 데이터가 있고 각 시대의 모든 데이터를 처리하고 싶지 않을 때 유용하다. __getitem__ 함수는 일괄 처리와 관련된 모든 데이터 요소 인덱스에 해당하는 데이터를 추출하여 일괄 처리 작성을 도와준다. 데이터 작성 프로세스가 더 복잡한 경우 __data_generation 함수를 사용하여 배치에서 각 개별 데이터 포인트의 추출에 특정한 논리를 가질 수 있다. 예를 들어, 배치의 데이터 포인트 인덱스에 해당하는 파일 이름을 __data_generation 함수로 전달하여 opencv를 사용하여 각 이미지를 읽고 평균 픽셀 빼기를 수행해야 하는 preprocess 함수를 사용하여 이미지를 사전 처리한다.

회귀 기반 전이 학습을 위한 학습 기능은 다음과 같이 코딩될 수 있다.

```
def train_model(self,file_list,labels,n_fold=5,batch_size=16,
epochs=40,dim=224,lr=1e-5,model='ResNet50'):
        model_save_dest = {}
        k = 0
        kf = KFold(n_splits=n_fold, random_state=0, shuffle=True)

        for train_index,test_index in kf.split(file_list):

            k += 1
            file_list = np.array(file_list)
            labels = np.array(labels)
            train_files,train_labels =
            file_list[train_index],labels[train_index]
            val_files,val_labels =
            file_list[test_index],labels[test_index]
```

```
        if model == 'Resnet50':
            model_final =
self.resnet_pseudo(dim=224,freeze_layers=10,full_freeze='N')

        if model == 'VGG16':
            model_final =
            self.VGG16_pseudo(dim=224,freeze_layers=10,full_freeze='N')

        if model == 'InceptionV3':
            model_final =
self.inception_pseudo(dim=224,freeze_layers=10,full_freeze='N')
        adam =
        optimizers.Adam(lr=lr, beta_1=0.9, beta_2=0.999, epsilon=1e-08,
                        decay=0.0)
        model_final.compile(optimizer=adam,
loss=["mse"],metrics=['mse'])
        reduce_lr =
        keras.callbacks.ReduceLROnPlateau(monitor='val_loss',
                                          factor=0.50,patience=3,
                                          min_lr=0.000001)
        early =
        EarlyStopping(monitor='val_loss', patience=10, mode='min',
                      verbose=1)
        logger =
        CSVLogger('keras-5fold-run-01-v1-epochs_ib.log', separator=',',
                  append=False)
        checkpoint =
        ModelCheckpoint('keral-5fold-run-01-v1-fold-'
                        + str('%02d' % (k + 1))
                        + '-run-' + str('%02d' % (1 + 1)) + '.check',
                        monitor='val_loss', mode='min',
                        save_best_only=True,
                        verbose=1)
        callbacks = [reduce_lr,early,checkpoint,logger]
        train_gen =
        DataGenerator(train_files,train_labels,batch_size=32,
        n_classes=
        len(self.class_folders),dim=(self.dim,self.dim,3),shuffle=True)
        val_gen =
```

```
            DataGenerator(val_files,val_labels,batch_size=32,
                         n_classes=len(self.class_folders),
                         dim=(self.dim,self.dim,3),shuffle=True)
            model_final.fit_generator(train_gen,epochs=epochs,verbose=1,
            validation_data=(val_gen),callbacks=callbacks)
            model_name =
            'keral-5fold-run-01-v1-fold-' + str('%02d' % (k + 1)) + '-run-
                                    ' + str('%02d' % (1 + 1)) + '.check'
            del model_final
            f = h5py.File(model_name, 'r+')
            del f['optimizer_weights']
            f.close()
            model_final = keras.models.load_model(model_name)
            model_name1 = self.outdir + str(model) + '___' + str(k)
            model_final.save(model_name1)
            model_save_dest[k] = model_name1

        return model_save_dest
```

이전 코드에서 보듯이 keras.utils.sequence 클래스에서 상속받는 DataGenerator를 사용하여 훈련 생성기와 검증생성기를 만들었다. 추론 함수 코드는 다음과 같다:

```
def inference_validation(self,test_X,test_y,model_save_dest,n_class=5,
folds=5):
        print(test_X.shape,test_y.shape)
        pred = np.zeros(test_X.shape[0])
        for k in range(1,folds + 1):
            print(f'running inference on fold: {k}')
            model = keras.models.load_model(model_save_dest[k])
            pred = pred + model.predict(test_X)[:,0]
            pred = pred
            print(pred.shape)
            print(pred)
        pred = pred/float(folds)
        pred_class = np.round(pred)
        pred_class = np.array(pred_class,dtype=int)
        pred_class = list(map(lambda x:4 if x > 4 else x,pred_class))
```

```
        pred_class = list(map(lambda x:0 if x < 0 else x,pred_class))
        act_class = test_y
        accuracy = np.sum([pred_class == act_class])*1.0/len(test_X)
        kappa = cohen_kappa_score(pred_class,act_class,weights='quadratic')
        return pred_class,accuracy,kappa
```

앞의 코드에서 알 수 있듯이 각 접힘의 예측 평균이 계산되고 예측 점수를 반올림하여 가장 가까운 심각도 클래스로 변환된다. 회귀를 위한 Python 스크립트는 GitHub 링크 https://github.com/PacktPublishing/Python-Artificial-Intelligence-Projects/tree/master/Chapter02에 있다. 이름은 TransferLearning_reg.py 다. 다음 명령을 실행하여 동일하게 호출할 수 있다.

```
python TransferLearning_reg.py --path '/media/santanu/9eb9b6dc-b380-
486eb4fd-c424a325b976/book AI/Diabetic
Retinopathy/Extra/assignment2_train_dataset/' --class_folders
'["class0","class1","class2","class3","class4"]' --dim 224 --lr 1e-4 --
batch_size 32 --epochs 5 --initial_layers_to_freeze 10 --model InceptionV3
--folds 5 --outdir '/home/santanu/ML_DS_Catalog-
/Transfer_Learning_DR/Regression/'
```

훈련의 출력 로그는 다음과 같다.

```
Model saved to dest: {1: '/home/santanu/ML_DS_Catalog-
/Transfer_Learning_DR/Regression/InceptionV3___1', 2:
'/home/santanu/ML_DS_Catalog-
/Transfer_Learning_DR/Regression/InceptionV3___2', 3:
'/home/santanu/ML_DS_Catalog-
/Transfer_Learning_DR/Regression/InceptionV3___3', 4:
'/home/santanu/ML_DS_Catalog-
/Transfer_Learning_DR/Regression/InceptionV3___4', 5:
'/home/santanu/ML_DS_Catalog-
/Transfer_Learning_DR/Regression/InceptionV3___5' q
```

보시다시피 5개의 폴드에 해당하는 5개의 모델이 지정한 회귀 폴더에 저장되었다. 다음으로, 검증 데이터 세트에 대한 추론을 실행하고 회귀 모델이 어떻게 진행되는지 확인할 수 있다. 다음과 같이 동일한 Python 스크립트를 호출할 수 있다.

```
python TransferLearning_reg.py --path '/media/santanu/9eb9b6dc-b380-
486eb4fd-c424a325b976/book AI/Diabetic
Retinopathy/Extra/assignment2_train_dataset/' --class_folders
'["class0","class1","class2","class3","class4"]' --dim 224 --lr 1e-4 --
batch_size 32 --model InceptionV3 --outdir '/home/santanu/ML_DS_Catalog-
/Transfer_Learning_DR/Regression/' --mode validation --model_save_dest --
'/home/santanu/ML_DS_Catalog-
/Transfer_Learning_DR/Regression/model_dict.pkl' --folds 5
```

추론 결과는 다음과 같다.

```
Models loaded from: {1: '/home/santanu/ML_DS_Catalog-
/Transfer_Learning_DR/Regression/InceptionV3___1', 2:
'/home/santanu/ML_DS_Catalog-
/Transfer_Learning_DR/Regression/InceptionV3___2', 3:
'/home/santanu/ML_DS_Catalog-
/Transfer_Learning_DR/Regression/InceptionV3___3', 4:
'/home/santanu/ML_DS_Catalog-
/Transfer_Learning_DR/Regression/InceptionV3___4', 5:
'/home/santanu/ML_DS_Catalog-
/Transfer_Learning_DR/Regression/InceptionV3___5' g



-----------------------------------------------------
Kappa score: 0.4662660860310418
accuracy: 0.661350042722871
End of training
-----------------------------------------------------
Processing Time 138.52878069877625 secs
```

앞의 로그에서 알 수 있듯이 회귀 점수를 사용하여 가장 가까운 심각도 조건에 매핑한 경우 모델은 약 66%의 적절한 검증 정확도와 2차 카파 점수 `0.466`을 달성한다. 독자는 실험하고 예측 점수에 기초한 2차 모델이 눈과 왼쪽 눈인지 오른쪽 눈인지가 가장 가까운 심각도 클래스에 대한 순진한 점수 매핑보다 더 나은 결과를 제공하는지 확인하시오.

요약

이 장에서는 의료 분야의 실제 문제를 해결하기 위해 전이 학습의 실용적인 측면을 살펴보았다. 독자들은 가능한 한 이러한 예제를 사용자 정의하여 이러한 개념을 더 발전시켜야 한다.

분류 및 회귀 기반 신경망을 통해 달성한 정확도 및 카파 점수는 제품 구현에 충분하다. 3장 신경망 기계 번역에서 우리는 이 장에서 제시된 것보다 훨씬 고급 주제 인 지능형 기계 번역 시스템을 구현하기 위해 노력할 것이다. 여러분의 참여를 기대한다.

CHAPTER 3

신경망 기계 번역

간단히 말해서 기계 번역machine translation은 컴퓨터를 사용하여 한 언어에서 다른 언어로 텍스트를 번역하는 것을 말한다. 이것은 수년 동안 있었던 컴퓨터 언어학의 한 분야이다. 현재 미국의 경우 번역은 400억 달러 산업이며 유럽과 아시아에서 빠른 속도로 성장했다. 훌륭한 사회, 정부, 경제, 번역에 대한 상업적 요구가 있으며 다음과 같은 회사에서 광범위하게 사용된다. 애플리케이션에서 Google, Facebook, eBay 및 기타 사용자 Google의 신경 번역 특히 시스템은 가장 뛰어난 번역 시스템 중 하나이며 모델 하나로 여러 언어의 번역을 수행한다.

초기 기계 번역 시스템은 텍스트의 단순한 단어와 문구를 원하는 대상 언어의 적절한 대체물로 번역하는 것으로 시작되었다. 그러나 거기에는 이러한 간단한 기술을 통해 달성된 번역 품질에 대한 제한 이유는 다음과 같다.

- 소스 언어에서 대상 언어로의 단어 간 매핑이 항상 사용 가능한 것은 아니다.
- 소스 언어와 대상 언어 사이에 정확한 단어 대 단어 매핑이 존재하더라도 언어의 구문 구조는 일반적으로 서로 일치하지 않는다. 기계 번역에서 이 문제는 일반적으로 정렬 불량misalignment이라고 한다.

그러나 최근 **재귀신경망**RNN: Recurrent Neural Network **구조**가 발전함에 따라 LSTM, GRU 등으로 기계 번역은 향상된 품질을 제공 할뿐만 아니라 번역뿐만 아니라 그러한 시스템의 복잡성은 전통적인 시스템보다 훨씬 적다.

기계번역 시스템은 크게 세 가지 클래스로 분류될 수 있다: 규칙 기반 기계번역, 통계 기반 기계번역 및 신경망 기계번역.

이 장에서는 다음과 같은 주제에 대해서 살펴본다.

- 규칙 기반 기계번역
- 통계 기반 기계학습 시스템
- 신경망 기계번역
- 시퀀스-시퀀스 신경망 번역
- 신경망 번역에서의 손실 함수

기술 요구사항

Python3, TensorFlow, Keras에 대한 지식을 필요로 한다.

이 장에서 사용하는 코드 파일들은 GitHub에 있다:

`https://github.com/PacktPublishing/Intelligent-Projects-using-Python/tree/master/Chapter03`

동영상 실습은 다음 비디오를 참고한다.

`http://bit.ly/2sXYX8A`

규칙 기반 기계 번역

고전적인 규칙 기반 기계 번역 시스템은 텍스트를 소스 언어에서 대상 언어로 변환하는 규칙에 크게 의존한다. 언어학자들이 만든 이 규칙은 일반적으로 구문, 의미 및 어휘 수준에서 작동한다. 고전적인 규칙 기반 머신 번역 시스템에는 일반적으로 세 단계가 있다.

- 분석 단계

- 어휘 트랜스퍼 단계
- 생성 단계

그림 3.1에는 전형적인 규칙 기반 기계 번역 시스템의 플로우 다이어그램이 나타나 있다.

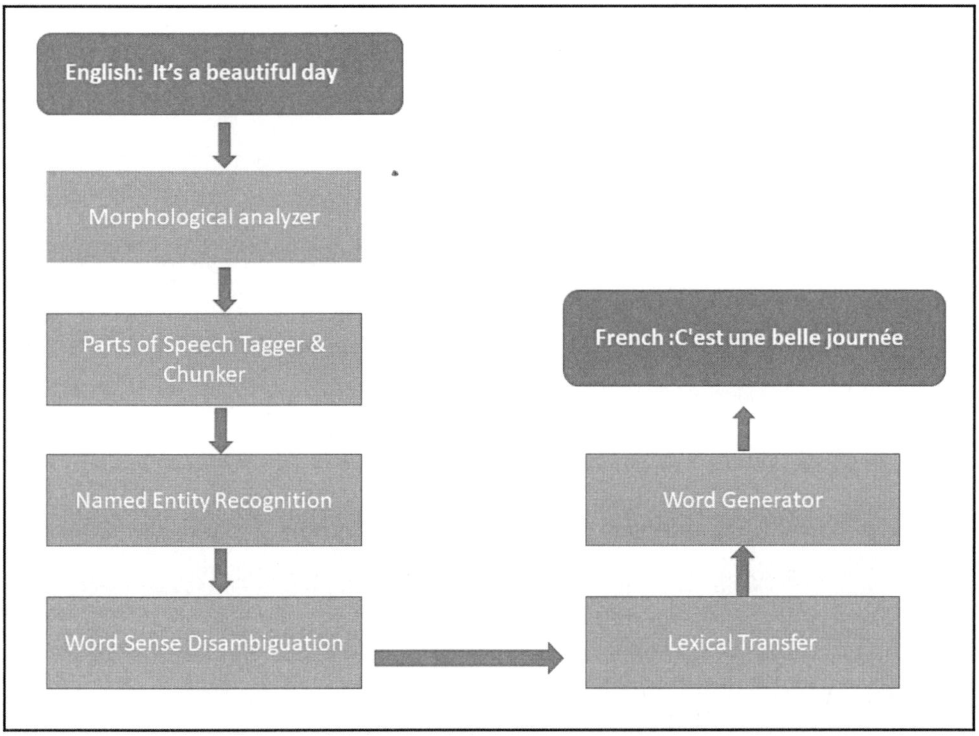

| 그림 3.1 | **규칙 기반 기계 번역 시스템의 플로우 다이어그램**

분석 단계

규칙 기반 기계 번역의 첫 번째 단계는 분석 단계이며, 소스 언어 텍스트를 분석하여 형태, 품사, 명명 된 개체 인식 및 단어 감지 명확성과 관련된 정보를 추출한다. 형태학적 정보는 단어의 구조, 줄기가 어떻게 파생되는지, 어근의 탐지 등에 관한 것이다. 품사 태깅은 텍스트의 각 단어에 명사, 동사, 부사, 형용사 등과 같은 가능한 음성 태그로 태그를 지정한다. 그런 다음 **명명된 엔터티 인식**NER: named entity recognition 작업을 수행하여 명명된 엔터티를 사람 이름, 위치, 조직 이름 등과 같은 미리 정의된 버킷으로 분류한다. NER 다음에는 **단어의미 모호처리** word-sense disambiguation로 이는 특정 단어가 문장에서 어떻게 사용되었는지 식별하는 것이다.

어휘 트랜스퍼 단계

분석 단계 다음으로 어휘 트랜스퍼 단계는 두 단계로 구성된다.

- **단어 번역** Word translation: 단어 번역에서 분석 단계에서 파생된 소스 루트 단어는 이중 언어 번역 사전을 사용하여 해당 대상 루트 단어로 변환된다.
- **문법 번역** Grammar translation: 문법 번역 단계에서 접미사 번역을 포함하여 구문 수정이 수행된다.

생성 단계

생성 단계에서, 번역 된 텍스트는 최종 번역 된 텍스트가 출력으로 제공되기 전에 동사에 대한 주제, 대상의 언어, 성별 및 동의의 부분과 관련하여 정확하도록 검증되고 정정된다. 각 단계에서 기계 번역 시스템은 사전 정의된 사전을 사용한다. 규칙 기반 기계 번역 시스템을 최소한으로 구현하려면 다음 사전이 필요하다.

- 원어 형태소 분석을 위한 사전
- 소스 언어 단어를 대상 언어에 대응하는 언어가 포함된 이중 언어 사전
- 대상 단어 생성을 위한 대상 언어 형태 정보가 포함된 사전

통계기반 기계학습 시스템

통계기반 기계 번역 시스템은 소스 텍스트가 주어지면 조건부 확률을 최대화하여 대상 텍스트를 선택한다. 예를 들어, 소스 텍스트 s가 있고 대상 언어로 가장 적합한 텍스트 t를 파생한다고 가정해 보자. 이것은 다음과 같이 파생될 수 있다:

$$\hat{t} = \underbrace{argmax}_{t} P(t/s) \tag{1}$$

(1)에서의 $P(t/s)$의 식은 다음과 같이 베이즈 정리를 사용하여 확장될 수 있다:

$$\hat{t} = \underbrace{argmax}_{t} \frac{P(s/t)P(t)}{P(s)} \tag{2}$$

주어진 소스 문장에 대해 $P(s)$는 고정될 것이므로 최적의 목표 변환을 찾는 것은 다음과 같다.

$$\hat{t} = \underbrace{arg\max}_{t} P(s/t)P(t) \tag{3}$$

왜 $P(t/s)$ 대신 $P(s/t)P(t)$를 최대화하면 이점이 있는지 궁금할 것이다. 일반적으로 $P(t/s)$ 하에서 잘못된 형식의 문장은 이전 공식에 표시된 대로 문제를 두 가지 구성 요소, 즉 $P(s/t)$ 및 $P(t)$로 분류하여 피할 수 있다.

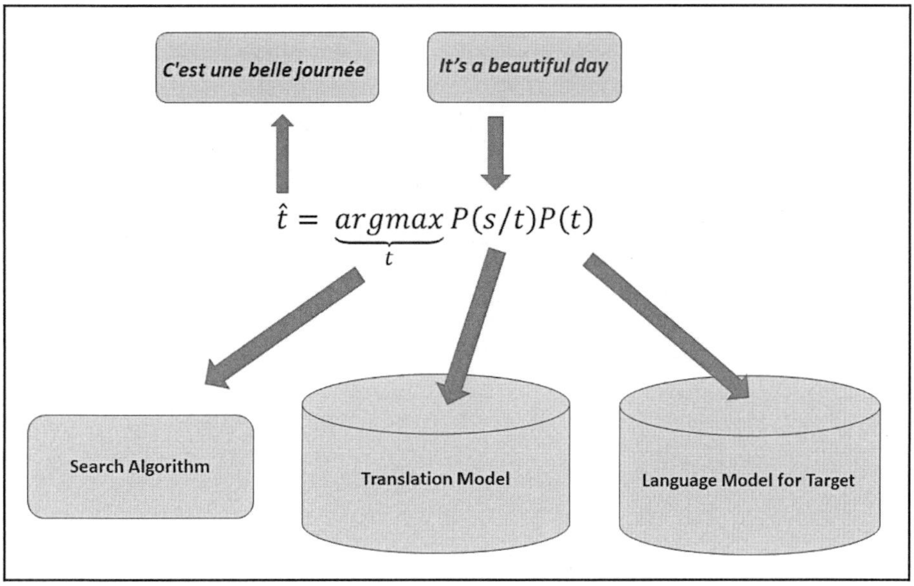

| 그림 3.2 | 통계식 기계번역 구조

앞의 다이어그램에서 볼 수 있듯이 통계 기계 번역 문제는 언급한 바와 같이 세 가지 하위 문제로 분류되었다.

- $P(t)$를 추정할 수 있는 **대상 언어 모델 구축**
- $P(s/t)$를 추정할 수 있는 **번역 언어**를 대상에서 소스 언어로 작성
- 가능한 대상 번역에서 검색을 수행하고 $P(s/t)P(t)$를 최대화하는 번역을 선택

이러한 기능은 기계 번역 문제에 내재되어 있기 때문에 이 세 가지 주제 각각에 대해 살펴보겠다.

언어 모델

언어 모델에서 문장의 확률은 개별 단어나 구의 조건부 확률의 곱으로 표현된다. 문장 t가 단어 t_1, t_2, t_3, ... t_n로 구성되어 있다고 하자. 확률의 연쇄 법칙에 따르면, 문장 t의 확률은 다음과 같이 표현될 수 있다.

$$P(t) = P(t_1 t_2 \ldots . t_n) = P(t_1)P(t_2/t_1)P(t_3/t_1 t_2)\ldots P(t_n/t_1 t_2 \ldots t_{n-1})$$

$$= \prod_{i=1}^{n} P(t_i/t_1 \ldots . t_{n-1}) \tag{1}$$

위의 공식을 기반으로 언어 모델을 작성하려면 실제로는 불가능한 몇 가지 순서의 조건부 확률을 추정해야 한다. 문제를 계산적으로 실현 가능하게하기 위해 한 가지 간단한 가정은 이전 단어는 전부가 아니고 바로 직전 단어만을 기준으로 단어를 조건화하는 것이다. 이 가정은 **마르코프 가정**이라고도 하며 모델은 **빅그램**bigram model이라고 한다. 빅그램 모델에 따른 단어의 조건부 확률은 다음과 같이 표현될 수 있다.

$$P(t_n/t_1 t_2 \ldots t_{n-1}) = P(t_n/t_{n-1}) \tag{2}$$

결과를 더 향상시키기 위해 다음과 같이 두 단어 앞에 문장의 특정 단어를 적용하는 **트라이그램 모델**trigram model을 사용할 수 있다.

$$P(t_n/t_1t_2..t_{n-1}) = P(t_n/t_{n-1}t_{n-2}) \tag{3}$$

빅그램 모델의 경우, 현재 단어 t_1이 주어지면 다음 단어가 t_2인 조건부 확률은 훈련 코퍼스에서 (t_1, t_2) 쌍의 총 수를 세고 말뭉치에서 단어 t_1의 총 단어 수에 의해 정규화하여 추정할 수 있다:

$$P(t_2/t_1) = \frac{P(t_1,t_2)}{P(t_1)} = \frac{count(t_1,t_2)}{count(t_1)} \tag{4}$$

트라이그램 모델의 경우, 앞에 주어진 두 단어 (t_1, t_2)를 고려하면 현재 단어 t_3의 조건부 확률은 다음과 같이 추정될 수 있다.

$$P(t_3/t_1t_2) = \frac{count(t_1,t_2,t_3)}{count(t_1,t_2)} \tag{5}$$

트라이그램 모델을 넘어서면 일반적으로 희소성이 발생한다. 빅그램 모델의 경우에도 훈련 말뭉치에 나타나지 않기 때문에 여러 빅그램에 대해 조건부 확률이 누락될 수 있다. 그러나 누락된 빅그램은 매우 관련이 있을 수 있으며 조건부 확률을 추정하는 것이 매우 중요하다. 말할 것도 없이, n-그램 모델은 훈련 데이터에 나타나는 한 쌍의 단어에 대해 높은 조건부 확률을 추정하는 경향이 있으며 그렇지 않은 단어는 무시한다.

언어 모델의 난이도

난이도 메트릭은 언어 모델의 유용성을 평가하는 데 사용된다. 우리가 훈련 코퍼스에서 언어 모델을 훈련시키고 문장이나 텍스트에 대해 배운 확률 모델을 $P(.)$라고 가정하자. 모델 $P(.)$의 난처함은 훈련 모음과 동일한 모집단에서 추출한 시험 세트 모음에서 평가된다. M 단어 (w_1, w_2, w_3, ..., w_M)로 테스트 세트 모음을 나타내는 경우, 테스트 세트 시퀀스에 대한 모델의 난이도는 다음과 같이 표현된다.

$$PP = 2^H = 2^{-\frac{1}{M}\log_2 P(w_1,w_2,....,w_M)} \tag{1}$$

표시된 H에 대한 표현은 단어별 불확실성을 측정한다.

$$H = -\frac{1}{M}\log_2 P(w_1, w_2, \ldots . w_M) \tag{2}$$

언어 모델에 따라 다음과 같이 테스트 모음에 대한 확률 표현을 나눌 수 있다.

$$P(w_1, w_2, \ldots . w_M) = P(w_1)P(w_2/w_1)P(w_3/w_1w_2) \ldots \ldots P(w_M/w_1w_2 \ldots w_{M-1}) \tag{3}$$

이전 단어를 조건으로 한 테스트 세트에서 i번째 단어의 확률을 $_P(s_i)$로 표시하면 테스트 모음의 확률은 다음과 같다.

$$P(w_1, w_2, \ldots . w_M) = \prod_{i=1}^{M} \log_2 P(s_i) \tag{4}$$

여기서, $_P(s_i) = P(w_i/w_1w_2 \cdots w_{i-1})$이다. (1)과 (4)를 결합하여 난이도는 다음과 같이 쓸 수 있다.

$$PP = 2^H = 2^{-\frac{1}{M}\prod_{i=1}^{M} P(s_i)} \tag{5}$$

언어 모델 $P(.)$와 기계 학습을 평가하는 "*I love Machine Learning*"테스트 세트가 있다고 가정하자. 언어 모델에 따르면 테스트 세트의 확률은 다음과 같다.

$$P(\text{"}\ I\ love\ Machine\ Learning\ \text{"}) = P(\text{"}\ I\ \text{"})P(\text{"}\ love\ \text{"}\ /\ \text{"}\ I\ \text{"})P(\text{"}\ Machine\ \text{"}\ /\ \text{"}\ I\ love\ \text{"})$$
$$P(\text{"}\ Learning\ \text{"}\ /\ \text{"}\ I\ love\ Machine\ \text{"})$$

언어 모델의 훈련 코퍼스도 기계 학습을 좋아한다면 테스트 세트의 확률은 1이 되고 로그 확률은 0이 되고 난이도는 1이 된다. 이것은 모델이 완전히 확실하게 다음 단어를 생성할 수 있음을 의미한다.

반면에, 우리가 N=20,000 크기의 어휘에 대한 실제 훈련 모음이 있고 테스트 데이터 세트에서 훈련된 모델의 난이도가 100인 경우 평균적으로 다음 단어를 예측하고 검색 공간을 20,000단어에서 100단어로 좁힌다고 하자.

모든 단어가 시퀀스의 이전 단어와 독립적인 모델을 구축할 수 있는 최악의 시나리오를 살펴 보겠다.

$$P(w_i/w_1w_2w_3......w_{i-1}) = P(w_i) = \frac{1}{N}$$

M 단어의 테스트 세트의 경우 (5)를 사용한 난이도는 다음과 같다.

$$PP = 2^H = 2^{-\frac{1}{M}\prod_{i=1}^{M}\log_2 P(s_i)} = 2^{-\frac{1}{M}\prod_{i=1}^{M}\log_2 \frac{1}{N}} = 2^{\frac{1}{M}\log_2 N^M} = N$$

우리가 이전과 같이 N=20,000을 가지고 있다면, 시퀀스의 단어를 예측하려면 어휘의 모든 N 단어가 똑같이 가능성이 있기 때문에 고려해야 한다. 이 경우 단어의 평균 검색 공간을 줄여서 단어를 순서대로 예측할 수 없었다.

번역 모델

번역 모델은 기계 번역 모델의 핵심으로 간주될 수 있다. 번역 모델에서 확률 $P(s/t)$를 추정해야 한다. 여기서 s는 소스 언어 문장이고 t는 대상 언어 문장이다. 여기에, 소스 문장이 주어지고, 목표는 우리가 찾으려고 하는 것이다. 따라서 이 확률은 목표 문장이 주어지면 소스 문장의 가능성으로 불릴 수 있다. 예를 들어 소스 텍스트를 프랑스어에서 영어로 번역하고 있다고 가정하다. 따라서 $P(s/t)$의 맥락에서, 우리의 목표 언어는 프랑스어이고, 우리의 원어는 영어이며 실제 번역의 맥락 $P(s/t)P(t)$에서서는 우리의 소스 언어는 프랑스어이고 대상 언어는 영어이다.

번역은 주로 세 가지 구성 요소로 구성된다.

- **생성 능력** Fertility: 원어의 모든 단어가 목표 언어의 해당 단어를 갖지는 않다. 예를 들어, "*Santanu loves math*" 영어 문장은 "*Santanu aim les maths*" 프랑스어로 번역된다. 보시다시피, 영어로 된 *math*이라는 단어는 *les maths*으로 프

랑스어로 두 단어로 번역되었다. 공식적으로, 생성은 목표 언어에서 원어 단어에 의해 생성된 단어 수에 대한 확률 분포로 정의되며, w_s가 원어 단어를 의미하는 $P(n/w_s)$로 표시될 수 있다. 동일한 단어가 문맥에 기초하여 다른 길이의 번역을 생성할 수 있기 때문에, 하드 코딩된 수 n을 갖는 대신 확률 분포가 사용된다.

- **왜곡**Distortion: 모든 기계 번역 시스템에서 소스와 대상 문장 사이의 단어 간 일치가 중요하다. 그러나 원어 문장에서 단어의 위치가 항상 대상 언어 문장에서 해당하는 단어와 완전히 일치하지는 않는다. 왜곡은 확률 함수 $P(p_t/p_s, l)$를 통해 이러한 정렬 개념을 다루며, 여기서 p_t와 p_s는 각각 대상과 소스 단어의 위치를 나타내고 l은 대상 문장의 길이를 나타낸다. 원어가 영어이고 대상 언어가 프랑스어인 경우 $P(p_t/p_s, l)$는 p_s 위치에 있는 영어 단어가 길이가 l인 지정된 프랑스어 문장에서 p_s 위치에 있는 프랑스어 단어에 해당할 확률을 나타낸다.
- **단어 대 단어 번역**Word-to-word translation: 마지막으로, 단어 대 단어 변환이 이루어지며, 일반적으로 소스 언어 단어가 제공되는 대상 언어 단어의 확률 분포로 표시된다. 주어진 소스 언어 단어 w_s에 대해, 확률은 $P(w_t/w_s)$로 표현될 수 있으며, w_t는 목표 언어 단어를 나타낸다.

언어 모델의 경우, 훈련 과정에서 생성 확률, 왜곡 확률 및 단어 대 단어 변환 확률을 추정해야 한다.

이제 확률 $P(s/t)$ 추정의 원래 문제로 돌아가 보자. E로 영어 문장을 나타내고 F로 프랑스어 문장을 표현한다면 $P(F/E)$의 확률을 계산해야 한다. 단어의 정렬을 고려하기 위해 확률은 $P(F, a/E)$이며, 여기서 a는 대상 문장의 프랑스어 정렬을 나타낸다. 이 정렬은 우리가 왜곡과 생성과 관련된 정보를 주입하는 데 도움이 될 것이다.

확률 $P(F, a/E)$를 계산하는 예제를 살펴보겠다. 특정 영어 문장을 5단어 문장 $e = (e_1, e_2, e_3, e_4, e_5)$로 표현하는데 실제 프랑스어 문장 $f = (f_1, f_2, f_3, f_4, f_5, f_6)$의 정확한

번역이다. 또한 단어의 해당 정렬은 다음과 같다.

- $e_1 \rightarrow f_6$
- $e_2 \rightarrow$ 프랑스어로 된 단어와 일치하지 않는다.
- $e_3 \rightarrow f_3$, f_4
- $e_4 \rightarrow f_1$
- $e_5 \rightarrow f_2$
- $f_5 \rightarrow$ 영어로 된 단어와 일치하지 않는다.

이것은 확률론적 모델이기 때문에, 알고리즘은 다른 정렬을 가진 다른 영어 문장을 시도할 것이다. 그 중에서 정확한 정렬을 가진 정확한 영어 문장은 프랑스어 문장을 고려할 때 가장 높은 확률을 가져야 한다.

첫 번째 영어 단어를 e_1로 고려해 봅시다. 프랑스어 단어 f_6에 맞춰지고 다음과 같이 프랑스어 단어 하나를 출력한다.

$$P(f_6, a/e_1) = P(f_6/e_1)P(a/e_1, f_6) \tag{1}$$

이제 왜곡distortion a_d과 생성fertility f_d의 두 가지 구성 요소의 조합으로 정렬을 살펴보자. (1)의 표현식은 다음과 같이 다시 작성할 수 있다.

$$\begin{aligned} P(f_6, a/e_1) = P(f_6/e_1)P(a/e_1, f_5) &= P(f_6/e_1)P(a_d, a_f/e_1, f_6) \\ &= P(f_5/e_1)P(a_f/e_1)P(a_d/e_1, f_5) \end{aligned} \tag{2}$$

주의 깊게 관찰하면, $P(f_5/e_1)$은 번역 확률이고, $P(a_f/e_1)$은 생성확률이며, $P(a_d/e_1, f_5)$는 왜곡 확률입니다. $P(F, a/E)$를 계산하기 위해 주어진 프랑스어 문장과의 모든 정렬에 대해 영어 문장에서 주어진 모든 영어 단어에 대해 이 활동을 수행해야 한다. 마지막으로 확률 $P(F, a/E)P(E)$를 최대화하는 최상의 영어 문장 $\hat{E}$과 정렬 $\hat{a}$을 취해야 한다. 이것은 다음과 같다.

$$\hat{E}, \hat{a} = \underbrace{argmax}_{E,a} P(F, a/E)P(E)$$

여기서 주목해야 할 것은 최상의 번역을 찾기 위해 다른 정렬과 가능한 다른 단어 번역을 시도하면 계산하기가 어려워 질 수 있으므로 최소한의 시간에 최고의 번역을 찾으려면 영리한 알고리즘을 배포해야 한다는 것이다.

신경망 기계 번역

NMT Neural Machine Translation는 심층 신경망을 사용하여 소스 언어에서 대상 언어로 기계 변환을 수행한다. 신경망 번역기는 소스 언어의 텍스트를 일련의 입력으로 받아 숨겨진 표현으로 인코딩한 다음 다시 해독되어 대상 언어로 번역된 텍스트 시퀀스를 생성한다. 이 NMT 시스템의 주요 장점 중 하나는 규칙 기반 및 통계 기계 번역 시스템과 달리 전체 기계 번역 시스템을 엔드 투 엔드로 함께 훈련할 수 있다는 것이다. 일반적으로, **LSTM** long short term memory 및 / 또는 **GRU** gated recurrent unit와 같은 RNN 아키텍처가 신경 변환 기계 아키텍처에 사용된다.

다른 전통적인 방법에 비해 NMT의 장점 중 일부는 다음과 같다.

- NMT 모델의 모든 매개 변수는 손실 함수를 기반으로 엔드 투 엔드로 학습되므로 모델의 복잡성이 줄어든다.
- 이 NMT 모델은 기존 방법보다 훨씬 더 넓은 컨텍스트를 사용하므로 보다 정확한 번역이 생성된다.
- NMT 모델은 단어와 구문 유사성을 더 잘 활용한다.
- RNN은 더 나은 품질의 텍스트 생성을 허용하므로 번역 된 텍스트의 구문과 관련하여 번역이 더 정확하다.

인코더-디코더 모델

다음 다이어그램은 입력 소스 언어 시퀀스를 최종 은닉 상태 h_f 및 최종 메모리 셀 상태 c_f로 인코딩하기 위해 하나의 LSTM을 인코더로 사용하는 신경 번역기의 아키텍처이다. 최종 은닉 상태 및 셀 상태 $[h_f, c_f]$는 전체 입력 시퀀스의 컨텍스트를 캡처한다. 따라서, $[h_f, c_f]$는 디코더 네트워크가 조절 될 수 있는 좋은 후보가 된다.

이 은닉 상태 및 셀 상태 정보 $[h_f, c_f]$는 초기 은닉 상태 및 셀 상태로서 디코더 네트워크에 공급된 다음, 디코더는 입력 대상 시퀀스가 출력 대상 시퀀스와 관련하여 하나의 지연에 있는 상태에서 타겟 시퀀스에 대해 훈련된다. 디코더에서, 입력 시퀀스의 제 1워드는 더미 워드 `[START]`이고, 출력 라벨은 워드 *c'est*이다. 디코더 신경망은 단지 생성 언어 모델로서 훈련되며, 언제라도 단계 t에서 출력 라벨은 입력에 관한 다음 단어, 즉 $y_t = x_{t+1}$이다. 유일한 새로운 것은 인코더의 최종 은닉 상태 및 셀 상태(즉, $[h_f, c_f]$)가 번역의 콘텐츠를 제공하기 위해 디코더의 초기 은닉 상태 및 셀 상태로 공급된다는 것이다.

즉, 훈련 과정은 소스 언어를 나타내는 인코더의 은닉 상태에 따라 대상 언어(디코더로 표시)에 대한 언어 모델을 작성하는 것으로 생각할 수 있다.

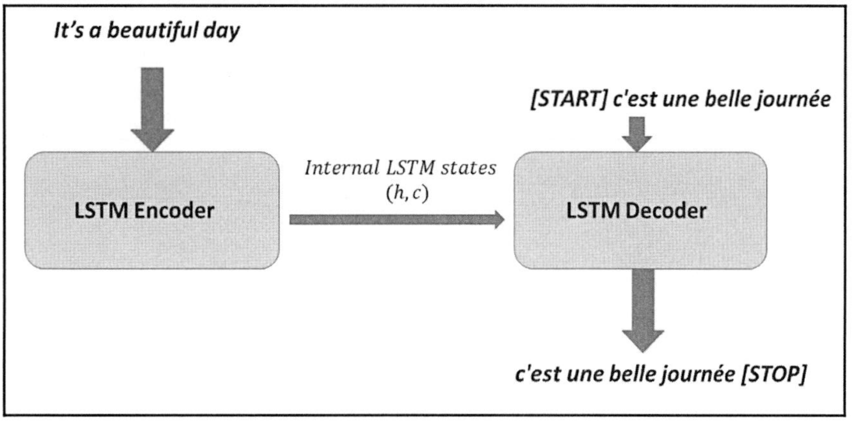

| 그림 3.3 | 신경 기계 번역 시스템의 고급 인코더 디코더 아키텍처

T가 소스 언어 텍스트 S에 해당하는 대상 언어 텍스트인 경우 훈련을 위해 W에 대한 $P_w(T_{t+1}/S, T)$의 로그 확률을 최대화하려고 한다. 여기서 T_{s+1}은 한 단계씩 텍스트가 이동하는 대상 언어를 나타내고 W는 인코더-디코더 아키텍처 모델 매개 변수를 나타낸다.

이제 인코더 디코더 NMT의 교육 절차에 대해 살펴봤으므로 추론 중에 훈련된 모델을 사용하는 방법을 살펴보겠다.

인코더-디코더 모델을 사용한 추론

NMT neural translation machine에서 추론을 실행하기 위한 아키텍처 흐름은 NMT를 훈련시키는 것과 약간 다르다. 다음은 NMT를 사용하여 추론을 수행하기 위한 아키텍처 흐름이다.

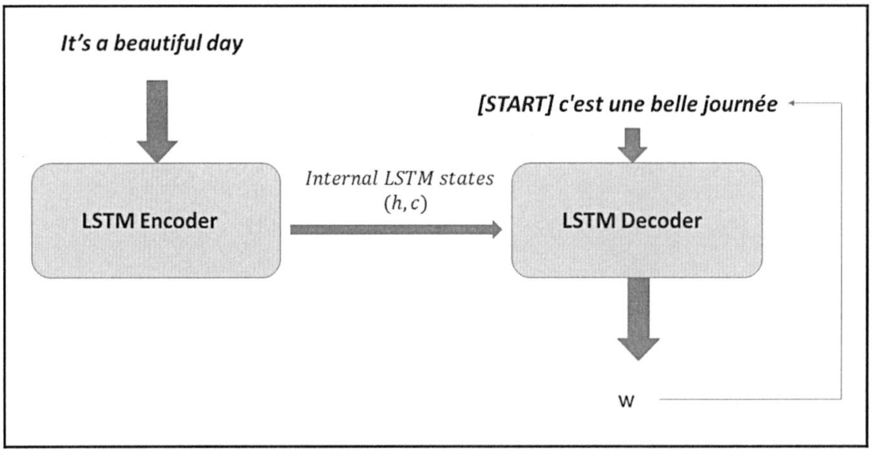

| 그림 3.4 | **인코더/디코더 기반 신경 기계 변환의 추론**

추론 동안, 소스 언어 입력 시퀀스는 인코더 네트워크에 공급되고 최종 은닉 상태 및 셀 상태 $[h_f, c_f]$는 디코더의 은닉 상태 및 셀 상태에 공급된다. 디코더는 단일 시간 스텝으로 변환되고, 디코더에 공급된 제 1입력은 더미 `[START]` 워드이다. 따라서, $[h_f, c_f]$ 및 초기 더미 워드 `[START]`에 기초하여, 디코더는 워드 w 및 새 은닉 상태 및 셀 상태 $[h_d, c_d]$를 출력할 것이다. 이 워드 w는 새 은닉 상태 및 셀 상태 $[h_d, c_d]$와 함께 디코더에 다시 공급되어 다음 워드를 생성한다. 이 프로세스는 시퀀스 끝 문자가 나타날 때까지 반복된다.

시퀀스-시퀀스 신경 번역 기계 구현

우리는 짧은 영어 문장을 프랑스어로 번역하는 것을 배우는 신경 기계 번역 시스템을 구축할 것이다. 이를 위해 `http://www.manythings.org/anki/`에 있는 English-to-French text corpus(`fra-eng/fra.txt`)를 사용한다.

입력 데이터 처리

신경망은 숫자만 이해할 수 있으므로 텍스트 데이터는 신경망에 직접 공급할 수 없다. 우리는 각 단어를 각 코퍼스에 존재하는 단어 수와 동일한 길이의 원핫 인코딩된 벡터로 취급한다. 영어 모음에 1,000개의 단어가 포함된 경우, 원-핫 인코딩된 벡터 v_e의 크기는 1,000, 즉 $v_e \in R^{1000x1}$이다.

우리는 영어와 프랑스어 코퍼스를 읽고 각각의 고유 단어 수를 결정한다. 또한 색인으로 단어를 표현하고, 단어에 대한 원-핫 인코딩된 벡터의 경우, 단어에 해당하는 인덱스는 1로 설정되고 나머지 인덱스는 0으로 설정된다. 예를 들어, 영어 모음에 네 단어가 있다고 가정해보자: *Global warming is real.* 각 단어의 색인을 다음과 같이 정의할 수 있다.

Word	**Index**
Global	0
warming	1
is	2
real	3

이 경우, 단어 Global의 원핫 인코딩 된 벡터를 $[1, 0, 0, 0]^T$로 정의할 수 있다. 유사하게, *real*의 원핫 인코딩된 벡터는 $[1, 0, 0, 0]^T$로 표현될 수 있다.

이제 각 문장이나 레코드에 대한 소스 언어 입력으로 돌아가서, 우리는 원핫 인코딩 된 벡터 시퀀스로 표현되는 단어 시퀀스를 갖게 될 것이다. 다음으로 명백한 질문은 시퀀스 길이를 관리하는 방법이다. 가장 많이 받아들여지는 접근법은 말뭉치에서 문장의 최대 시퀀스 길이와 동일한 고정 시퀀스 길이 또는 미리 결정된 합리적인 길이를 갖는 것이다. 우리는 목표 문장을 두 번 사용한다. 한 번은 디코더에서 변환의 출력 시퀀스로, 한 번은 디코더로의 입력으로, 출력 시퀀스가 한 번씩 입력 시퀀스보다 앞서게 된다. 따라서 입력 대상 시퀀스의 첫 번째 단어는 더미 단어 [START]가 되고 출력 대상 시퀀스의 마지막 단어는 더미 단어 [END]가 되어 문장 시퀀스의 끝을 표시한다.

목표 프랑스어 문장이 "Je m'appelle Santanu"인 경우, 디코더에서 입력 목표 및 출력 목표 순서는 다음과 같다.

```
[START],[Je],[m'appelle] [Santanu]
[Je],[m'appelle] [Santanu][END]
```

탭 문자로 [START]를 표시하고 다음 줄 문자로 [END]를 표시하도록 선택했다.

데이터 생성 활동을 세 부분으로 나눈다.

- 소스 (영어) 및 대상 (프랑스어) 텍스트의 입력 파일 읽기
- 소스 및 대상 언어 텍스트에서 어휘 작성
- 입력 영어와 프랑스어 말뭉치를 숫자로 표현하여 신경 기계 번역 네트워크에서 사용할 수 있도록 한다.

여기에 설명된 read_input_file 함수는 소스 및 대상 언어 텍스트를 읽는 데 사용할 수 있다.

```
def read_input_file(self,path,num_samples=10e13):
    input_texts = []
    target_texts = []
```

```
    input_words = set()
    target_words = set()

    with codecs.open(path, 'r', encoding='utf-8') as f:
        lines = f.read().split('\n')

    for line in lines[: min(num_samples, len(lines) - 1)]:
        input_text, target_text = line.split('\t')
            # \t as the start of sequence
        target_text = '\t ' + target_text + ' \n'
            # \n as the end of sequence
        input_texts.append(input_text)
        target_texts.append(target_text)
        for word in input_text.split(" "):
            if word not in input_words:
                input_words.add(word)
        for word in target_text.split(" "):
            if word not in target_words:
                target_words.add(word)

    return input_texts,target_texts,input_words,target_words
```

vocab_generation 함수는 소스 언어와 대상 언어 모두에 대한 단어 모음을 작성하는 데 사용할 수 있다.

```
def vocab_generation(self,path,num_samples,verbose=True):

    input_texts,target_texts,input_words,target_words =
    self.read_input_file(path,num_samples)
    input_words = sorted(list(input_words))
    target_words = sorted(list(target_words))
    self.num_encoder_words = len(input_words)
    self.num_decoder_words = len(target_words)
    self.max_encoder_seq_length =
    max([len(txt.split(" ")) for txt in input_texts])
    self.max_decoder_seq_length =
```

```
    max([len(txt.split(" ")) for txt in target_texts])

    if verbose == True:

        print('Number of samples:', len(input_texts))
        print('Number of unique input tokens:',
              self.num_encoder_words)
        print('Number of unique output tokens:',
              self.num_decoder_words)
        print('Max sequence length for inputs:',
              self.max_encoder_seq_length)
        print('Max sequence length for outputs:',
              self.max_decoder_seq_length)

    self.input_word_index =
    dict([(word, i) for i, word in enumerate(input_words)])
    self.target_word_index =
    dict([(word, i) for i, word in enumerate(target_words)])
    self.reverse_input_word_dict =
    dict((i, word) for word, i in self.input_word_index.items())
    self.reverse_target_word_dict =
    dict((i, word) for word, i in self.target_word_index.items())
```

이전 함수에서 빌드된 입력 및 대상 텍스트와 어휘는 process_input 함수에 의해 활용되어 신경 데이터 변환 기계 아키텍처에서 사용할 수 있는 텍스트 데이터를 숫자 형식으로 변환한다. process_input 함수의 코드는 다음과 같다.

```
def process_input(self,input_texts,target_texts=None,verbose=True):

encoder_input_data =
np.zeros((len(input_texts), self.max_encoder_seq_length,
        self.num_encoder_words), dtype='float32')
decoder_input_data =
    np.zeros((len(input_texts), self.max_decoder_seq_length,
            self.num_decoder_words), dtype='float32')

    decoder_target_data =
```

```
    np.zeros((len(input_texts), self.max_decoder_seq_length,
            self.num_decoder_words), dtype='float32')
    if self.mode == 'train':
        for i, (input_text, target_text) in
        enumerate(zip(input_texts,target_texts)):
            for t, word in enumerate(input_text.split(" ")):
                try:
                    encoder_input_data[i, t,
                                        self.input_word_index[word]] = 1.
                except:
                    print(f'word {word}
                           encoutered for the 1st time, skipped')
            for t, word in enumerate(target_text.split(" ")):
            # decoder_target_data is ahead of decoder_input_data
              by one timestep
                decoder_input_data[i, t,
                self.target_word_index[word]] = 1.
                if t > 0:
                # decoder_target_data will be ahead by one timestep
                #and will not include the start character.
                    try:
                        decoder_target_data[i, t - 1,
                        self.target_word_index[word]] = 1.
                    except:
                        print(f'word {word}
                            encoutered for the 1st time,skipped')

        return
        encoder_input_data,decoder_input_data,decoder_target_data,
        np.array(input_texts),np.array(target_texts)

else:
        for i, input_text in enumerate(input_texts):
            for t, word in enumerate(input_text.split(" ")):
                try:
                    encoder_input_data[i, t,
                                        self.input_word_index[word]] = 1.
                except:
                    print(f'word {word}
```

```
                                encoutered for the 1st time, skipped')

    return encoder_input_data,None,None,np.array(input_texts),None
```

encoder_input_data 변수는 입력 소스 데이터를 포함하며 레코드 수, 시간 단계 수 및 각 원핫 인코딩된 벡터의 차원으로 구성된 3차원 배열이다. 마찬가지로 decoder_input_data는 입력 대상 데이터를 포함하고, decoder_target_data는 대상 레이블을 포함한다. 이전 기능을 실행하면 기계 번역 시스템을 교육하는 데 필요한 모든 관련 입력 및 출력이 생성된다. 다음 코드 블록에는 40000개의 샘플로 vocab_generation 함수 실행과 관련된 디스플레이 통계가 있다.

```
('Number of samples:', 40000)
('Number of unique input tokens:', 8658)
('Number of unique output tokens:', 16297)
('Max sequence length for inputs:', 7)
('Max sequence length for outputs:', 16)
```

앞의 통계에서 볼 수 있듯이 코퍼스의 입력 영어 단어 수는 40000이고 텍스트 문장 수는 8658이고 해당 프랑스어 단어의 수는 16297이다. 그만큼 영어 단어는 평균적으로 두 개의 프랑스어 단어를 방출한다. 마찬가지로 영어 문장의 최대 단어 수는 7이고 프랑스어 문장의 경우 훈련 목적으로 프랑스어 문장에 추가한 [START] 및 [END] 문자를 제외하면 최대 14자이다. 이것은 또한 평균적으로 번역되는 각 영어 문장이 단어 수의 두 배를 생성한다는 사실을 확인할 수 있다.

신경 번역 기계에 대한 입력 및 대상의 모양을 살펴보자.

```
('Shape of Source Input Tensor:',(40000, 7, 8658))
('Shape of Target Input Tensor:',(40000, 16, 16297))
(Shape of Target Output Tensor:',(40000, 16, 16297))
```

엔코더 데이터는 모양 (40000, 7, 8658)이며, 첫 번째 차원은 소스 언어 문장 수에 대한 것이고, 두 번째 차원은 시간 단계 수에 대한 것이고 마지막 차원은 크기가 8658인 원핫 인코딩 된 벡터로 영어 단어의 8658 소스 언어 단어에 해당한다. 유사하게, 목표 입력 및 출력 텐서에 대해, 원-핫 인코딩 된 벡터는 16297의 크기이며, 프랑스어 어휘에서 16297 단어에 해당한다. 프랑스어 문장의 시간 단계 수는 16이다.

신경 기계 번역을 위한 모델 정의

앞에서 언급했듯이 인코더는 LSTM을 통해 소스 입력 시퀀스를 처리하고 소스 텍스트를 의미 있는 요약으로 인코딩한다. 의미 있는 요약은 최종 시퀀스 단계 숨김 및 셀 상태 h_f 및 c_f에 저장된다. 이들 벡터들(즉, $[h_f; c_f]$)은 함께 소스 텍스트에 대한 의미 있는 컨텍스트를 제공하고, 디코더는 숨겨진 및 셀 상태 벡터들에 의해 조절되는 자체 목표 시퀀스를 생성하도록 훈련 된다$[h_f; c_f]$.

다음 다이어그램에 표시된 그림 3.5는 영어에서 프랑스어로 번역하는 훈련 과정에 대한 자세한 다이어그램이다. 영어 문장 "*It's a beautiful day*"은 LSTM을 통해 의미 요약으로 변환된 다음 숨겨진 상태 및 셀 상태 벡터 $[h_f; c_f]$에 저장된다. 그 후, 디코더는$[h_f; c_f]$에 내장된 정보를 통해 입력 소스 문장에 대해 조절된 자체 목표 시퀀스를 생성하도록 만들어진다. 시간 단계 (t)에서의 디코더는 소스 문장이 주어질 때 다음 목표 단어, 즉 시간 단계 $(t+1)$에서의 단어를 예측하도록 만들어진다. 이것이 목표 입력 단어와 목표 출력 단어 사이에 한 단계의 지연이 있는 이유이다. 첫 번째 단계에서, 디코더는 타겟 텍스트 시퀀스에서 임의의 이전 워드를 갖지 않으므로, 타겟 워드를 예측하는데 사용할 수 있는 유일한 정보는 $[h_f; c_f]$ 초기 숨김 및 셀 상태 벡터로 제공된다. 인코더와 마찬가지로, 디코더도 LSTM을 사용하며, 논의 된 바와 같이, 출력 목표 시퀀스는 한 번의 단계만큼 입력 목표 시퀀스보다 우선한다.

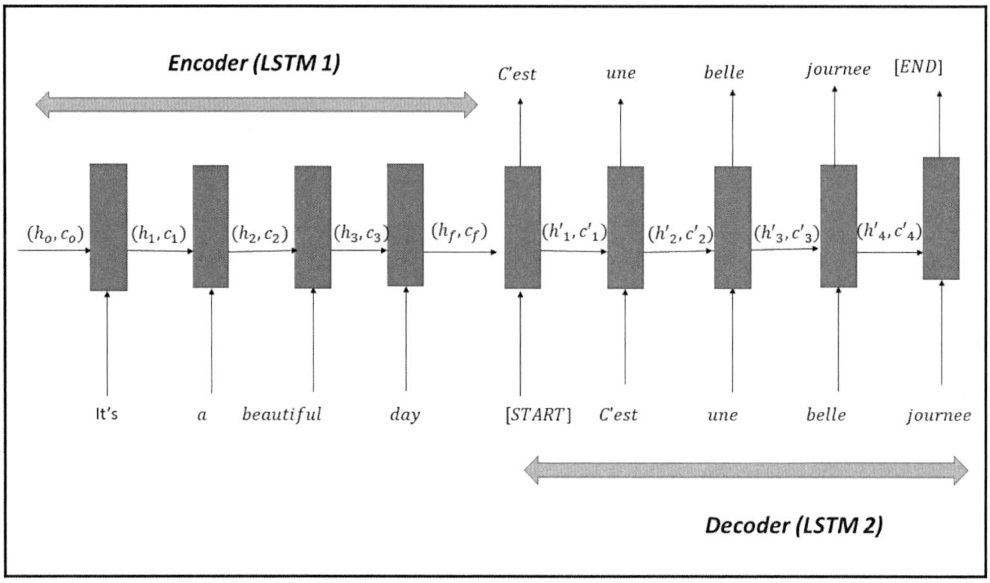

| 그림 3.5 | 훈련 중 기계 번역 네트워크 흐름 그림

그림 3.5에 설명된 아키텍처를 기반으로 model_enc_dec 함수 훈련을 위한 엔코더 디코더 종단 간 모델을 정의한다. 여기서 **인코더(LSTM 1)**는 소스 언어 텍스트 단어를 순차적으로 취하여 **인코더(LSTM 1)**의 최종 시퀀스 단계에서 소스 언어 문장 또는 텍스트의 전체 컨텍스트를 캡처한다. 이 엔코더의 컨텍스트는 **디코더(LSTM 2)**의 초기 상태로 제공되며, 훈련 중 대상 언어에 대한 문장/텍스트가 있으므로 디코더는 현재 단어를 기반으로 입력을 한 번만 이동하여 타겟을 구성 다음 단어를 예측하는 방법을 학습한다.

```
def model_enc_dec(self):
    #Encoder Model
    encoder_inp =
    Input(shape=(None,self.num_encoder_words),name='encoder_inp')
    encoder = LSTM(self.latent_dim, return_state=True,name='encoder')
    encoder_out,state_h, state_c = encoder(encoder_inp)
    encoder_states = [state_h, state_c]

    #Decoder Model
    decoder_inp =
    Input(shape=(None,self.num_decoder_words),name='decoder_inp')
```

```
decoder_lstm =
LSTM(self.latent_dim, return_sequences=True,
return_state=True,name='decoder_lstm')
decoder_out, _, _ =
decoder_lstm(decoder_inp, initial_state=encoder_states)
decoder_dense =
Dense(self.num_decoder_words,
activation='softmax',name='decoder_dense')
decoder_out = decoder_dense(decoder_out)
print(np.shape(decoder_out))
#Combined Encoder Decoder Model
model = Model([encoder_inp, decoder_inp], decoder_out)
#Encoder Model
encoder_model = Model(encoder_inp,encoder_states)
#Decoder Model
decoder_inp_h = Input(shape=(self.latent_dim,))
decoder_inp_c = Input(shape=(self.latent_dim,))
decoder_input = Input(shape=(None,self.num_decoder_words,))
decoder_inp_state = [decoder_inp_h,decoder_inp_c]
decoder_out,decoder_out_h,decoder_out_c =
decoder_lstm(decoder_input,initial_state=decoder_inp_state)
decoder_out = decoder_dense(decoder_out)
decoder_out_state = [decoder_out_h,decoder_out_c]
decoder_model = Model(inputs =
[decoder_input] + decoder_inp_state,output=
[decoder_out]+ decoder_out_state)
plot_model(model,show_shapes=True, to_file=self.outdir +
           'encoder_decoder_training_model.png')
plot_model(encoder_model,show_shapes=True, to_file=self.outdir +
           'encoder_model.png')
plot_model(decoder_model,show_shapes=True, to_file=self.outdir +
           'decoder_model.png')
return model,encoder_model,decoder_model
```

훈련 모델은 단순한 엔드-투-엔드 모델이지만 추론 모델은 그렇게 간단하지 않다. 우리는 매번 단계마다 디코더의 입력을 알지 못하기 때문이다. 추론 모델에 대한 자세한 내용은 추론 모델 구축 절에서 자세히 설명한다.

신경망 번역기의 손실 함수

신경망 번역기의 손실 함수는 모델 시퀀스에서 각 대상 단어의 예측에 대한 교차 엔트로피 손실의 평균이다. 실제 목표 단어와 예상 목표 단어는 우리가 선택한 프랑스 말뭉치에서 16,297단어 중 하나일 수 있다. 시간 단계 t에서의 목표 라벨은 one-hot 인코딩된 벡터 $y_t \in \{0, 1\}^{16297}$가 되지만, 예측된 출력은 프랑스어 어휘에서 16,297개의 단어 각각에 대한 확률의 형태일 것이다. 예측 출력 확률 벡터를 $p_t \in (0, 1)^{16297}$로 나타내면 특정 문장의 각 시간 단계에서 평균 범주 손실이 다음과 같이 주어진다.

$$C_{t,s} = -\sum_{i=1}^{16297} y_t^{(i)} \log p_t^{(i)}$$

다음과 같이 모든 시퀀스 시간 단계에서 손실을 합산하여 전체 문장의 손실을 얻는다.

$$C_s = \sum_t C_{t,s} = -\sum_t \sum_{i=1}^{16297} y_t^{(i)} \log p_t^{(i)}$$

우리는 미니 배치 확률적 경사 하강으로 작업하기 때문에 미니 배치의 평균 비용은 미니 배치의 모든 문장에 대한 손실을 평균화하여 얻을 수 있다. 크기가 m인 미니 배치를 사용하는 경우 미니 배치 당 평균 손실은 다음과 같다.

$$C = \frac{1}{m}\sum_s C_s = -\frac{1}{m}\sum_s \sum_t \sum_{i=1}^{16297} y_{s,t}^{(i)} \log p_{s,t}^{(i)}$$

미니 배치 비용은 확률적 경사 하강에 대한 경사를 계산하는 데 사용된다.

모델 훈련

먼저 훈련을 위한 모델을 정의하기 위해 model_enc_dec 함수를 실행하고 추론을 위해

encoder_model 및 decoder_model을 실행한 다음 categorical_crossentropy 손실과 rmsprop optimizer로 컴파일한다. Adam과 같은 다른 옵티마이저, 모멘텀이 있는 SDG 등을 실험할 수 있지만 지금은 rmsprop를 고수할 것이다. train 함수는 다음과 같이 정의할 수 있다.

```
# Run training

    def train(self,encoder_input_data,decoder_input_data,
              decoder_target_data):
        print("Training...")
        model,encoder_model,decoder_model = self.model_enc_dec()

        model.compile(optimizer='rmsprop', loss='categorical_crossentropy')

        model.fit([encoder_input_data, decoder_input_data],
                  decoder_target_data,
                  batch_size=self.batch_size,
                  epochs=self.epochs,
                  validation_split=0.2)
        # Save model
        model.save(self.outdir + 'eng_2_french_dumm.h5')
        return model,encoder_model,decoder_model
```

데이터의 80%에 대해 모델을 학습하고 나머지 20%를 유효성 검사에 사용한다. 훈련/테스트 분할은 다음과 같이 정의된 기능에 의해 수행된다.

```
def train_test_split(self,num_recs,train_frac=0.8):
    rec_indices = np.arange(num_recs)
    np.random.shuffle(rec_indices)
    train_count = int(num_recs*0.8)
    train_indices = rec_indices[:train_count]
    test_indices = rec_indices[train_count:]
    return train_indices,test_indices
```

추론 모델 구축

추론 모델의 작동 메커니즘을 기억하고 이미 훈련 된 모델의 구성 요소를 사용하여 모델을 구축하는 방법을 살펴보겠습니다. 모델의 엔코더 부분은 소스 언어로 된 텍스트 문장을 입력으로 받아 최종 숨겨진 및 셀 상태 벡터 $[h_{f;}\, c_f]$를 출력한다. 대상 언어 입력 단어를 더 이상 디코더에 공급할 수 없으므로 디코더 네트워크를 그대로 사용할 수 없다. 대신 디코더 네트워크를 축소하여 단일 단계로 구성하고 해당 단계의 출력을 제공한다.

다음 단계에 대한 입력으로. 우리는 더미 단어 [START]를 $[h_{f;}\, c_f]$, 초기 숨김 및 셀 상태로 사용된다. 목표 출력 워드 w_1 및 은닉 및 셀 상태 $[h_{1;}\, c_1]$ 디코더에 의해 생성된 [START]와 $[h_{f;}\, c_f]$ 입력이 다시 디코더로 공급되어 다음 워드를 생성하고, 디코더가 더미 워드 [END]를 출력할 때까지 프로세스가 반복된다. 다음 다이어그램은 쉬운 해석을 위한 추론 절차를 단계별로 보여준다.

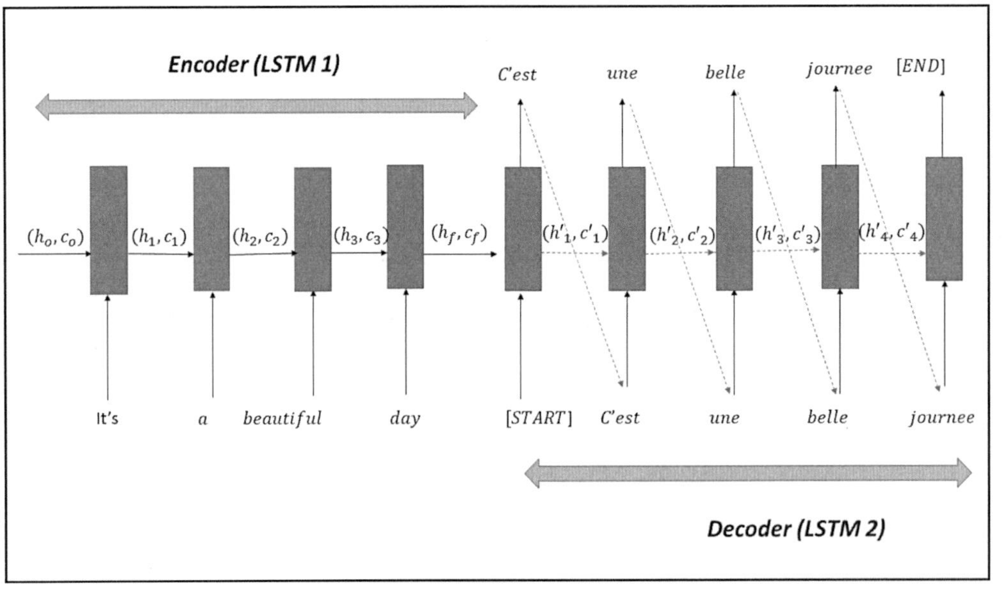

| 그림 3.6 | 추론 프로세스의 단계별 설명

앞의 다이어그램에서 알 수 있듯이 디코더의 첫 번째 단계의 출력은 C'est이며 숨겨진 상태와 셀 상태는 $[h_1^{'}; c_1^{'}]$이다. 이것은 점선으로 도시된 바와 같이 디코더에 다시 공급되어 다음 세트의 숨겨진 상태 및 셀 상태와 함께 다음 워드를 생성한다. 디코더는 더미 종료 문자 [END]를 출력하기 때문에 프로세스가 반복된다.

추론을 위해, 우리는 네트워크의 인코더 부분을 그대로 가지고 한 번의 단계로 구성되도록 디코더를 축소하도록 약간의 수정을 수행할 수 있다. 다시 말해, RNN이 한 번의 시간 단계로 구성되어 있는지 또는 여러 개의 시간 단계로 구성되어 있더라도 RNN의 모든 시간 단계가 동일한 가중치를 공유하므로 RNN과 연관된 가중치는 변경되지 않는다.

추론을 위해 훈련 모델의 인코더 부분이 model_enc_dec 함수에서 encoder_model로 사용됨을 알 수 있다. 마찬가지로, 숨겨진 상태, 셀 상태 및 입력으로 입력을 받는 동일한 디코더 LSTM을 사용하여 별도의 decoder_model이 정의된다. 입력 단어를 입력하고 대상 단어와 업데이트된 숨겨진 셀 상태를 출력한다. 추론 모델, 즉 encoder_ model 및 decoder_model을 정의하는 model_enc_dec 함수는 명확성을 위해 다시 반복된다.

```
def model_enc_dec(self):
    #Encoder Model
    encoder_inp =
    Input(shape=(None,self.num_encoder_words),name='encoder_inp')
    encoder = LSTM(self.latent_dim, return_state=True,name='encoder')
    encoder_out,state_h, state_c = encoder(encoder_inp)
    encoder_states = [state_h, state_c]

    #Decoder Model
    decoder_inp =
    Input(shape=(None,self.num_decoder_words),name='decoder_inp')
    decoder_lstm =
    LSTM(self.latent_dim, return_sequences=True,
    return_state=True,name='decoder_lstm')
    decoder_out, _, _ =
    decoder_lstm(decoder_inp, initial_state=encoder_states)
```

```
decoder_dense =
Dense(self.num_decoder_words,
activation='softmax',name='decoder_dense')
decoder_out = decoder_dense(decoder_out)
print(np.shape(decoder_out))
#Combined Encoder Decoder Model
model = Model([encoder_inp, decoder_inp], decoder_out)
#Encoder Model
encoder_model = Model(encoder_inp,encoder_states)
#Decoder Model
decoder_inp_h = Input(shape=(self.latent_dim,))
decoder_inp_c = Input(shape=(self.latent_dim,))
decoder_input = Input(shape=(None,self.num_decoder_words,))
decoder_inp_state = [decoder_inp_h,decoder_inp_c]
decoder_out,decoder_out_h,decoder_out_c =
decoder_lstm(decoder_input,initial_state=decoder_inp_state)
decoder_out = decoder_dense(decoder_out)
decoder_out_state = [decoder_out_h,decoder_out_c]
decoder_model = Model(inputs =
[decoder_input] + decoder_inp_state,output=
[decoder_out]+ decoder_out_state)
plot_model(model,to_file=self.outdir +
           'encoder_decoder_training_model.png')
plot_model(encoder_model,to_file=self.outdir + 'encoder_model.png')
plot_model(decoder_model,to_file=self.outdir + 'decoder_model.png')

return model,encoder_model,decoder_model
```

디코더는 한 번에 한 단계씩 작동한다. 첫 번째 경우, 인코더에서 숨겨진 상태와 셀 상태를 가져와 더미 단어 [START]를 기반으로 번역의 첫 단어를 추측한다. 생성된 은닉 및 셀 상태와 함께, 제 1단계에서 예측된 단어는 제 2단어를 예측하기 위해 디코더로 다시 공급되고, 더미 단어 [END]로 표시된 문장의 끝이 예측될 때까지 프로세스는 계속된다.

이제 소스 문장/텍스트를 대상 언어로 번역하는 데 필요한 모든 함수를 정의했으므로 소스 언어 입력 시퀀스 또는 문장이 주어지면 변환된 시퀀스를 생성하는 함수를 빌드하기 위해 이 기능을 결합한다.

```
def decode_sequence(self,input_seq,encoder_model,decoder_model):
    # Encode the input as state vectors.
    states_value = encoder_model.predict(input_seq)

    # Generate empty target sequence of length 1.
    target_seq = np.zeros((1, 1, self.num_decoder_words))
    # Populate the first character of target sequence
      with the start character.
    target_seq[0, 0, self.target_word_index['\t']] = 1.

    # Sampling loop for a batch of sequences
    stop_condition = False
    decoded_sentence = ''

    while not stop_condition:
        output_word, h, c = decoder_model.predict(
            [target_seq] + states_value)

        # Sample a token
        sampled_word_index = np.argmax(output_word[0, -1, :])
        sampled_char =
        self.reverse_target_word_dict[sampled_word_index]
        decoded_sentence = decoded_sentence + ' ' + sampled_char

        # Exit condition: either hit max length
        # or find stop character.
        if (sampled_char == '\n' or
        len(decoded_sentence) > self.max_decoder_seq_length):
            stop_condition = True

        # Update the target sequence (of length 1).
        target_seq = np.zeros((1, 1, self.num_decoder_words))
        target_seq[0, 0, sampled_word_index] = 1.

        # Update states
        states_value = [h, c]

    return decoded_sentence
```

모델을 학습하면 홀드 아웃 데이터 집합에 대한 추론을 실행하고 변환 품질을 확인한다. 추론 함수는 다음과 같이 코딩될 수 있다.

```
def inference(self,model,data,encoder_model,decoder_model,in_text):
    in_list,out_list = [],[]
    for seq_index in range(data.shape[0]):

        input_seq = data[seq_index: seq_index + 1]
        decoded_sentence =
        self.decode_sequence(input_seq,encoder_model,decoder_model)
        print('-')
        print('Input sentence:', in_text[seq_index])
        print('Decoded sentence:',decoded_sentence)
        in_list.append(in_text[seq_index])
        out_list.append(decoded_sentence)
    return in_list,out_list
```

다음과 같이 Python Script `MachineTranslation.py`를 호출하여 홀드 아웃 데이터 집합에서 기계 번역 모델을 학습하고 유효성을 검사할 수 있다.

```
python MachineTranslation.py --path '/home/santanu/ML_DS_Catalog/Machine
Translation/fra-eng/fra.txt' --epochs 20 --batch_size 32 -latent_dim 128 --
num_samples 40000 --outdir '/home/santanu/ML_DS_Catalog/Machine
Translation/' --verbose 1 --mode train
```

기계 번역 모델이 잘 수행한 홀드 아웃 데이터 세트에서 영어 문장 몇 개를 번역한 결과는 다음과 같다.

```
('Input sentence:', u'Go.')
('Decoded sentence:', u' Va ! \n')
('Input sentence:', u'Wait!')
('Decoded sentence:', u' Attendez ! \n')
('Input sentence:', u'Call me.')
('Decoded sentence:', u' Appelle-moi ! \n')
('Input sentence:', u'Drop it!')
```

```
('Decoded sentence:', u' Laisse tomber ! \n')
('Input sentence:', u'Be nice.')
('Decoded sentence:', u' Soyez gentil ! \n')
('Input sentence:', u'Be fair.')
('Decoded sentence:', u' Soyez juste ! \n')
('Input sentence:', u"I'm OK.")
('Decoded sentence:', u' Je vais bien. \n')
('Input sentence:', u'I try.')
('Decoded sentence:', u' Je vais essayer.')
```

그러나 다음과 같이 기계 번역이 제대로 수행되지 않은 경우가 있다.

```
('Input sentence:', u'Attack!')
('Decoded sentence:', u' ma ! \n')

('Input sentence:', u'Get up.')
('Decoded sentence:', u' un ! \n')
```

결론적으로, 이전에 설명된 신경 기계 번역 구현은 비교적 짧은 영어 문장을 프랑스어로 번역하는 적절한 작업을 수행했다. 강조하고 싶은 것 중 하나는 각 언어로 입력 단어를 표현하기 위해 원핫 인코딩된 벡터를 사용하는 것이다. 상대적으로 작은 단어 4만 단어로 작업하면서 어휘는 합리적이어서 영어 및 프랑스어 어휘 각각에 대해 8,658 및 16,297 크기의 원핫 인코딩 벡터로 작업할 수 있었다. 코퍼스가 클수록, 원핫 인코딩된 단어 벡터의 크기는 더 증가할 것이다. 이러한 희소 고차원 벡터는 두 단어가 거의 동일한 의미를 갖더라도 코사인 곱이 0이 되기 때문에 두 단어를 비교할 때 유사성 개념이 없다. 다음 절에서는 훨씬 낮은 차원에서 작동하는 워드 벡터 임베딩을 사용하여 이 문제를 해결하는 방법을 살펴보겠다.

워드 벡터 임베딩

원핫 인코딩된 벡터 대신에, **워드 벡터 임베딩** word vector embedding 은 원핫 인코딩된 벡터의 것보다 훨씬 낮은 차원의 밀도 공간에서 워드를 나타내는데 사용될 수 있다. 단어 w에 대한 단어 벡터 임베딩은 $v_w \in R^m$으로 표현될 수 있으며, 여기서 m은 단어 벡터 임베딩의 차원이다. 보시다시피, 원핫 인코딩된 벡터의 각 구성 요소는 {0,1}의 이진 값만 취할 수 있지만, 단어 벡터 임베딩의 구성 요소는 임의의 실수를 취할 수 있으므로 훨씬 더 조밀한 표현을 갖는다. 유사성과 비유의 개념은 워드 벡터 임베딩과 관련이 있다.

워드 벡터 임베딩은 일반적으로 연속 단어 방법, 스킵 그램, GloVe 등과 같은 기술을 통해 학습된다. 우리는 그들의 구현에 대해 많이 언급하지 않을 것이지만, 핵심 아이디어는 비슷한 단어가 m 차원 유클리드 공간에 밀접하게 배치되는 방식으로 단어 벡터 임베딩을 정의하는 것이다.

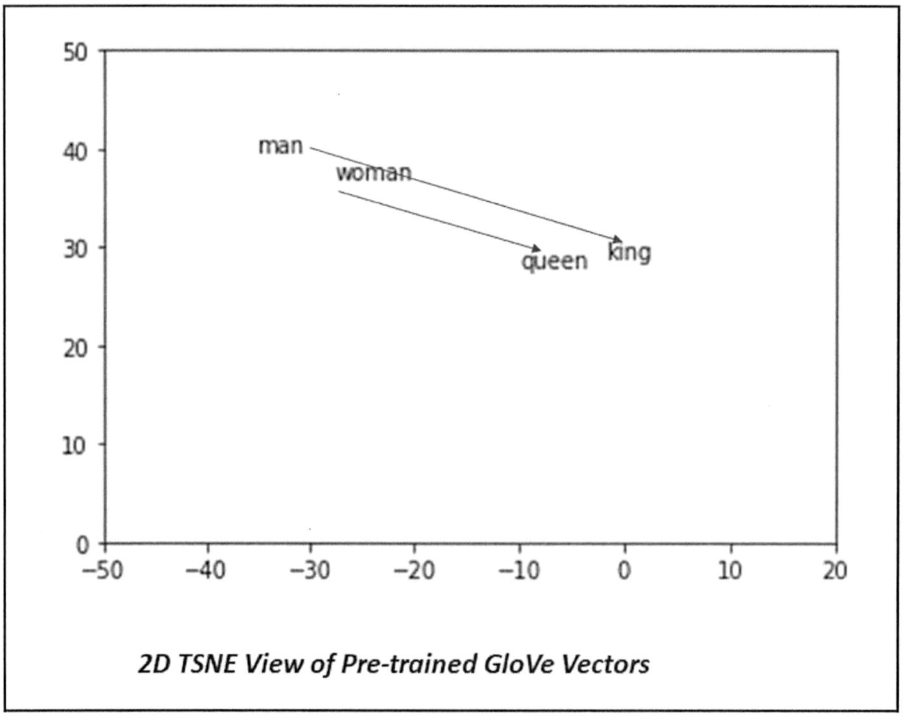

| 그림 3.7 | GloVe 임베딩의 유사성과 유추 그림

앞의 그래프에서 우리는 **man**, **woman**, **king** 및 **queen**에 대한 GloVe 단어 벡터 임베딩의 2D TSNE 뷰를 플로팅한다. 우리가 볼 수 있듯이, **man**와 **woman**는 **king**과 **queen**의 경우처럼 본질적인 유사성을 가지고 있다. 또한, 우리는 **king**과 **man**의 벡터 차이가 왕족에 대한 개념을 나타내는 **queen**과 **woman**의 차이와 거의 동일하다는 것을 알 수 있다. 우리가 볼 수 있듯이, *man: king woman: queen*과 같은 유추는 단어 간의 유사성을 표현하는 것 외에도 단어 벡터 삽입으로 표현할 수 있다. 다음 절에서는 RNN의 임베딩 레이어를 사용하여 입력된 단어를 원핫 인코딩된 벡터 대신 단어 벡터 임베딩으로 표현하는 방법에 대해 설명한다.

임베딩 레이어

임베딩 레이어는 입력 단어의 인덱스를 입력으로 사용하고 단어의 단어 벡터 임베딩을 출력으로 제공한다. 임베딩 레이어의 차원은 $R^{d\,x\,V}$이며, 여기서 d는 워드 벡터 임베딩의 차원이고 V는 어휘의 크기이다. 임베딩 레이어는 문제에 따라 임베딩 자체를 배우거나 사전 훈련된 임베딩 레이어를 제공할 수 있다. 우리의 경우, 우리는 신경 기계 번역이 좋은 번역을 달성하기 위해 소스 언어와 대상 언어 모두에 대한 임베딩 벡터가 무엇인지 알아낼 것이다. 결과적으로 정의된 각 함수는 임베딩 레이어를 수용하도록 변경되어야 한다.

임베딩 기반 NMT 구현

임베딩 레이어를 제공하기 위해 기존 함수를 약간 변경해야 한다. 먼저 process_input은 다음과 같이 원핫 인코딩된 벡터 대신 다른 시간 단계에서 단어 인덱스를 갖도록 입력을 처리한다.

```
def process_input(self,input_texts,target_texts=None,verbose=True):

    encoder_input_data = np.zeros(
        (len(input_texts), self.max_encoder_seq_length),
        dtype='float32')
```

```
decoder_input_data = np.zeros(
    (len(input_texts), self.max_decoder_seq_length),
    dtype='float32')

decoder_target_data = np.zeros(
    (len(input_texts), self.max_decoder_seq_length,1),
    dtype='float32')

if self.mode == 'train':
    for i, (input_text, target_text) in
          enumerate(zip(input_texts,target_texts)):
        for t, word in enumerate(input_text.split(" ")):
            try:
                encoder_input_data[i, t] =
                self.input_word_index[word]
            except:
                encoder_input_data[i, t] =
                self.num_encoder_words

        for t, word in enumerate(target_text.split(" ")):
        # decoder_target_data is ahead of decoder_input_data
        by one timestep
            try:
                decoder_input_data[i, t] =
                self.target_word_index[word]
            except:
                decoder_input_data[i, t] =
                self.num_decoder_words
            if t > 0:
            # decoder_target_data will be ahead by one timestep
            #and will not include the start character.
                try:
                    decoder_target_data[i, t - 1] =
                    self.target_word_index[word]
                except:
                decoder_target_data[i, t - 1] =
                self.num_decoder_words
        print(self.num_encoder_words)
        print(self.num_decoder_words)
```

```
            print(self.embedding_dim)
            self.english_emb = np.zeros((self.num_encoder_words + 1,
                                         self.embedding_dim))
            self.french_emb = np.zeros((self.num_decoder_words + 1,
                                        self.embedding_dim))
            return
encoder_input_data,decoder_input_data,decoder_target_data,np.array(in-
put_texts),
np.array(target_texts)
        else:
            for i, input_text in enumerate(input_texts):
                for t, word in enumerate(input_text.split(" ")):
                    try:
                        encoder_input_data[i, t] =
self.input_word_index[word]
```

이전 process_input 함수의 유일한 변경 사항은 더 이상 원핫 인코딩된 벡터로 단어를 나타내지 않고 대신 단어의 인덱스로 표현한다는 것이다. 또한 어휘에 없는 단어에 대해 추가 단어 색인을 추가하고 있음을 알고 파악했나요? 이것은 데이터 훈련에 이상적으로 일어나지 않아야 하지만, 테스트하는 동안 어휘에 없는 완전히 새로운 단어가 나올 수 있다.

다음은 입력 처리의 통계이다.

```
Number of samples: 40000
Number of unique input tokens: 8658
Number of unique output tokens: 16297
Max sequence length for inputs: 7
Max sequence length for outputs: 16
('Shape of Source Input Tensor:', (40000, 7))
('Shape of Target Input Tensor:', (40000, 16))
('Shape of Target Output Tensor:', (40000, 16, 1))
```

보다시피, 소스 및 대상 입력 텐서는 이제 7 및 16시간 단계를 갖지만 원핫 인코딩 벡터의 크기는 없다. 각 시간 단계에는 단어에 대한 색인이 있다.

다음 변경은 LSTM 레이어 이전에 임베딩 레이어를 수용하기 위해 인코더 및 디코더 네트워크와 관련이 있다.

```
def model_enc_dec(self):
    #Encoder Model
    encoder_inp = Input(shape=(None,),name='encoder_inp')
    encoder_inp1 =
    Embedding(self.num_encoder_words + 1,
              self.embedding_dim,weights=[self.english_emb])
              (encoder_inp)
    encoder = LSTM(self.latent_dim, return_state=True,name='encoder')
    encoder_out,state_h, state_c = encoder(encoder_inp1)
    encoder_states = [state_h, state_c]

    #Decoder Model
    decoder_inp = Input(shape=(None,),name='decoder_inp')
    decoder_inp1 =
    Embedding(self.num_decoder_words+1,self.embedding_dim,weights=
              [self.french_emb])(decoder_inp)
    decoder_lstm =
    LSTM(self.latent_dim, return_sequences=True,
          return_state=True,name='decoder_lstm')
    decoder_out, _, _ =
    decoder_lstm(decoder_inp1,initial_state=encoder_states)
    decoder_dense = Dense(self.num_decoder_words+1,
                    activation='softmax',name='decoder_dense')
    decoder_out = decoder_dense(decoder_out)
    print(np.shape(decoder_out))
    #Combined Encoder Decoder Model
    model = Model([encoder_inp, decoder_inp], decoder_out)
    #Encoder Model
    encoder_model = Model(encoder_inp,encoder_states)
    #Decoder Model
    decoder_inp_h = Input(shape=(self.latent_dim,))
    decoder_inp_c = Input(shape=(self.latent_dim,))
    decoder_inp_state = [decoder_inp_h,decoder_inp_c]
    decoder_out,decoder_out_h,decoder_out_c =
    decoder_lstm(decoder_inp1,initial_state=decoder_inp_state)
```

```
    decoder_out = decoder_dense(decoder_out)
    decoder_out_state = [decoder_out_h,decoder_out_c]
    decoder_model = Model(inputs =
                    [decoder_inp] + decoder_inp_state,output=
                    [decoder_out]+ decoder_out_state)

    return model,encoder_model,decoder_model
```

출력 대상 레이블이 원핫 인코딩된 단어 벡터와 달리 인덱스로 표시되므로 훈련 모델을 parse_categorical_crossentropy로 컴파일해야 한다.

```
def train(self,encoder_input_data,decoder_input_data,
            decoder_target_data):
    print("Training...")

    model,encoder_model,decoder_model = self.model_enc_dec()

    model.compile(optimizer='rmsprop',
                  loss='sparse_categorical_crossentropy')
    model.fit([encoder_input_data, decoder_input_data],
                decoder_target_data,
        batch_size=self.batch_size,
        epochs=self.epochs,
        validation_split=0.2)
    # Save model
    model.save(self.outdir + 'eng_2_french_dumm.h5')
    return model,encoder_model,decoder_model
```

다음으로, 포함 관련 변경 사항을 수용하기 위해 추론 관련 기능을 수정해야 한다. 추론을 위한 encoder_model과 decoder_model은 이제 각각 영어와 프랑스어 어휘에 임베딩 레이어를 사용한다.

마지막으로 decoder_model과 encoder_model을 사용하여 다음과 같이 시퀀스 생성기 함수를 만들 수 있다.

```
def decode_sequence(self,input_seq,encoder_model,decoder_model):
    # Encode the input as state vectors.
    states_value = encoder_model.predict(input_seq)

    # Generate empty target sequence of length 1.
    target_seq = np.zeros((1, 1))
    # Populate the first character of target sequence
      with the start character.
    target_seq[0, 0] = self.target_word_index['\t']

    # Sampling loop for a batch of sequences
    stop_condition = False
    decoded_sentence = ''

    while not stop_condition:
        output_word, h, c = decoder_model.predict(
            [target_seq] + states_value)

        # Sample a token
        sampled_word_index = np.argmax(output_word[0, -1, :])
        try:
            sampled_char =
            self.reverse_target_word_dict[sampled_word_index]
        except:
            sampled_char = '<unknown>'
        decoded_sentence = decoded_sentence + ' ' + sampled_char

        # Exit condition: either hit max length
        # or find stop character.
        if (sampled_char == '\n' or
        len(decoded_sentence) > self.max_decoder_seq_length):
            stop_condition = True

        # Update the target sequence (of length 1).
        target_seq = np.zeros((1, 1))
        target_seq[0, 0] = sampled_word_index

        # Update states
        states_value = [h, c]
```

```
    return decoded_sentence
```

다음과 같이 스크립트를 실행하여 모델 학습을 호출할 수 있다.

```
python MachineTranslation_word2vec.py --path '/home/santanu/ML_DS_Catalog-
/Machine Translation/fra-eng/fra.txt' --epochs 20 --batch_size 32 --
latent_dim 128 --num_samples 40000 --outdir '/home/santanu/ML_DS_Catalog-
/Machine Translation/' --verbose 1 --mode train --embedding_dim 128
```

이 모델은 GeForce GTX 1070 GPU에 대해 교육을 받았다. 약 3,434개의 레코드를 학습하고 8,000개의 레코드를 추론하는 데 약 9.434분이 소요된다. RNN은 계산량이 많고 CPU에서 동일한 모델을 학습하는 데 몇 시간이 걸릴 수 있으므로 GPU를 사용하는 것이 좋다.

다음과 같이 python 스크립트 `MachineTranslation.py`를 실행하여 기계 번역 모델 학습 및 홀드 아웃 데이터 집합에 대한 유효성 검사를 수행할 수 있다.

```
python MachineTranslation.py --path '/home/santanu/ML_DS_Catalog/Machine
Translation/fra-eng/fra.txt' --epochs 20 --batch_size 32 -latent_dim 128 --
num_samples 40000 --outdir '/home/santanu/ML_DS_Catalog/Machine
Translation/' --verbose 1 --mode train
```

임베딩 벡터 접근법으로부터 얻은 결과는 원핫 인코딩된 워드 벡터의 결과와 유사하다. 홀드 아웃 데이터 세트 추론의 몇 가지 번역이 여기에 제공된다.

```
Input sentence: Where is my book?
Decoded sentence: Ou est mon Tom ?
-
Input sentence: He's a southpaw.
Decoded sentence: Il est en train de
-
Input sentence: He's a very nice boy.
```

```
Decoded sentence: C'est un tres bon
-
Input sentence: We'll be working.
Decoded sentence: Nous pouvons faire
-
Input sentence: May I have a program?
Decoded sentence: Puis-je une ?
-

Input sentence: Can you make it safe?
Decoded sentence: Peux-tu le faire
-
Input sentence: We walked to my room.
Decoded sentence: Nous avons devons
-
Input sentence: Don't stand too close.
Decoded sentence: Ne vous en prie.
-
Input sentence: Where's the dog?
Decoded sentence: Ou est le chien ?
-
Input sentence: He's a hopeless case.
Decoded sentence: Il est un fait de
-
Input sentence: Where were we?
Decoded sentence: Ou fut ?
```

요약

독자는 이제 여러 기계 번역 접근 방식과 신경 번역 기계가 기존의 기계 번역 방법과 어떻게 다른지 잘 이해해야 한다. 또한 신경 기계 번역 시스템을 처음부터 새로 작성하는 방법과 시스템을 흥미로운 방식으로 확장하는 방법에 대한 통찰력을 얻었을 것이다. 제공된 정보 및 구현 데모를 통해 독자는 다른 병렬 코퍼스 데이터 세트를 탐색하는 것이 좋다.

이 장에서는 임베딩 레이어를 정의했지만 GloVe, FastText 등과 같은 사전 훈련 된 임베딩으로 로드하지 않았다. 독자는 사전 훈련 된 단어 벡터 임베딩으로 임베딩 레이어를 로드하고 더 나은 결과를 얻을 수 있는지 확인하는 것이 좋다. 4장 GAN을 사용한 패션 산업에서의 스타일 트랜스퍼에서는 인공 지능 분야의 현대 혁명인 생성적 적대신경망을 사용하여 패션 산업에서의 스타일 트랜스퍼와 관련된 프로젝트를 진행할 것이다.

CHAPTER 4

GAN을 사용한 패션산업의 스타일 학습

스타일 트랜스퍼 style transfer 개념은 제품 스타일을 다른 제품으로 렌더링하는 프로세스를 말한다. 당신의 패션에 열광적인 친구가 파란색 인쇄 가방을 사서 비슷한 무늬의 신발 한 켤레를 갖고 싶다고 상상해보자. 2016년까지는 생산을 위해 승인을 받기 전에 신발을 먼저 디자인해야 하는 패션 디자이너와 친구가 아닌 이상 가능하지 않았을 수 있다. 그러나 최근 **생성적 적대신경망** generative adversarial network 발전함에 따라 이러한 종류의 설계 프로세스를 쉽게 수행할 수 있다.

생성적 적대신경망은 생성기 신경망과 판별기 신경망 사이에서 제로섬 게임을 통해 학습하는 신경망이다. 패션 디자이너가 특정 구조의 핸드백을 디자인하고 싶어 하고 다른 인쇄물을 탐색한다고 가정해 보자. 디자이너는 가방의 구조를 스케치한 다음 스케치 이미지를 생성적 적대신경망에 공급하여 핸드백에 대한 여러 가지 최종 인쇄물을 만들 수 있다. 이러한 스타일 트랜스퍼 프로세스는 광범위한 디자이너의 입력 없이도 고객이 제품 디자인과 패턴을 직접 매핑할 수 있도록 하여 패션 산업에 큰 영향을 줄 수 있다. 패션 하우스는 고객이 이미 보유한 제품을 보완하기 위해 유사한 디자인과 스타일의 제품을 추천함으로써 이익을 얻을 수 있다.

이 프로젝트에서 우리는 주어진 핸드백과 비슷한 스타일의 신발을 생산하는 스마트 인공 지능 시스템을 구축할 것이다. 앞에서 논의한 기본적인 GAN은 이 프로젝트를 수행하기에 충분하지 않다. 필요한 것은 DiscoGAN 및 CycleGAN과 같은 맞춤형 GAN 버전이다.

이 장에서는 다음과 같은 주제를 다룰 것이다.

- 우리는 DiscoGAN 뒤에 작동 원리와 수학적 기초를 논의할 것이다.
- DiscoGAN과 CycleGAN을 비교하고 대조한다.
- 우리는 주어진 가방의 스케치에서 가방의 이미지를 생성하는 법을 배우는 DiscoGAN을 훈련시킬 것이다.
- 마지막으로 DiscoGAN 훈련과 관련된 복잡성을 논의한다.

기술 요구사항

독자들은 이 장의 프로젝트를 진행하기 위해 Python 3 및 인공 지능에 대한 기본 지식이 있어야 한다.

이 장에서 사용된 코드 파일들은 다음 GitHub에 있다.

`https://github.com/PacktPublishing/Intelligent-Projects-using-Python/tree/master/Chapter04`

동영상 실습은 다음 비디오를 참고한다.

`http://bit.ly/2CUZLQb`

DiscoGAN

DiscoGAN은 도메인 A의 이미지가 주어지면 도메인 B에서의 제품 이미지를 생성하는 생성적 적대신경망의 하나이다. 다음은 DiscoGAN 망의 구조 다이어그램을 보여주고 있다.

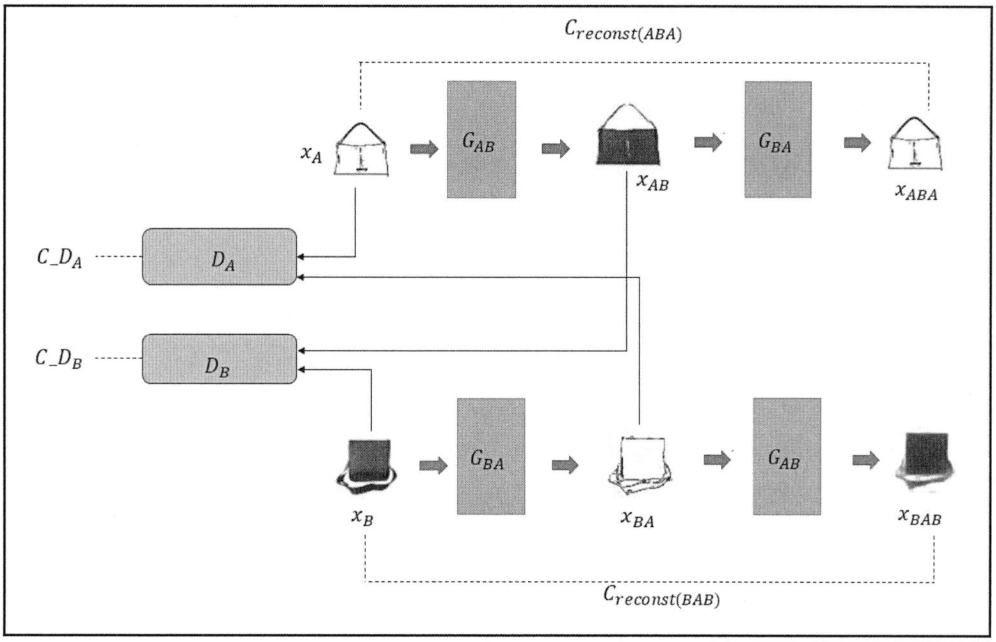

| 그림 4.1 | DiscoGAN의 구조 다이어그램

도메인 B에서 생성된 이미지는 스타일과 패턴 모두에서 도메인 A의 이미지와 유사하다. 이 관계는 훈련 중에 두 도메인의 이미지를 명시적으로 짝짓기를 하지 않고도 배울 수 있다. 항목 쌍을 만드는 데 시간이 걸리는 작업인 경우 이 기능은 매우 강력한 기능이다. 높은 수준에서 두 가지 생성기 기능을 배우려고 시도한다. 이미지 x_A가 생성기 G_{AB}를 통해 공급될 때 도메인 B에서 사실적으로 보이는 이미지 x_{AB}를 생성하도록 신경망 G_{AB} 및 G_{BA}의 형태로 두 가지 생성기 기능을 고도로 배우려고 한다. 또한, 이 이미지 x_{AB}가 다른 생성기 신경망 G_{BA}를 통해 공급될 때, 원본 이미지 x_A와 이상적으로 동일한 이미지 x_{ABA}가 생성해야 한다. 생성기 기능과 관련하여 다음 관계가 충족되어야 한다.

$$G_{BA}G_{AB}(x_A) = x_A \tag{1}$$

그러나 실제로 생성기 기능 G_{AB}과 G_{BA}가 서로 역으로 될 수는 없으므로 L1 또는 L2 표준을 선택하여 재구성된 이미지와 원본 이미지 사이의 손실을 최대한 최소화하려고 한다. L1 표준 손실은 기본적으로 각 데이터 포인트에 대한 절대 오차의 합계이며 L2 표준 손실은 각 데이터 포인트에 대한 제곱 손실의 합계를 나타낸다. 단일 이미지에 대한 L2 표준 손실을 다음과 같이 나타낼 수 있다.

$$C = \|x_A - x_{ABA}\|_2^2 = \|x_A - G_{BA}G_{AB}(x_A)\|_2^2 \tag{2}$$

이전의 손실을 최소화하는 것만으로는 충분하지 않다. 우리는 생성된 이미지 x_B가 도메인 B에서 사실적으로 보이도록 해야 한다. 예를 들어, 도메인 A의 옷을 도메인 B의 신발에 매핑하는 경우 x_B가 신발과 유사해야 한다.

이미지가 신발처럼 충분히 현실적이지 않기 때문에 도메인 B 측의 판별기 D_B는 x_B를 가짜로 감지할 것이므로 동일한 것과 관련된 손실도 고려해야 한다. 일반적으로 훈련 과정에서 판별기에는 생성된 이미지 $x_{AB} = G_{AB}(x_A)$와 도메인 B의 원본 이미지가 모두 공급된다. 이 이미지는 y_B로 표시하도록 선택하므로 가짜 이미지에서 실제 이미지를 분류하는 방법을 배운다. 아시다시피, GAN에서 생성기와 판별기는 균형에 도달할 때까지 계속 발전하기 위해 서로 제로섬 미니맥 게임을 한다. 판별기는 실제처럼 보이지 않으면 가짜 이미지에 불이익을 준다. 즉, 입력 이미지 x_A가 주어지면 생성기가 더 나은 이미지 x_{AB}를 생성하는 법을 배워야 한다. 이 모든 것을 고려하여 우리는 x_{AB}를 가짜로 식별하는 판별기에 대한 재구성 손실과 손실로 최소화하고자 하는 생성기 손실을 공식화할 수 있다. 두 번째 손실은 생성기가 도메인 B의 실제 이미지를 생성하도록 시도하게 한다. 도메인 A의 이미지 x_A를 도메인 B의 이미지에 매핑하는 생성기 손실은 다음과 같이 표현될 수 있다.

$$C\_G_{AB} = C_{reconst(ABA)} + C_{D(AB)}$$

L2 norm에 의한 재구성 손실은 다음과 같이 표현된다:

$$C_{reconst(ABA)} = \|x_A - G_{BA}G_{AB}(x_A)\|_2^2 \tag{3}$$

이미지를 다루고 있기 때문에 x_A는 L2 norm 용어에 대한 정의를 수행하기 위해 모든 픽

셀의 평면화된 벡터라고 가정할 수 있다. x_A가 행렬이라고 가정하면 $\| . \|_2^2$은 Frobenius 표준이라고 부르는 것이 좋다. 그러나 이것들은 단지 수학적 용어이며, 본질적으로 우리는 원래 이미지와 재구성된 이미지 사이의 픽셀 값 차이의 제곱의 합을 취한다.

변환된 이미지 x_{AB}를 판별기에게 사실적으로 보이게 하기 위해 생성기가 최소화 하려고 하는 비용에 대해 생각해 보자. 판별자는 이미지를 가짜 이미지로 태그하려고 시도하므로 생성기 G_{AB}은 가짜 이미지의 로그 손실이 가능한 한 작다. 도메인 B의 판별기 D_B가 실제 이미지를 1로, 가짜 이미지를 0으로 태그하고 이미지가 실제일 확률이 D_B에 의해 주어진 경우, 생성기는 $D_B(x_B) = D_B(G_{AB}(x_A))$가 1에 가깝도록 판별기 신경망에서 x_{AB}를 가능한 높은 확률로 만들어야 한다. 로그 손실과 관련하여 생성기는 앞의 확률에 대한 음의 로그를 최소화해야 하며 여기에서 기본적으로 $C_{D(AB)}$는 다음과 같다.

$$C_{D(AB)} = -\log(D_B(G_{AB}(x_A))) \tag{4}$$

(3)과 (4)를 결합하면 다음과 같이 도메인 A에서 도메인 B로 이미지를 매핑하는 총 생성기 비용 C_C_{AB}를 얻을 수 있다.

$$\begin{aligned} C\_G_{AB} &= C_{reconst(ABA)} + C_{D(AB)} \\ &= \|x_A - G_{BA}G_{AB}(x_A)\|_2^2 - \log(D_B(G_{AB}(x_A))) \end{aligned} \tag{5}$$

가장 큰 의문은 여기서 멈출 것인가이다. 두 도메인의 이미지가 있으므로 더 나은 매핑을 얻기 위해 도메인 B에서 이미지를 가져와 생성기 G_{BA}를 통해 도메인 A에 매핑할 수 있다. 도메인 B에서 이미지 x_B를 가져와서 생성기 G_{BA}를 통해 이미지 x_{BA}로 변환하고 도메인 A의 판별 기가 D_A에 의해 제공된 경우 이러한 변환과 관련된 비용 함수는 다음과 같다.

$$\begin{aligned} C\_G_{BA} &= C_{reconst(BAB)} + C_{D(BA)} \\ &= \|x_B - G_{AB}G_{BA}(x_B)\|_2^2 - \log(D_A(G_{BA}(x_B))) \end{aligned} \tag{6}$$

두 도메인에서 이미지의 전체 모집단을 합하면 생성기 손실은 다음과 같이 (5)와 (6)의 합으로 나타난다.

$$\begin{aligned} C_G &= \mathop{\mathbb{E}}_{x_A \sim P(x_A)}[C\_G_{AB}] + \mathop{\mathbb{E}}_{x_B \sim P(x_B)}[C\_G_{BA}] \\ &= \mathop{\mathbb{E}}_{x_A \sim P(x_A)}[\|x_A - G_{BA}G_{AB}(x_A)\|_2^2 - \log(D_B(G_{AB}(x_A)))] \\ &\quad + \mathop{\mathbb{E}}_{y_B \sim P(x_B)}[\|x_B - G_{AB}G_{BA}(x_B)\|_2^2 - \log(D_A(G_{BA}(y_B)))] \end{aligned} \tag{7}$$

이제 판별기가 제로섬 최소/최대 게임을 설정하기 위해 최소화 하려고 하는 비용 함수를 만들어 보자. 각 도메인의 판별기는 진짜 이미지와 가짜 이미지를 구별하려고 시도하므로 판별기 G_B는 다음과 같이 C_D_B 비용을 최소화하려고 한다.

$$C\_D_B = -\mathop{\mathbb{E}}_{x_B \sim P(x_B)}[\log(D_B(x_B))] - \mathop{\mathbb{E}}_{x_A \sim P(x_A)}[\log(1 - G_{AB}(x_A))] \tag{8}$$

마찬가지로, 판별기 D_A는 다음과 같이 비용 C_D_A를 최소화하려고 시도한다.

$$C\_D_A = -\mathop{\mathbb{E}}_{x_A \sim P(x_A)}[\log(D_B(x_A))] - \mathop{\mathbb{E}}_{x_B \sim P(x_B)}[\log(1 - G_{BA}(x_B))] \tag{9}$$

(8)과 (9)의 전체적인 판별기 비용은 다음과 같이 C_D로 제공된다.

$$\begin{aligned} C_D &= -\mathop{\mathbb{E}}_{y_B \sim P(y_B)}[\log(D_B(y_B))] - \mathop{\mathbb{E}}_{x_A \sim P(x_A)}[\log(1 - G_{AB}(x_A))] \\ &\quad - \mathop{\mathbb{E}}_{x_A \sim P(x_A)}[\log(D_B(x_A))] - \mathop{\mathbb{E}}_{x_B \sim P(y_B)}[\log(1 - G_{BA}(x_B))] \end{aligned} \tag{10}$$

G_{AB}, G_{BA}, D_A 및 D_B의 파라미터를 θ_{GAB}, θ_{GBA}, θ_{DA}, θ_{DB}로 표시하면 신경망의 최적 파라미터를 다음과 같이 나타낼 수 있다.

$$\begin{aligned} \hat{\theta}_{GAB}, \hat{\theta}_{GBA} &= argmin_{\theta_{GAB}, \theta_{GBA}} \mathop{\mathbb{E}}_{x_A \sim P(x_A)}[\|x_A - G_{BA}G_{AB}(x_A)\|_2^2 - \log(D_B(G_{AB}(x_A)))] \\ &\quad + \mathop{\mathbb{E}}_{x_B \sim P(x_B)}[\|x_B - G_{AB}G_{BA}(x_B)\|_2^2 - \log(D_A(G_{BA}(x_B)))] \end{aligned} \tag{11}$$

$$\hat{\theta}_{DA}, \hat{\theta}_{DB} = argmin_{\theta_{DA},\theta_{DB}} - \mathop{\mathbb{E}}_{x_B \sim P(x_B)}[\log(D_B(x_B))] - \mathop{\mathbb{E}}_{x_A \sim P(x_A)}[\log(1 - G_{AB}(x_A))]$$

$$- \mathop{\mathbb{E}}_{x_A \sim P(x_A)}[\log(D_B(x_A))] - \mathop{\mathbb{E}}_{x_B \sim P(x_B)}[\log(1 - G_{BA}(x_B))] \tag{12}$$

Adam과 같은 확률적 그래디언트 하강은 최적의 솔루션에 도달하기 위해 비용 함수에 대해 수행된다. 앞서 예시한 바와 같이 생성적 적대신경망을 위한 솔루션은 비용 함수가 최적화되는 안장점 saddle point이다.

CycleGAN

CycleGAN은 근본적으로 하나의 작은 수정으로 DiscoGAN과 유사하다. CycleGAN에서는 GAN 손실 또는 차별 요인으로 인한 손실과 관련하여 재구성 손실에 할당할 가중치를 결정할 수 있는 유연성이 있다. 이 매개 변수는 현재 문제에 따라 올바른 비율로 손실을 균형 조정하는 데 도움이 되며 훈련하는 동안 신경망이 더 빨리 수렴될 수 있다. CycleGAN의 나머지 구현 부분은 DiscoGAN의 구현과 동일하다.

스케치 아웃라인으로 자연스런 핸드백 학습하기

이 장에서는 DiscoGAN을 사용한 명시적 쌍일치를 사용하지 않고 스케치 아웃라인으로부터 핸드백 디자인을 생성할 것이다. 우리는 스케치 이미지를 도메인 A에 속하는 것으로 표시하고 자연 핸드백 이미지는 도메인 B에 속한다고 하자. 두 생성기가 필요한데 하나는 도메인 A의 이미지를 입력받아서 도메인 B와 닮은 이미지로 매핑하고, 다른 생성기는 도메닝 B의 핸드백 이미지를 도메인 A의 이미지들과 유사하게 매핑한다. 판별기들은 각 도메인에서 공인된 이미지를 사용하여 생성기가 만든 위조 이미지들을 구별하려고 시도할 것이다. 생성기와 판별기는 서로에 대해서 미니맥스 제로섬 게임을 수행한다.

이 신경망을 훈련시키려면 두 가지 이미지 세트, 스케치 또는 핸드백의 자연스러운 이미지가 필요하다. 이 이미지는 다음 링크에서 다운로드할 수 있다.

https://people.eecs.berkeley.edu/~tinghuiz/projects/pix2pix/datasets/edges2handbags.tar.gz.

다음 절에서는 TensorFlow에서 DiscoGAN 신경망을 정의하는 과정을 살펴보고 이미지의 가장자리 역할을 하는 스케치 핸드백을 사용하여 현실적인 핸드백 이미지를 생성하도록 훈련한다. 우리는 생성기망의 구조를 정의하는 것부터 시작하겠다.

이미지 전처리

edge2handbags 데이터 세트 폴더에는 bag의 사진과 같은 이미지에 대한 bag edges의 사진이 있다. 망을 훈련시키기 위해 DiscoGAN을 구조에서 논의한 두 도메인 A와 B에 속하는 이미지로 나누어야 한다. 이미지는 다음 코드를 사용하여 이미지 도메인 A와 도메인 B로 나눌 수 있다(image_split.py):

```
# -*- coding: utf-8 -*-
"""
Created on Fri Apr 13 00:10:12 2018

@author: santanu
"""

import numpy as np
import os
from scipy.misc import imread
from scipy.misc import imsave
import fire
from elapsedtimer import ElapsedTimer
from pathlib import Path
import shutil
'''
Process the images in Domain A and Domain and resize appropriately
Inputs contain the Domain A and Domain B image in the same image
```

```
This program will break them up and store them in their respecective folder

'''

def process_data(path,_dir_):
    os.chdir(path)
    try:
        os.makedirs('trainA')
    except:
        print(f'Folder trainA already present, cleaning up and recreating
empty folder trainA')
        try:
            os.rmdir('trainA')
        except:
            shutil.rmtree('trainA')
        os.makedirs('trainA')

    try:
        os.makedirs('trainB')
    except:
        print(f'Folder trainA already present, cleaning up and recreating
                empty folder trainB')
        try:
            os.rmdir('trainB')
        except:
            shutil.rmtree('trainB')
        os.makedirs('trainB')
    path = Path(path)
    files = os.listdir(path /_dir_)
    print('Images to process:', len(files))
    i = 0
    for f in files:
        i+=1
        img = imread(path / _dir_ / str(f))
        w,h,d = img.shape
        h_ = int(h/2)
        img_A = img[:,:h_]
        img_B = img[:,h_:]
        imsave(f'{path}/trainA/{str(f)}_A.jpg',img_A)
```

```
        imsave(f'{path}/trainB/{str(f)}_B.jpg',img_A)
        if ((i % 10000) == 0 & (i >= 10000)):
            print(f'the number of input images processed : {i}')
    files_A = os.listdir(path / 'trainA')
    files_B = os.listdir(path / 'trainB')
    print(f'No of images written to {path}/trainA is {len(files_A)}')
    print(f'No of images written to {path}/trainA is {len(files_B)}')
with ElapsedTimer('process Domain A and Domain B Images'):
    fire.Fire(process_data)
```

코드 image_split.py는 다음과 같이 구동된다.

```
python image_split.py --path /media/santanu/9eb9b6dc-b380-486e-
b4fdc424a325b976/edges2handbags/ --_dir_ train
```

출력 로그는 다음과 같다.

```
Folder trainA already present, cleaning up and recreating empty folder
trainA
Folder trainA already present, cleaning up and recreating empty folder
trainB
Images to process: 138569
the number of input images processed : 10000
the number of input images processed : 20000
the number of input images processed : 30000
.....
```

DiscoGAN의 생성기

DiscoGAN의 생성기는 입력과 출력은 이미지인 피드 포워드 컨볼루션 신경망이다. 이 망의 앞부분에서 이미지 크기가 조정된다. 신경망의 첫 번째 부분에서 이미지는 공간 차원으로 축소되고 레이어가 진행됨에 따라 출력 기능 맵의 수가 증가한다. 신경망의 두 번째 부분에서 이미지는 공간 차원에 따라서 이미지들의 크기 조정이 이루어진다. 최종 출력 레이어, 입력과 공간 크기가 동일한 이미지는 생성된다. 도메인 A에서 도메인 B로 이미지 x_A를 이미지 x_{AB}로 변환하는 생성기를 G_{AB}로 표현한다고 하면 우리는 $x_{AB} = G_{AB}(x_A)$과 같은 식을 얻게 된다.

다음은 DiscoGAN 망의 생성기를 만드는데 사용하는 함수 build_generator이다.

```
def build_generator(self,image,reuse=False,name='generator'):
    with tf.variable_scope(name):
        if reuse:
            tf.get_variable_scope().reuse_variables()
        else:
            assert tf.get_variable_scope().reuse is False
            """U-Net generator"""
        def lrelu(x, alpha,name='lrelu'):
            with tf.variable_scope(name):
                return tf.nn.relu(x) - alpha * tf.nn.relu(-x)
    """Layers used during downsampling"""
        def common_conv2d(layer_input,filters,f_size=4,
                          stride=2,padding='SAME',norm=True,
                          name='common_conv2d'):
            with tf.variable_scope(name):
                if reuse:
                    tf.get_variable_scope().reuse_variables()
                else:
                    assert tf.get_variable_scope().reuse is False
                d =
                tf.contrib.layers.conv2d(layer_input,filters,
                                         kernel_size=f_size,
                                         stride=stride,padding=padding)
                if norm:
                    d = tf.contrib.layers.batch_norm(d)
                d = lrelu(d,alpha=0.2)
                return d
    """Layers used during upsampling"""

        def common_deconv2d(layer_input,filters,f_size=4,
```

```
                    stride=2,padding='SAME',dropout_rate=0,
                    name='common_deconv2d'):
    with tf.variable_scope(name):
        if reuse:
            tf.get_variable_scope().reuse_variables()
        else:
            assert tf.get_variable_scope().reuse is False



        u =
        tf.contrib.layers.conv2d_transpose(layer_input,
                                           filters,f_size,
                                           stride=stride,
                                           padding=padding)
        if dropout_rate:
            u = tf.contrib.layers.dropout(u,keep_prob=dropout_rate)
        u = tf.contrib.layers.batch_norm(u)
        u = tf.nn.relu(u)
        return u
# Downsampling
#   64x64 -> 32x32
dwn1 = common_conv2d(image,self.gf,stride=2,norm=False,name='dwn1')
#   32x32 -> 16x16
dwn2 = common_conv2d(dwn1,self.gf*2,stride=2,name='dwn2')
#   16x16 -> 8x8
dwn3 = common_conv2d(dwn2,self.gf*4,stride=2,name='dwn3')
#   8x8 -> 4x4
dwn4 = common_conv2d(dwn3,self.gf*8,stride=2,name='dwn4')
#   4x4 -> 1x1
dwn5 = common_conv2d(dwn4,100,stride=1,padding='valid',name='dwn5')
# Upsampling
#   4x4 -> 4x4
up1 =
common_deconv2d(dwn5,self.gf*8,stride=1,
                padding='valid',name='up1')
#   4x4 -> 8x8
up2 = common_deconv2d(up1,self.gf*4,name='up2')
#   8x8 -> 16x16
up3 = common_deconv2d(up2,self.gf*2,name='up3')
```

```
        #   16x16 -> 32x32
        up4 = common_deconv2d(up3,self.gf,name='up4')
        out_img = tf.contrib.layers.conv2d_transpose(up4,self.channels,
                                                     kernel_size=4,stride=2,
                                                     padding='SAME',
activation_fn=tf.nn.tanh)
        #   32x32 -> 64x64
        return out_img
```

생성기 함수 내에서 누출 ReLU 활성화 기능을 정의하고 0.2의 누출값을 사용하였다. 컨볼루션 레이어 생성 함수인 common_conv2d도 정의하는데 이미지를 다운 샘플링하는 데 사용하고 common_deconv2d는 다운 샘플링된 이미지를 원래 공간 크기로 업 샘플링하는 데 사용한다.

우리는 tf.get_variable_scope().reuse_variables()를 사용하여 reuse 옵션으로 생성기 기능을 정의했다. 동일한 생성기 함수를 여러 번 호출할 때 reuse 옵션을 통해 특정 생성기에 사용되는 동일한 변수를 사용하도록 해준다. 이 reuse 옵션을 제거하면 생성기에 대한 새 변수들로 만들어 준다.

예를 들어 생성기 함수를 사용하여 두 개의 생성기 네트워크를 만들 수 있으며 이러한 네트워크를 처음 생성할 때는 reuse 옵션을 사용하지 않는다. 이 생성기 함수를 다시 참조하는 경우는 reuse 옵션을 사용한다. 컨볼루션(다운 샘플링) 및 디컨벌루션(업 샘플링) 중의 활성화 함수는 안정적이고 빠른 수렴을 위해 배치 정규화가 선행되는 누출 ReLU를 사용한다.

네트워크의 다른 계층에 있는 출력 기능 맵의 수는 self.gf 또는 그것의 배수. DiscoGAN 네트워크의 경우 self.gf를 64로 선택했다.

생성기에서 주목해야 할 중요한 것은 출력층의 tanh 활성화 함수이다. 이것은 생성기에 의해 생성된 이미지의 픽셀 값이 [-1, +1] 범위가 되도록 한다. 입력 이미지가 [-1, +1] 범위의 강도를 갖게 하는데 다음과 같은 원소별 픽셀 강도^{intensity} 변환을 통해서 수행된다:

$$x \leftarrow (\frac{x}{127.5} - 1)$$

유사하게 0-255의 픽셀 강도 형식으로 이미지를 변환하기 위해서는 다음과 같은 역변환을 적용한다.

$$x \leftarrow (x + 1) * 127.5$$

DiscoGAN의 판별기

DiscoGAN의 판별자들은 실제 이미지와 특정 도메인의 가짜를 구별하도록 훈련된다. 우리는 두 개의 판별기를 가지는 데 하나는 도메인 A와 다른 하나는 도메인 B에 대한 것이다. 판별기는 이진 분류를 수행할 수 있는 컨볼루션 망이다. 전통적인 분류 기반 컨볼루션 망과 달리 이 판별기에는 완전연결 레이어가 없다. 입력 이미지는 스트라이드가 2를 사용하여 최종 출력이 1 × 1인 레이어가 될 때까지 컨볼루션을 사용하여 다운 샘플링된다. 또한, 우리는 누설 ReLU를 활성화 함수로 사용하고 안정적이고 빠른 수렴을 위해 배치 정규화를 사용한다. 다음 코드는 TensorFlow를 사용하여 판별기를 생성하는 코드를 보여준다:

```
def build_discriminator(self,image,reuse=False,name='discriminator'):
    with tf.variable_scope(name):
        if reuse:
            tf.get_variable_scope().reuse_variables()
        else:
            assert tf.get_variable_scope().reuse is False
        def lrelu(x, alpha,name='lrelu'):
            with tf.variable_scope(name):
                if reuse:
                    tf.get_variable_scope().reuse_variables()
                else:
                    assert tf.get_variable_scope().reuse is False
```

```
    return tf.nn.relu(x) - alpha * tf.nn.relu(-x)
        """Discriminator layer"""
def d_layer(layer_input,filters,f_size=4,stride=2,norm=True,
            name='d_layer'):
    with tf.variable_scope(name):
        if reuse:
            tf.get_variable_scope().reuse_variables()
        else:
            assert tf.get_variable_scope().reuse is False

        d =
        tf.contrib.layers.conv2d(layer_input,
                                 filters,kernel_size=f_size,
                                 stride=2, padding='SAME')
        if norm:
            d = tf.contrib.layers.batch_norm(d)
        d = lrelu(d,alpha=0.2)
        return d
#64x64 -> 32x32
down1 = d_layer(image,self.df, norm=False,name='down1')
#32x32 -> 16x16
down2 = d_layer(down1,self.df*2,name='down2')
#16x16 -> 8x8
down3 = d_layer(down2,self.df*4,name='down3')
#8x8 -> 4x4
down4 = d_layer(down3,self.df*8,name='down4')
#4x4 -> 1x1
down5 =
tf.contrib.layers.conv2d(down4,1,kernel_size=4,stride=1,
                         padding='valid')
return down5
```

판별기 신경망의 다른 계층에 있는 출력 특징맵의 수는 self.df 또는 그 배수이며 이 망에서는 self.df를 64로 설정했다.

신경망 구축과 비용 함수를 정의하기

이 절에서는 생성기 및 판별기 기능을 사용하여 전체 신경망을 구축하고 교육 과정에서 최적화할 비용 함수를 정의한다. TensofFlow 코드는 다음과 같다:

```
def build_network(self):
    def squared_loss(y_pred,labels):
        return tf.reduce_mean((y_pred - labels)**2)
    def abs_loss(y_pred,labels):
        return tf.reduce_mean(tf.abs(y_pred - labels))
    def binary_cross_entropy_loss(logits,labels):
        return tf.reduce_mean(tf.nn.sigmoid_cross_entropy_with_logits(
                                labels=labels,logits=logits))
        self.images_real =
tf.placeholder(tf.float32,[None,self.image_size,self.image_size,
self.input_dim + self.output_dim])
    self.image_real_A = self.images_real[:,:,:,:self.input_dim]
    self.image_real_B =
    self.images_real[:,:,:,self.input_dim:self.input_dim + self.output_dim]
    self.images_fake_B =
    self.build_generator(self.image_real_A,reuse=False,name='generator_AB')
    self.images_fake_A =
    self.build_generator(self.images_fake_B,reuse=False,name='generator_BA')
    self.images_fake_A_ =
    self.build_generator(self.image_real_B,reuse=True,name='generator_BA')
    self.images_fake_B_ =
    self.build_generator(self.images_fake_A_,reuse=True,name='generator_AB')
    self.D_B_fake =
    self.build_discriminator(self.images_fake_B,reuse=False, name="discriminatorB")
    self.D_A_fake =
    self.build_discriminator(self.images_fake_A_,reuse=False, name="discriminatorA")
    self.D_B_real =
    self.build_discriminator(self.image_real_B,reuse=True, name="discriminatorB")
    self.D_A_real =
    self.build_discriminator(self.image_real_A,reuse=True, name="discriminatorA")
    self.loss_GABA =
    self.lambda_l2*squared_loss(self.images_fake_A,self.image_real_A) +
```

```
    binary_cross_entropy_loss(labels=tf.ones_like(self.D_B_fake),
    logits=self.D_B_fake)
    self.loss_GBAB =
    self.lambda_l2*squared_loss(self.images_fake_B_,
    self.image_real_B) +
    binary_cross_entropy_loss(labels=tf.ones_like(self.D_A_fake),
    logits=self.D_A_fake)
    self.generator_loss = self.loss_GABA + self.loss_GBAB
    self.D_B_loss_real =
    binary_cross_entropy_loss(tf.ones_like(self.D_B_real),self.D_B_real)
    self.D_B_loss_fake =
    binary_cross_entropy_loss(tf.zeros_like(self.D_B_fake),self.D_B_fake)
    self.D_B_loss = (self.D_B_loss_real + self.D_B_loss_fake) / 2.0
    self.D_A_loss_real =
    binary_cross_entropy_loss(tf.ones_like(self.D_A_real),self.D_A_real)
    self.D_A_loss_fake =
    binary_cross_entropy_loss(tf.zeros_like(self.D_A_fake),self.D_A_fake)
    self.D_A_loss = (self.D_A_loss_real + self.D_A_loss_fake) / 2.0
    self.discriminator_loss = self.D_B_loss + self.D_A_loss
    self.loss_GABA_sum = tf.summary.scalar("g_loss_a2b", self.loss_GABA)
    self.loss_GBAB_sum = tf.summary.scalar("g_loss_b2a", self.loss_GBAB)
    self.g_total_loss_sum = tf.summary.scalar("g_loss",self.generator_loss)
    self.g_sum = tf.summary.merge([self.loss_GABA_sum,
    self.loss_GBAB_sum,self.g_total_loss_sum])
    self.loss_db_sum = tf.summary.scalar("db_loss", self.D_B_loss)
    self.loss_da_sum = tf.summary.scalar("da_loss", self.D_A_loss)
    self.loss_d_sum = tf.summary.scalar("d_loss",self.discriminator_loss)
    self.db_loss_real_sum = tf.summary.scalar("db_loss_real",self.D_B_loss_real)
    self.db_loss_fake_sum = tf.summary.scalar("db_loss_fake",self.D_B_loss_fake)
    self.da_loss_real_sum = tf.summary.scalar("da_loss_real",self.D_A_loss_real)
    self.da_loss_fake_sum = tf.summary.scalar("da_loss_fake",self.D_A_loss_fake)
    self.d_sum = tf.summary.merge(
            [self.loss_da_sum, self.da_loss_real_sum, self.da_loss_fake_sum,
             self.loss_db_sum, self.db_loss_real_sum, self.db_loss_fake_sum,
             self.loss_d_sum]
)

    trainable_variables = tf.trainable_variables()
```

```
self.d_variables =
[var for var in trainable_variables if 'discriminator' in var.name]
self.g_variables =
[var for var in trainable_variables if 'generator' in var.name]
print ('Variable printing start :' )
for var in self.d_variables:
    print(var.name)
self.test_image_A =
tf.placeholder(tf.float32,[None, self.image_size,
              self.image_size,self.input_dim], name='test_A')
self.test_image_B =
tf.placeholder(tf.float32,[None, self.image_size,
              self.image_size,self.output_c_dim], name='test_B')
self.saver = tf.train.Saver()
```

빌드 네트워크에서, 우리는 먼저 L2-노름 오류와 이진 교차 엔트로피 오류에 대한 비용 함수를 정의한다. L2-노름 오차는 재구성 손실로 사용되며 이진 교차 엔트로피는 판별기 손실로 사용된다. 그런 다음 생성기 함수를 사용하여 두 도메인의 이미지에 대한 자리 표시자와 각 도메인의 가짜 이미지에 대한 TensorFlow 연산을 정의한다. 또한, 도메인 고유의 가짜 이미지와 실제 이미지를 전달하여 판별기 출력에 대한 작업을 정의한다. 뿐만 아니라 두 도메인 각각에서 재구성 된 이미지에 대한 TensorFlow 연산을 정의한다.

연산이 정의되면 이미지의 재구성 손실과 판별기에 의한 손실을 고려하여 손실 함수를 계산하는 데 사용한다. 동일한 생성기 함수를 사용하여 도메인 A에서 B로 생성기를 정의하고 생성기에서 B에서 A로 생성기를 정의했다. 다르게 수행한 유일한 작업은 두 네트워크에 서로 다른 이름을 제공하는 것이다: `generator_AB` 및 `generator_BA`. 변수 범위는 이름으로 정의되므로 이 두 생성기에는 제공된 이름이 접두사가 다른 가중치 집합이 있다.

다음 표는 추적해야 할 다양한 손실 변수를 보여준다. 생성기 또는 판별기의 매개 변수와 관련하여 이러한 모든 손실을 최소화해야 한다.

Variables for different Losses	Description
`self.D_B_loss_real`	The discriminator D_B binary cross entropy loss in classifying real images in domain B. (This loss is to be minimized with respect to the parameters of the discriminator D_B.)
`self.D_B_loss_fake`	The discriminator D_B binary cross entropy loss in classifying fake images in domain B. (This loss is to be minimized with respect to the parameters of the discriminator D_B.)
`self.D_A_loss_real`	The discriminator D_A binary cross entropy loss in classifying real images in domain A. (This loss is to be minimized with respect to the parameters of the discriminator D_A.)
`self.D_A_loss_fake`	The discriminator D_A binary cross entropy loss in classifying fake images in domain A. (This loss is to be minimized with respect to the parameters of the discriminator D_A.)
`self.loss_GABA`	The reconstruction loss of mapping an image in domain A to B and then back to A through the two generators G_{AB} and G_{BA}) plus the binary cross entropy of the fake images $G_{AB}(x_A)$ labeled as real images by discriminator in domain B. (This loss is to be minimized with respect to the parameters of the generators G_{AB} and G_{BA}.)
`self.loss_GBAB`	The reconstruction loss of mapping an image in domain B to A and then back to B through the two generators G_{BA} and G_{AB} plus binary cross entropy of fake images $G_{BA}(x_B)$ labeled as real images by discriminator in domain A. (This loss is to be minimized with respect to the parameters of the generators G_{AB} and G_{BA}.)

처음 4개의 손실은 판별기 손실을 구성하며, 이는 판별기 D_A 및 D_B의 매개 변수와 관련하여 최소화해야 한다. 마지막 두 손실은 생성기 손실을 구성하며, 이는 생성기 G_{AB} 및 G_{BA}의 매개 변수와 관련하여 최소화되어야 한다.

손실 변수는 `tf.summary.scaler`를 통해 TensorBoard에 연결되어 있으므로 훈련 중에 이러한 손실을 모니터링하여 손실이 원하는 방식으로 감소하는지 확인할 수 있다. 나중에, 우리는 훈련이 진행되는 동안 이러한 손실 추적이 TensorBoard에서 어떻게 보이는지 볼 것이다.

훈련 과정 구축하기

train_network 함수에서 먼저 생성기와 판별기 손실 함수에 대한 최적화 프로그램을 정의한다. 우리는 GAN 훈련에 실제로 잘 작동하는 확률적 경사 하강 옵티마이저의 고급 버전이므로 생성기와 판별기 모두에 Adam 옵티마이저를 사용한다. Adam은 꾸준한 그래디언트를 위한 운동량과 비슷하게 감쇠 평균 경사를 사용하고 비용 함수의 곡률에 대한 정보를 제공하는 제곱 경사 감쇠 평균을 사용한다. tf.summary에 의해 정의된 다른 손실과 관련된 변수는 로그 파일에 기록되므로 TensorBoard를 통해 모니터링할 수 있다. 다음은 train 함수에 대한 자세한 코드다.

```
def train_network(self):
        self.learning_rate = tf.placeholder(tf.float32)
        self.d_optimizer =
tf.train.AdamOptimizer(self.learning_rate,beta1=self.beta1,beta2=self.beta2
).minimize(self.discriminator_loss,var_list=self.d_variables)
        self.g_optimizer =
tf.train.AdamOptimizer(self.learning_rate,beta1=self.beta1,beta2=self.beta2
).minimize(self.generator_loss,var_list=self.g_variables)
        self.init_op = tf.global_variables_initializer()
        self.sess = tf.Session()
        self.sess.run(self.init_op)
        #self.dataset_dir =
'/home/santanu/Downloads/DiscoGAN/edges2handbags/train/'
        self.writer = tf.summary.FileWriter("./logs", self.sess.graph)
        count = 1
        start_time = time.time()
        for epoch in range(self.epoch):
            data_A = os.listdir(self.dataset_dir + 'trainA/')
            data_B = os.listdir(self.dataset_dir + 'trainB/')
```

```
data_A = [ (self.dataset_dir + 'trainA/' + str(file_name)) for
            file_name in data_A ]

data_B = [ (self.dataset_dir + 'trainB/' + str(file_name)) for
            file_name in data_B ]
np.random.shuffle(data_A)
np.random.shuffle(data_B)
batch_ids = min(min(len(data_A), len(data_B)), self.train_size)
                                    // self.batch_size
lr = self.l_r if epoch < self.epoch_step else
    self.l_r*(self.epoch-epoch)/(self.epoch-self.epoch_step)
for id_ in range(0, batch_ids):
    batch_files = list(zip(data_A[id_ * self.batch_size:(id_
                                        +1) * self.batch_size],
                            data_B[id_ * self.batch_size:(id_
                                        + 1) * self.batch_size]))
    batch_images = [load_train_data(batch_file, self.load_size,
                self.fine_size) for batch_file in batch_files]
    batch_images = np.array(batch_images).astype(np.float32)
        # Update G network and record fake outputs
    fake_A, fake_B, _, summary_str = self.sess.run(
                    [self.images_fake_A_,self.images_fake_B,
                     self.g_optimizer,self.g_sum],
        feed_dict={self.images_real: batch_images,
                    self.learning_rate:lr})
    self.writer.add_summary(summary_str, count)
    [fake_A,fake_B] = self.pool([fake_A, fake_B])
        # Update D network
    _, summary_str = self.sess.run(
            [self.d_optimizer,self.d_sum],
            feed_dict={self.images_real: batch_images,
                # self.fake_A_sample: fake_A,
                # self.fake_B_sample: fake_B,
                    self.learning_rate: lr})
    self.writer.add_summary(summary_str, count)
    count += 1
    print(("Epoch: [%2d] [%4d/%4d] time: %4.4f" % (
            epoch, id_, batch_ids, time.time() - start_time)))
    if count % self.print_freq == 1:
```

```
                self.sample_model(self.sample_dir, epoch, id_)
            if count % self.save_freq == 2:
                self.save_model(self.checkpoint_dir, count)
```

코드의 끝에서 볼 수 있듯이, 다른 도메인의 입력 이미지를 기반으로 도메인에서 생성된 이미지의 품질을 확인하기 위해 훈련 과정에서 sample_model 함수가 수시로 호출된다. 모델은 save_freq를 기준으로 정기적으로 저장된다.

이전 코드에서 언급한 sample_model 함수 및 save_model 함수는 다음과 같다.

```
def sample_model(self, sample_dir, epoch, id_):
    if not os.path.exists(sample_dir):
        os.makedirs(sample_dir)
    data_A = os.listdir(self.dataset_dir + 'trainA/')
    data_B = os.listdir(self.dataset_dir + 'trainB/')
    data_A = [ (self.dataset_dir + 'trainA/' + str(file_name)) for
                file_name in data_A ]
    data_B = [ (self.dataset_dir + 'trainB/' + str(file_name)) for
                file_name in data_B ]
   np.random.shuffle(data_A)
    np.random.shuffle(data_B)
    batch_files =
    list(zip(data_A[:self.batch_size], data_B[:self.batch_size]))
    sample_images =
    [load_train_data(batch_file, is_testing=True) for
    batch_file in batch_files]
    sample_images = np.array(sample_images).astype(np.float32)

    fake_A, fake_B = self.sess.run(
                    [self.images_fake_A_,self.images_fake_B],
                    feed_dict={self.images_real: sample_images}
        )
    save_images(fake_A, [self.batch_size, 1],
                './{}/A_{:02d}_{:04d}.jpg'.format(sample_dir, epoch,id_))
    save_images(fake_B, [self.batch_size, 1],
                  './{}/B_{:02d}_{:04d}.jpg'.format(sample_dir, epoch,id_))
```

이 sample_model 함수에서 도메인 A에서 임의로 선택된 이미지를 가져 와서 생성기 G_{AB}에 공급하여 도메인 B에서 이미지를 생성한다. 마찬가지로 도메인 B에서 임의로 선택된 이미지를 생성기 G_{BA}에 공급하여 도메인 A에서 이미지를 생성한다. 출력 이미지는 서로 다른 에포크에서 두 생성기에 의해 생성되며 배치는 샘플 폴더에 저장되어 더 나은 이미지 품질을 생성하기 위해 교육 과정에서 생성기가 시간이 지남에 따라 개선되고 있는지 확인한다.

모델을 저장하기 위해 TensorFlow Saver 기능을 사용하는 save_model 함수는 다음과 같다.

```
def save_model(self,checkpoint_dir,step):
    model_name = "discogan.model"
    model_dir = "%s_%s" % (self.dataset_dir, self.image_size)
    checkpoint_dir = os.path.join(checkpoint_dir, model_dir)
    if not os.path.exists(checkpoint_dir):
        os.makedirs(checkpoint_dir)
    self.t(self.sess,
                    os.path.join(checkpoint_dir, model_name),
                    global_step=step)
```

GAN 훈련에서 중요 파라메터 값

이 절에서는 DiscoGAN 교육에 사용되는 다양한 매개 변수 값에 대해 설명한다. 다음 표에 나와 있다.

Parameter name	**Variable name and Value set**	**Rationale**
Learning rate for Adam optimizer	`self.l_r = 2e-4`	We should always train a GAN network with a low learning rate for better stability and a DiscoGAN is no different.
Decay rates for Adam optimizer	`self.beta1 =0.5` `self.beta2 =0.99`	The parameter `beta1` defines the decaying average of gradients, while the parameter `beta2` defines the decaying average of the square of the gradients.

Epochs	`self.epoch =200`	`200` epochs is good enough for the convergence of the DiscoGAN network in this implementation.
Batch size	`self.batch_size = 64`	A batch size of `64` works well for this implementation. However, because of resource constraint, we may have to chose a smaller batch size.
Epoch beyond which learning rate falls linearly	`epoch_step = 10`	After the number of epochs specified by `epoch_step`, the learning rate falls linearly, as determined by the following scheme: `lr = self.l_r if epoch < self.epoch_step else self.l_r*(self.epoch-epoch)/(self.epoch-self.epoch_step)`

훈련 구동하기

앞에서 설명한 모든 함수는 다음 코드 블록과 같이 `__init__` 함수에 선언된 중요한 매개 변수 값을 사용하여 `DiscoGAN()` 클래스 내에 만들어진다. 훈련하는 동안 전달해야 하는 유일한 두 가지 매개 변수 network는 `dataset_dir`이며 교육을 실행해야 하는 에포크 수이다.

```
def __init__(self,dataset_dir,epochs=200):
    # Input shape
    self.dataset_dir = dataset_dir
    self.lambda_l2 = 1.0
    self.image_size = 64
    self.input_dim = 3
    self.output_dim = 3
    self.batch_size = 64
    self.df = 64
    self.gf = 64
    self.channels = 3
    self.output_c_dim = 3
    self.l_r = 2e-4
    self.beta1 = 0.5
    self.beta2 = 0.99
```

```
    self.weight_decay = 0.00001
    self.epoch = epochs
    self.train_size = 10000
    self.epoch_step = 10
    self.load_size = 64
    self.fine_size = 64
    self.checkpoint_dir = 'checkpoint'
    self.sample_dir = 'sample'
    self.print_freq = 5
    self.save_freq = 10
    self.pool = ImagePool()
    return None
```

모델 학습에 필요한 모든 것을 정의 했으므로 다음과 같이 process_main 함수를 통해 학습을 호출할 수 있다:

```
def process_main(self):
    self.build_network()
    self.train_network()
```

교육을 위해 이전에 설명한 엔드 투 엔드 코드는 cycledGAN_edges_to_bags.py 스크립트에 있다. 다음과 같이 python 스크립트 cycledGAN_edges_to_bags.py를 실행하여 모델을 학습시킬 수 있다:

```
python cycledGAN_edges_to_bags.py process_main --dataset_dir
/media/santanu/9eb9b6dc-b380-486e-b4fd-c424a325b976/edges2handbags
/epochs 100
```

cycledGAN_edges_to_bags.py 스크립트의 출력 로그는 다음과 같다.

```
Epoch: [ 0] [ 0/ 156] time: 3.0835
Epoch: [ 0] [ 1/ 156] time: 3.9093
Epoch: [ 0] [ 2/ 156] time: 4.3661
Epoch: [ 0] [ 3/ 156] time: 4.8208
```

```
Epoch: [ 0] [ 4/ 156] time: 5.2821
Epoch: [ 0] [ 5/ 156] time: 6.2380
Epoch: [ 0] [ 6/ 156] time: 6.6960
Epoch: [ 0] [ 7/ 156] time: 7.1528
Epoch: [ 0] [ 8/ 156] time: 7.6138
Epoch: [ 0] [ 9/ 156] time: 8.0732
Epoch: [ 0] [ 10/ 156] time: 8.8163
Epoch: [ 0] [ 11/ 156] time: 9.6669
Epoch: [ 0] [ 12/ 156] time: 10.1256
Epoch: [ 0] [ 13/ 156] time: 10.5846
Epoch: [ 0] [ 14/ 156] time: 11.0427
Epoch: [ 0] [ 15/ 156] time: 11.9135
Epoch: [ 0] [ 16/ 156] time: 12.3712
Epoch: [ 0] [ 17/ 156] time: 12.8290
Epoch: [ 0] [ 18/ 156] time: 13.2899
Epoch: [ 0] [ 19/ 156] time: 13.7525
.......
```

생성기와 판별기 손실을 모니터하기

손실은 TensorBoard 대시 보드에서 모니터링할 수 있다. TensorBoard 대시 보드는 다음과 같이 호출할 수 있다.

1. 터미널에서 다음 명령을 실행한다.

   ```
   tensorboard --logdir=./logs
   ```

   `./logs`는 프로그램과 관련된 Tensorboard 로그가 저장되는 대상이며 다음과 같이 프로그램에서 정의해야 한다.

   ```
   self.writer = tf.summary.FileWriter("./logs", self.sess.graph)
   ```

2. 1단계의 명령이 실행되면 TensorBoard의 `localhost:6006` 사이트로 이동한다. 다음 스크린 샷에는 프로젝트에서 구현된 DiscoGAN을 훈련하는 동안 TensorBoard에서 볼 때 생성기 및 판별기 손실의 몇 가지 흔적이 나와 있다.

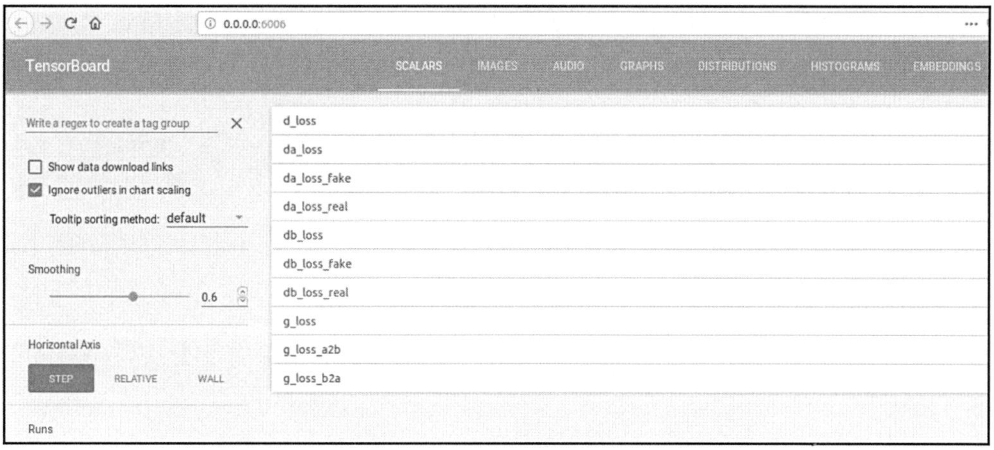

┃그림 4.2┃ 여러가지 손실값들을 추적하는 텐서보드 스칼라 메뉴

다음 스크린샷은 훈련 과정에서 도메인 A의 판별기 손실값들을 보여준다.

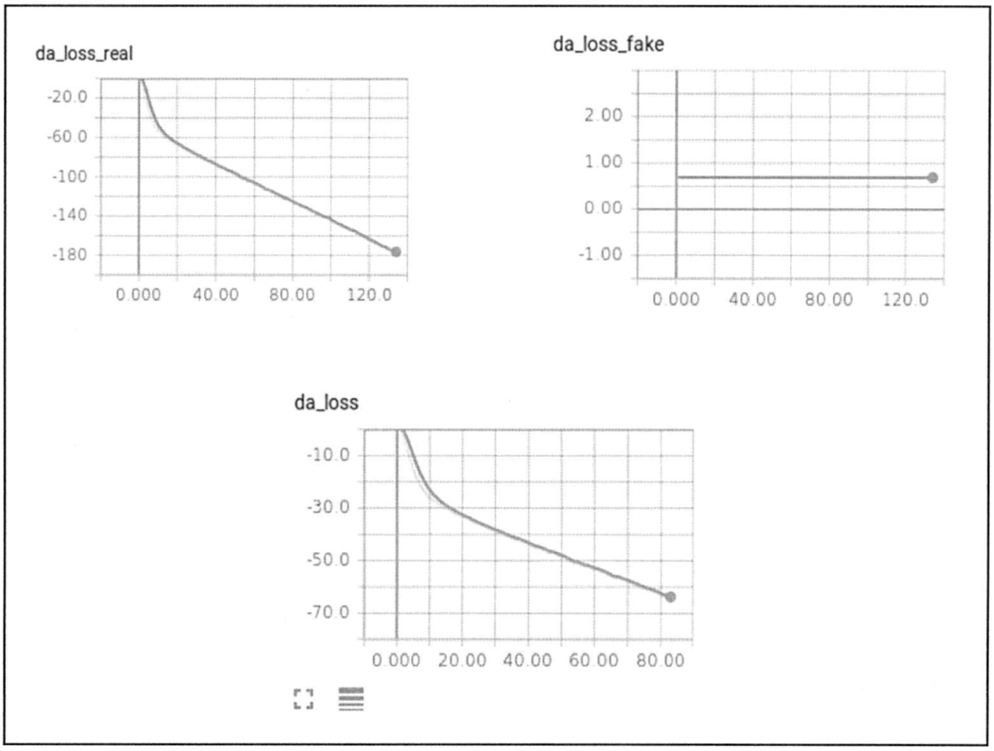

┃그림 4.3┃ 도메인 A의 판별기 손실값

앞의 스크린 샷에서 다른 배치에 대한 도메인 A의 판별기 손실을 볼 수 있다. da_loss는 da_loss_real과 da_loss_fake 손실의 합이다. 판별자가 도메인 A에서 실제 이미지를 식별하는 것을 쉽게 배우고 가짜 이미지의 손실은 약 0.69로 안정적으로 유지되므로 da_loss_real은 꾸준히 감소한다. 이 손실은 이진 분류기가 1/2 확률로 클래스를 출력할 때 예상되는 logloss이다. 이는 생성기가 가짜 이미지를 사실적으로 보이도록 동시에 학습해서 판별기가 생성기 이미지를 가짜로 쉽게 분류하기가 어렵기 때문이다. 도메인 B의 판별기의 손실 프로파일은 도메인 A의 이전 스크린 샷에서 설명한 것과 유사하다.

생성기의 손실 프로필을 보면 다음과 같다.

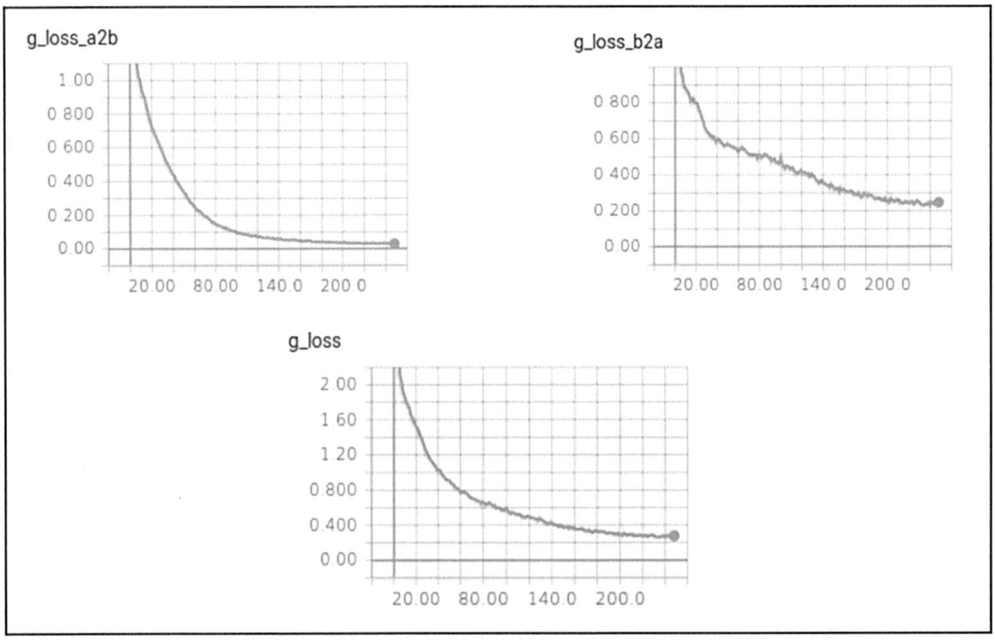

| 그림 4.4 | DiscoGAN의 생성기 손실 프로필

g_loss_a2b는 도메인 A에서 도메인 B로 이미지를 재구성하는 결합된 생성기 손실 및 변환된 이미지를 B 도메인에서 사실적으로 보이게 하는 것과 관련된 이진 교차 엔트로피 손실이다. 마찬가지로, g_loss_b2a는 도메인 B에서 도메인 A로 이미지를 재구성하는 결합된 생성기 손실이며, 변환된 이미지를 A의 도메인에서 사실적으로 보이게 하는 것과

관련된 이진 교차 엔트로피 손실이다. 이 두 손실 프로파일과 합계 g_loss는 배치가 진행됨에 따라 이전 스크린 샷의 TensorBoard 비주얼에서 볼 수 있듯이 꾸준한 손실 감소가 있다.

생성적 적대신경망 훈련은 일반적으로 매우 까다롭기 때문에, 손실 프로파일의 진행 상황을 모니터링하여 훈련이 원하는대로 진행되는지 이해하는 것이 합리적이다.

DiscoGAN에서 생성한 이미지 샘플

이 장의 끝 부분에서 DiscoGAN이 두 도메인에서 생성한 이미지 중 일부를 살펴보겠다.

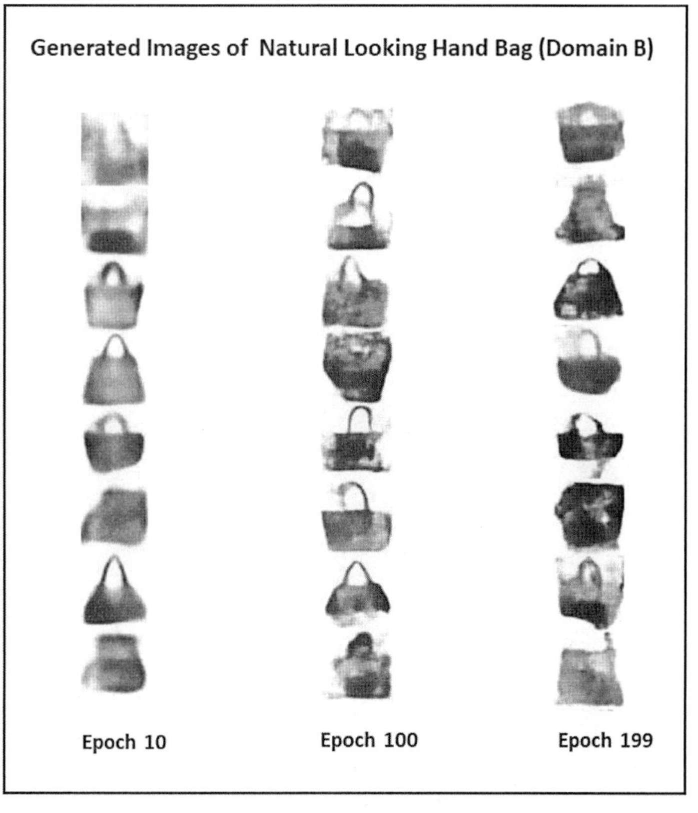

| 그림 4.5 | 주어진 스케치로 생성한 핸드백 이미지

다음 스크린 샷에는 생성된 **핸드백 스케치 이미지(도메인 A)**가 있다.

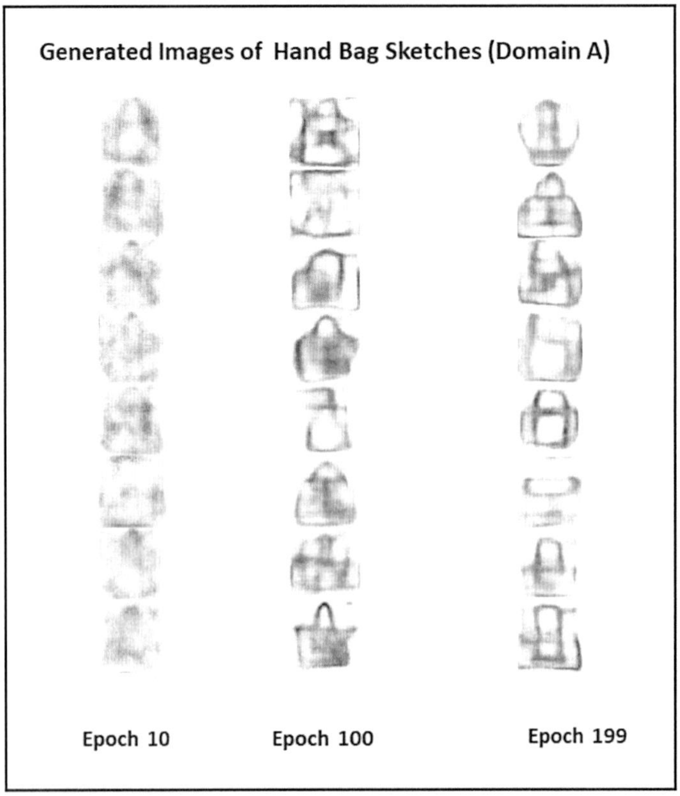

| 그림 4.6 | 핸드백 이미지로 생성한 스케치

DiscoGAN이 한 도메인의 이미지를 다른 도메인의 고품질의 사실적인 이미지로 변환하는 데 많은 노력을 기울였음을 알 수 있다.

요약

이제 이 장의 끝 부분에 도달했다. 이제 DiscoGAN의 기술 및 구현 복잡성에 정통해야 한다. 이 장에서 살펴본 개념은 문제에 적합한 미묘한 변화로 다양한 적대적 네트워크를 구현하는 데 사용될 수 있다. 이 DiscoGAN 네트워크의 종단간 구현은 GitHub 리포지토리(https://github.com/PacktPublishing/Intelligent-Projects-using-Python/tree/master/Chapter04)에 있다.

5장 비디오 캡션 응용 프로그램에서는 인공지능의 전문가 시스템 범주에 속하는 비디오 텍스트 변환 응용 프로그램을 살펴보겠다.

CHAPTER 5

비디오 캡션 달기

비디오 제작 속도가 기하급수적으로 증가함에 따라 비디오는 중요한 의사소통 수단이 되었다. 그러나 적절한 캡션[caption]이 없기 때문에 더 많은 사람들이 비디오에 액세스할 수 없다. 콘텐츠를 의미 있게 요약하여 비디오를 번역하는 기술인 비디오 캡션은 컴퓨터 비전 및 머신 러닝 분야에서 어려운 과제다.

전통적인 비디오 캡션 방법은 많은 성공 사례를 만들지 못했다. 그러나 최근 딥러닝을 통해 인공지능이 향상됨에 따라 비디오 캡션이 주목을 받고 있다. 재귀 신경망[recurrent neural network]과 함께 컨볼루션 신경망의 힘은 종단간[end-to-end] 엔터프라이즈 레벨 비디오 캡션 시스템을 구축할 수 있게 해준다. 컨볼루션 신경망은 중요한 특징을 추출하기 위해 비디오의 이미지 프레임을 처리하며, 재귀 신경망에 의해 순차적으로 처리되어 비디오의 의미 있는 요약을 생성한다. 비디오 캡션 시스템의 몇 가지 중요한 응용 프로그램은 다음과 같다.

- 안전 조치를 위한 산업 플랜트 자동 감시
- 비디오 캡션을 통해 파생된 컨텐츠를 기반으로 비디오를 클러스터링
- 은행, 병원 및 기타 공공장소의 더 나은 보안 시스템
- 더 나은 사용자 경험을 위해 웹 사이트에서 비디오 검색

딥러닝을 통해 지능형 비디오 캡션 시스템을 구축하려면 주로 두 가지 유형의 데이터가 필요하다. 종단간 시스템을 훈련하기 위한 레이블 역할을 하는 비디오 및 텍스트 캡션이다.

이 장에서는 다음을 논의할 것이다.

- 비디오 캡션에서 CNN 및 LSTM의 역할에 대해 토론
- 시퀀스-시퀀스 비디오 캡션 시스템의 아키텍처 탐색
- 시퀀스-시퀀스에서 비디오-텍스트 아키텍처를 활용하는 비디오 캡션 시스템 구축

다음 절에서는 컨볼루션 신경망과 LSTM 버전의 반복적인 신경망을 사용하여 종단간 비디오 캡션 시스템을 구축하는 방법을 살펴보겠다.

기술 요구사항

Python 3, TensorFlow, Keras 및 OpenCV에 대한 기본 지식이 필요하다.

이 장의 코드 파일은 GitHub에서 찾을 수 있다:

https://github.com/PacktPublishing/Intelligent-Projects-using-Python/tree/master/Chapter05

동영상 실습은 다음 비디오를 참고한다.

http://bit.ly/2BeXK1c

비디오 캡션 작업에서 CNN과 LSTM

비디오에서 오디오를 뺀 것은 순차적으로 배열된 이미지 모음으로 생각할 수 있다. 이러한 이미지의 중요한 기능은 **ImageNet**과 같은 특정 이미지 분류 문제에 대해 훈련된 컨볼루션 신경망을 사용하여 추출할 수 있다. 사전 훈련된 네트워크의 마지막으로 완전히 연결된 계층의 활성화는 비디오에서 순차적으로 샘플링된 이미지에서 특징을 도출하는 데 사용될 수 있다. 비디오에서 이미지를 순차적으로 샘플링 하는 빈도는 비디오의 컨텐츠

유형에 따라 다르며 교육을 통해 최적화할 수 있다.

다음 다이어그램(그림 5.1)은 비디오에서 기능을 추출하는 데 사용되는 사전 훈련된 신경망이다.

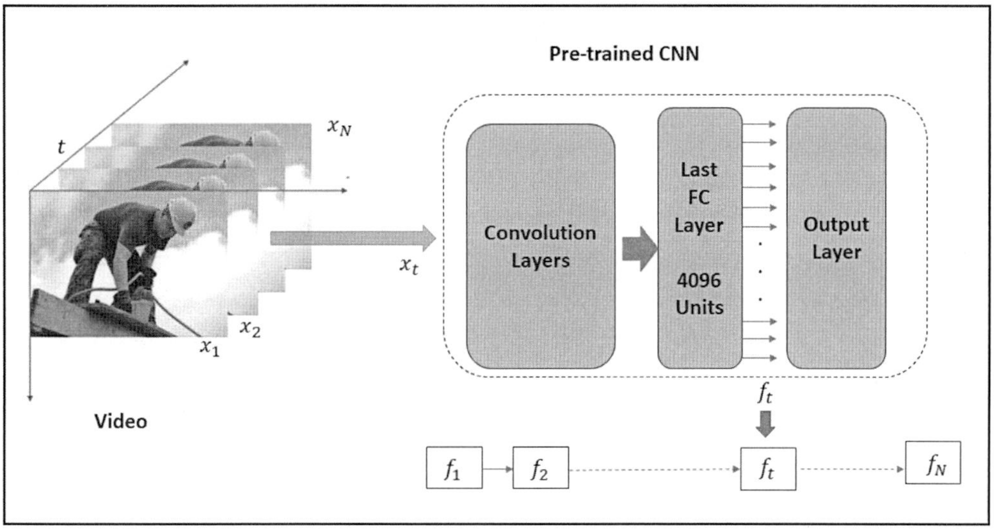

| 그림 5.1 | 사전 훈련된 신경망에서 비디오 이미지 특징

앞의 다이어그램에서 볼 수 있듯이 비디오에서 순차적으로 샘플링된 이미지는 사전 훈련된 회선 신경망을 통과하고 마지막으로 완전히 연결된 레이어에서 4,096 유닛의 활성화가 출력으로 간주된다. 시간 t에서의 비디오 이미지가 x_t로 표시되고 마지막으로 완전히 연결된 레이어의 출력이 $f_t \in R^{4096}$으로 표시되면 $f_t = f_w(x_t)$이다. 여기서 W는 마지막으로 완전히 연결된 계층까지 컨볼루션 신경망의 가중치를 나타낸다.

다음 다이어그램(그림 5.2)과 같이 이러한 일련의 출력 특징 $f_1, f_2, \cdots f_t \cdots f_N$은 입력 특징을 기반으로 텍스트 캡션 생성을 훈련하는 재귀 신경망에 입력으로 공급된다.

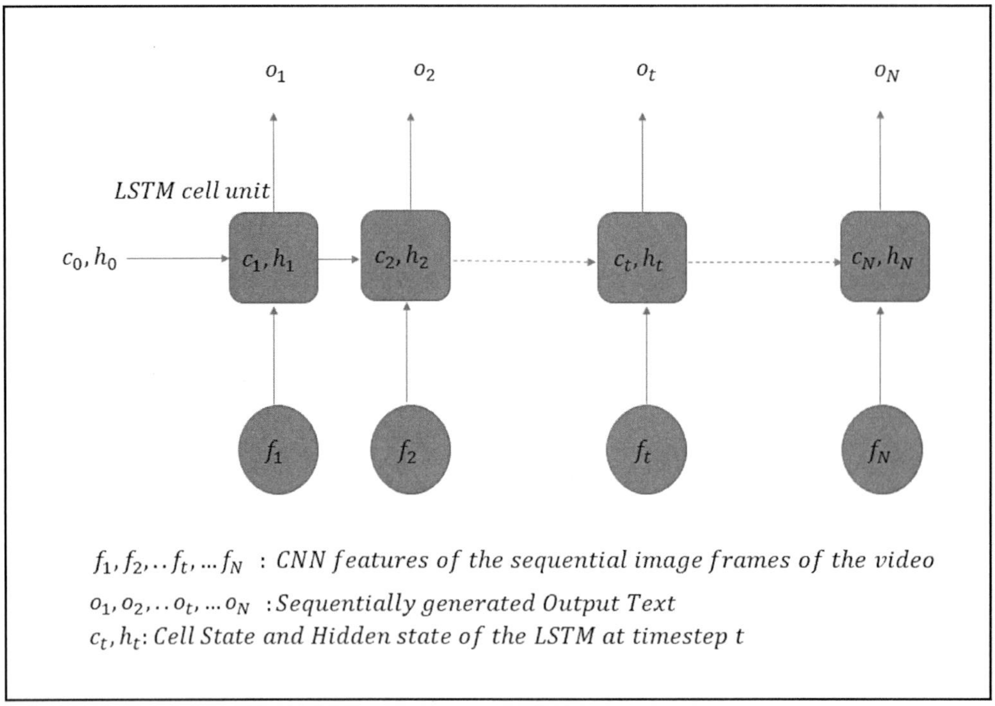

| 그림 5.2 | CNN으로부터 순차로 입력되는 특징을 처리하는 LSTM

앞의 다이어그램에서 볼 수 있듯이, 사전 훈련된 컨볼루션 신경망에서 생성된 특징 f_1, f_2, ⋯ f_t ⋯ f_N는 LSTM에 의해 순차적으로 처리되어 주어진 비디오에 대한 텍스트 캡션인 텍스트 출력 o_1, o_2, ⋯ o_t ⋯ o_N를 생성한다. 예를 들어, 앞의 다이어그램에서 비디오 캡션은 "*A man in a yellow helmet is working*"이 될 수 있다.

$$o_1,\ o_2,\ \cdots\ o_t\ \cdots\ o_N = \{\ "A",\ "man"\ "in"\ "a"\ "yellow"\ "helmet"\ "is"\ "working"\ \}$$

딥러닝 프레임 워크에서 비디오 캡션이 작동하는 방법에 대한 정보를 얻었으므로 다음 절에서 시퀀스-투-시퀀스 비디오 캡션이라는 고급 비디오 캡션 네트워크에 대해 설명하겠다. 이 장에서는 비디오 캡션 시스템을 구축할 때 동일한 신경망 아키텍처를 사용한다.

시퀀스-투-시퀀스 비디오 캡션 시스템

시퀀스-투-시퀀스 구조는 Subhashini Venugopalan, Marcus Rohrbach, Jeff Donahue, Raymond Mooney, Trevor Darrell 및 Kate Saenko가 저술한 **sequence to sequence—Video to Text** 논문에 기반하고 있다. 이 논문은 `https://arxiv.org/pdf/1505.00487.pdf`에 있다.

다음 다이어그램(그림 5.3)에는 앞의 논문을 기반으로 한 시퀀스-투-시퀀스 비디오 캡션 신경망 아키텍처가 설명되어 있다.

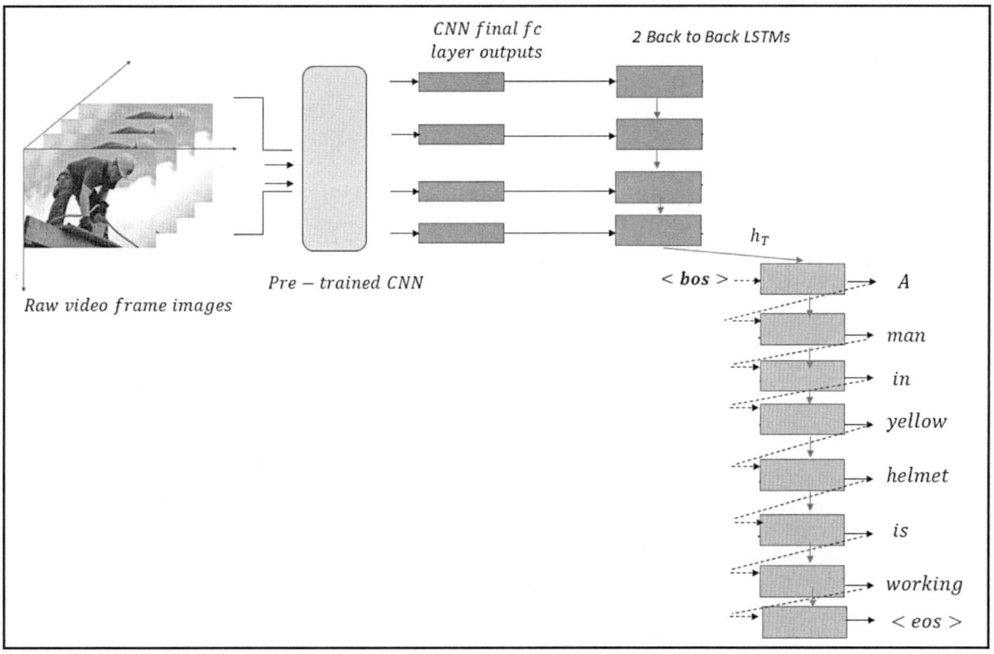

| 그림 5.3 | 시퀀스-투-시퀀스 비디오 캡션 신경망 구조

시퀀스-투-시퀀스 모델은 이전과 같이 사전 훈련된 컨볼루션 신경망을 통해 비디오 이미지 프레임을 처리하고 마지막으로 완전히 연결된 레이어의 출력 활성화는 다음 LSTM에 공급되는 기능으로 간주된다. 시간 단계 t에서 사전 훈련된 컨볼루션 신경망의 마지막으로 완전히 연결된 계층의 출력 활성화를 $f_t \in R^{4096}$으로 표시하면 비디오에서 N개의 이미지 프레임에 대해 N개의 특징 벡터를 갖게 된다.

이들 N개 특징 벡터 $f_1, f_2, \cdots f_t \cdots f_N$은 LSTM에 순차적으로 공급되어 텍스트 캡션을 생성한다. 두 개의 LSTM이 연속적으로 있으며 LSTM의 시퀀스 수는 비디오의 이미지 프레임 수와 캡션 어휘의 텍스트 캡션 최대 길이의 합이다. 신경망이 비디오의 N개 이미지 프레임에서 학습되고 어휘의 최대 텍스트 캡션 길이가 M인 경우 LSTM은 $(N+M)$ 시간 간격으로 학습된다. N개의 시간 단계에서, 제1 LSTM은 특징 벡터 $f_1, f_2, \cdots f_t \cdots f_N$을 순차적으로 처리하고 이에 의해 생성된 은닉 상태는 두 번째 LSTM에 공급된다. 이 N시간 단계에서 두 번째 LSTM에는 텍스트 출력 대상이 필요하지 않다. 시간 단계 t에서 제1 LSTM의 은닉 상태를 h_t로 나타내면, 첫 번째 N 시간 단계 동안 제2 LSTM에 대한 입력은 h_t이다. $N+1$시간 단계에서 첫 번째 LSTM에 대한 입력은 제로 패딩되므로 입력은 $t>N$에 대한 숨겨진 상태 h_t의 영향을 받지 않는다. 이것이 $t>N$에 대한 숨겨진 상태 h_t가 항상 동일하다는 것을 보장하지는 않는다. 실제로 우리는 시간 단계 $t>N$에 대해 h_t를 h_T로 두 번째 LSTM에 공급하도록 선택할 수 있다.

$(N+1)$ 시간 단계에서 두 번째 LSTM에는 텍스트 출력 대상이 필요하다. 단계 $t>N$에서 입력은 $[h_t, w_{t-1}]$이며, 여기서 h_t는 단계 t에서 첫 번째 LSTM의 숨겨진 상태이고, w_{t-1}은 $(t-1)$ 단계에서 텍스트 캡션 단어이다.

$(N+1)$ 시간 단계에서, 두 번째 LSTM에 공급된 단어 w_N은 <bos>로 표시되는 문장의 시작이다. 문장 끝 기호 <eos>가 생성되면 네트워크는 캡션 단어 생성을 중지하도록 훈련된다. 요약하면, 두 개의 LSTM은 모든 비디오 이미지 프레임 특징 $[f_t]_{i=1}^{N}$을 처리한 후에 텍스트 캡션 단어를 생성하기 시작한다.

시간 단계 $t>N$에 대한 두 번째 LSTM 입력을 처리하는 다른 방법 중 하나는 $[h_t, w_{t-1}]$ 대신 $[w_{t-1}]$을 공급하고 시간 단계 T에서 첫 번째 LSTM의 숨겨진 셀 상태 $[h_T, c_T]$를 두 번째 LSTM의 초기 은닉 및 셀 상태로 전달하는 것이다. 이러한 비디오 캡션 신경망의 아키텍처는 다음과 같이 설명할 수 있다(그림 5.4 참조).

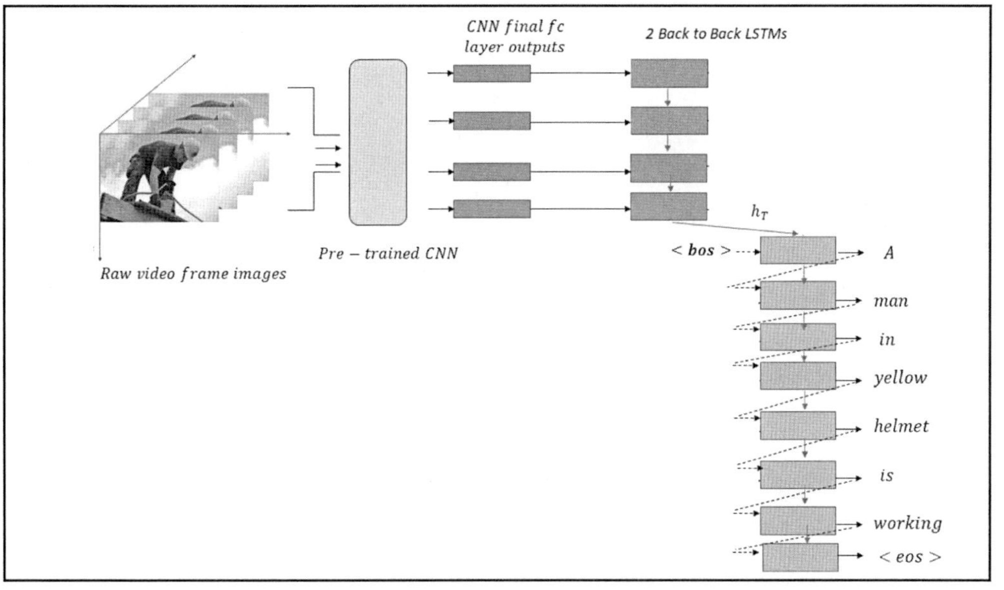

| 그림 5.4 | **시퀀스-투-시퀀스 모델의 다른 구조**

사전 훈련 된 컨볼루션 신경망은 일반적으로 VGG16, VGG19, ResNet과 같은 공통 아키텍처이며 ImageNet에서 사전 훈련된다. 그러나 비디오 캡션 시스템을 구축하는 도메인의 비디오에서 추출한 이미지를 기반으로 이러한 아키텍처를 재교육할 수 있다. 또한 완전히 새로운 CNN 아키텍처를 선택하여 도메인별 비디오 이미지에서 교육할 수 있다.

지금까지 이 절에 설명된 시퀀스-투-시퀀스 아키텍처를 사용하여 비디오 캡션 시스템을 개발하기 위한 모든 기술 필수 구성 요소를 다루었다. 이 절에서 제안된 아키텍처 설계안은 독자들에게 여러 설계를 실험하고 주어진 문제와 데이터 세트에 가장 적합한 설계를 장려하기 위한 것이다.

다음 절부터는 지능형 비디오 캡션 시스템 구축을 할 것이다.

비디오 캡션 시스템을 위한 데이터

Microsoft의 사전 캡션된 YouTube 비디오 저장소인 MSVD 데이터 집합에 대한 모델을 교육하여 비디오 캡션 시스템을 구축한다. 필요한 데이터는 http://www.cs.utexas.edu/users/ml/clamp/videoDescription/YouTubeClips.tar 링크에서 다운로드 할 수 있다. 비디오의 텍스트 캡션은 다음 링크에서 제공된다. https://github.com/jazzsaxmafia/video_to_sequence/ files/387979/video_corpus.csv.zip.

MSVD 데이터 세트에는 약 1,938개의 비디오가 있다. 우리는 이것을 시퀀스-비디오 시퀀스 자막 시스템을 훈련시키기 위해 사용할 것이다. 또한 그림 5.3에 설명된 시퀀스-시퀀스 모델에서 모델을 빌드할 것이다. 그러나 독자들은 그림 5.4에 제시된 아키텍처에 대한 모델을 학습하고 학습하는 방법을 알아볼 것을 권장한다.

CNN 특징을 생성하기 위한 비디오 이미지 처리

지정된 위치에서 데이터를 다운로드 한 후 다음 작업은 비디오 이미지 프레임을 처리하여 사전 훈련된 컨볼루션 신경망의 마지막으로 완전연결된 레이어에서 기능을 추출하는 것이다. 우리는 ImageNet에서 사전 훈련된 VGG16 컨볼루션 신경망을 사용한다. VGG16의 마지막으로 완전히 연결된 계층에서 활성화를 수행한다. VGG16의 마지막으로 완전히 연결된 레이어는 4096개의 단위를 가지기 때문에 각 단계 t에 대한 특징 벡터 f_t는 $f_t \in R^{4096}$인 4096차원 벡터다.

VGG16을 통해 비디오의 이미지를 처리하려면 비디오에서 샘플을 샘플링해야 한다. 각 비디오에 80개의 프레임이 있는 방식으로 비디오에서 이미지를 샘플링한다. VGG16에서 80개의 이미지 프레임을 처리한 후 각 비디오에는 80개의 특징 벡터 $f_1, f_2, \cdots f_t \cdots f_{80}$가 있다. 이러한 기능은 텍스트 시퀀스를 생성하기 위해 LSTM에 제공된다. 우리는 Keras에서 사전 훈련된 VGG16 모델을 사용한다. 먼저 video_to_frames 함수를 통해 각 비디오에서 이미지로 80개의 비디오 프레임을 이미지로 추출한 다음 extract_feats_pretrained_cnn 함수의 사전 훈련된 VGG16 컨볼루션 신경망에 의해 비디오 프레임을 처리하는 VideoCaptioningPreProcessing 클래스를 만든다.

extract_feats_pretrained_cnn의 출력은 각 비디오 프레임에 대한 차원 4096의 CNN 기능이다. 우리는 비디오 당 80프레임을 다루기 때문에 각 비디오에 대해 4096 차원 벡터를 80개 가질 것이다.

video_to_frames 함수 코드는 다음과 같다.

```
    def video_to_frames(self,video):
        with open(os.devnull, "w") as ffmpeg_log:
            if os.path.exists(self.temp_dest):
                print(" cleanup: " + self.temp_dest + "/")
                shutil.rmtree(self.temp_dest)
            os.makedirs(self.temp_dest)
            video_to_frames_cmd = ["ffmpeg",'-y','-i', video,
                                    '-vf', "scale=400:300",
                                    '-qscale:v', "2",
'{0}/%06d.jpg'.format(self.temp_dest)]
            subprocess.call(video_to_frames_cmd,
                          stdout=ffmpeg_log, stderr=ffmpeg_log)
```

앞의 코드에서 우리는 video_to_frames 함수에서 ffmpeg 도구를 사용하여 비디오-이미지 프레임을 JPEG 형식으로 변환한다. 이미지 프레임에 ffmpeg로 지정된 치수는 300 x 400이다. ffmpeg 도구에 대한 자세한 내용은 다음 링크를 참조하자: https://www.ffmpeg.org/.

마지막으로 완전히 연결된 레이어에서 기능을 추출하기 위한 사전 훈련된 CNN 모델이 extract_feats_pretrained_cnn 함수에 설정되었다. 함수 코드는 다음과 같다.

```
# Extract the features from the pre-trained CNN
    def extract_feats_pretrained_cnn(self):

        model = self.model_cnn_load()
        print('Model loaded')

        if not os.path.isdir(self.feat_dir):
            os.mkdir(self.feat_dir)
```

```
        #print("save video feats to %s" % (self.dir_feat))
        video_list = glob.glob(os.path.join(self.video_dest, '*.avi'))
        #print video_list

        for video in tqdm(video_list):

            video_id = video.split("/")[-1].split(".")[0]
            print(f'Processing video {video}')

            #self.dest = 'cnn_feat' + '_' + video_id
            self.video_to_frames(video)

            image_list =
            sorted(glob.glob(os.path.join(self.temp_dest, '*.jpg')))
            samples = np.round(np.linspace(
                0, len(image_list) - 1,self.frames_step))
            image_list = [image_list[int(sample)] for sample in samples]
            images =
            np.zeros((len(image_list),self.img_dim,self.img_dim,
                        self.channels))
            for i in range(len(image_list)):
                img = self.load_image(image_list[i])
                images[i] = img
            images = np.array(images)
            fc_feats = model.predict(images,batch_size=self.batch_cnn)
            img_feats = np.array(fc_feats)
            outfile = os.path.join(self.feat_dir, video_id + '.npy')
            np.save(outfile, img_feats)
            # cleanup
            shutil.rmtree(self.temp_dest)
```

먼저 model_cnn_load 함수를 사용하여 사전 훈련된 CNN 모델을 로드한 다음 각 비디오에 대해 ffmpeg에 지정된 샘플링 주파수를 기반으로 video_to_frames 함수를 사용하여 여러 비디오 프레임을 이미지로 추출한다. ffmpeg를 통해 생성된 비디오에서 모든 이미지 프레임을 처리하지는 않지만 np.linspace 함수를 사용하여 동일한 간격으로 80개의 이미지 프레임을 가져 왔다. ffmpeg에 의해 생성된 이미지는 load_image 함수를 사용하여 공간 크기가 224 x 224로 조정된다. 마지막으로 이러한 크기 조정된 이미지는 사전 훈련된 VGG16 CNN Convolutional Neural Network을 통과하고 출력 레이어 이전에 마지막으로 완전히 연결된 레이어의 출력이 기능으로 추출된다. 추출된 특징 벡터는 numpy 배열에 저장되며 다음 단계에서 LSTM 신경망에 의해 처리되어 비디오 캡션을 생성한다. 이 절에서 정의된 model_cnn_load 함수는 다음과 같이 정의된다.

```
    def model_cnn_load(self):
        model = VGG16(weights = "imagenet", include_top=True,input_shape =
(self.img_dim,self.img_dim,self.channels))
        out = model.layers[-2].output
        model_final = Model(input=model.input,output=out)
        return model_final
```

앞의 코드에서 볼 수 있듯이 ImageNet에서 사전 훈련된 VGG16 컨볼루션 신경망을 로드하고 차원 4096의 피처 벡터로 두 번째 마지막 레이어 (-2로 색인)의 출력을 추출한다.

CNN에 공급하기 전에 원시 ffmpeg 이미지를 처리하는 이미지 읽기 및 크기 조정 기능 load_image는 다음과 같이 정의된다.

```
    def load_image(self,path):
        img = cv2.imread(path)
        img = cv2.resize(img,(self.img_dim,self.img_dim))
        return img
```

사전 처리 스크립트는 다음 명령을 호출하여 실행할 수 있다.

```
python VideoCaptioningPreProcessing.py process_main --video_dest
'/media/santanu/9eb9b6dc-b380-486e-b4fd-c424a325b976/Video
Captioning/data/' --feat_dir '/media/santanu/9eb9b6dc-b380-486e-
b4fdc424a325b976/Video Captioning/features/' --temp_dest
'/media/santanu/9eb9b6dc-b380-486e-b4fd-c424a325b976/Video
Captioning/temp/' --img_dim 224 --channels 3 --batch_size=128 --
frames_step 80
```

이 전처리 단계의 출력은 확장 npy의 numpy 배열 객체로 작성된 차원 4096의 80개의 특징 벡터다. 각 비디오에는 feat_dir에 저장된 고유한 numpy 배열 객체가 있다. 사전 처리 단계는 다음과 같이 로그에서 볼 수 있듯이 약 28분 동안 실행된다.

```
Processing video /media/santanu/9eb9b6dc-b380-486e-b4fd-c424a325b976/
Video Captioning/data/jmoT2we_rqo_0_5.avi
100%|████████████████████████████████████████████████████████████████
█████████████████████████████████████████████████████████████████████
█████████████████████████████████████████████████████████████████████
████████████████████████| 1967/1970 [27:57<00:02, 1.09it/s]Processing
video/media/santanu/9eb9b6dc-b380-486e-b4fd-c424a325b976/Video
Captioning/data/NKtfKR4GNjU_0_20.avi
100%|████████████████████████████████████████████████████████████████
█████████████████████████████████████████████████████████████████████
█████████████████████████████████████████████████████████████████████
████████████████████████| 1968/1970 [27:58<00:02, 1.11s/it]Processing
video/media/santanu/9eb9b6dc-b380-486e-b4fd-c424a325b976/Video
Captioning/data/4cgzdXlJksU_83_90.avi
100%|████████████████████████████████████████████████████████████████
█████████████████████████████████████████████████████████████████████
█████████████████████████████████████████████████████████████████████
████████████████████████| 1969/1970 [27:59<00:01, 1.08s/it]Processing
video/media/santanu/9eb9b6dc-b380-486e-b4fd-c424a325b976/Video
Captioning/data/0IDJG0q9j_k_1_24.avi
100%|████████████████████████████████████████████████████████████████
█████████████████████████████████████████████████████████████████████
█████████████████████████████████████████████████████████████████████
████████████████████████| 1970/1970 [28:00<00:00, 1.06s/it]
28.045 min: VideoCaptioningPreProcessing
```

다음 절에서는 비디오의 레이블이 지정된 캡션의 전처리를 다룬다.

레이블이 달린 캡션 비디오의 처리

corpus.csv 파일에는 텍스트 캡션 형태의 비디오 설명이 포함되어 있다(그림 5.5 참조). 데이터 스니펫이 다음 스크린 샷에 표시된다. 몇 가지 [VideoID, Start, End] 조합

레코드를 제거하고 나중에 평가할 수 있도록 테스트 파일로 취급할 수 있다.

	A	B	C	D	E	F	G	
1	VideoID	Start	End	WorkerID	Source	AnnotationTime	Language	Description
2								
3	mv89psg6zh4	33	46	588702	unverified	55	Slovene	Papagaj se umiva pod tekočo vodo v lijaku.
4								
5	mv89psg6zh4	33	46	588702	unverified	37	Slovene	Papagaj se umiva pod tekočo vodo v lijaku.
6								
7	mv89psg6zh4	33	46	362812	unverified	11	Macedonian	папагал се бања
8								
9	mv89psg6zh4	33	46	968828	unverified	84	German	Ein Wellensittich duscht unter einem Wasserhahn.
10								
11	mv89psg6zh4	33	46	203142	unverified	14	Romanian	o pasare sta intr-o chiuveta.
12								
13	mv89psg6zh4	33	46	984231	unverified	35	Romanian	Un papagal se spala intr-o chiuveta.
14								
15	mv89psg6zh4	33	46	130914	unverified	24	Georgian	თუთიყუშში რაკონაში სველდება
16								
17	mv89psg6zh4	33	46	130914	unverified	19	Georgian	თუთიყუშში სველდება რაკონაში
18								
19	mv89psg6zh4	33	46	400189	unverified	23	Serbian	Papagaj se tušira u sudoperu.
20								
21	mv89psg6zh4	33	46	589431	unverified	66	Serbian	Papagaj biva kvašen u sudoperi vodom koja curi iz česme.
22								
23	mv89psg6zh4	33	46	767031	unverified	31	Serbian	Papagaj se tušira u sudoperi.
24								
25	mv89psg6zh4	33	46	649244	unverified	19	Serbian	Papagaj pije vodu u sudoperu
26								
27	mv89psg6zh4	33	46	180998	unverified	19	French	Un oiseau boit.
28								
29	mv89psg6zh4	33	46	197912	unverified	18	Gujarati	કબુતર નળ નીચે નહાય છે
30								
31	mv89psg6zh4	33	46	339861	unverified	52	Hindi	एक तोता नहा रहा है.
32								
33	mv89psg6zh4	33	46	818922	unverified	253	Hindi	बेसन वश में कुछ पड़ा है.
34								
35	mv89psg6zh4	33	46	161492	unverified	34	Hindi	तोता नहातअ हे
36								
37	mv89psg6zh4	33	46	797651	unverified	27	Hindi	थुथ नहा रहा हे
38								
39	mv89psg6zh4	33	46	682611	clean	66	English	A bird in a sink keeps getting under the running water from a faucet.
40								
41	mv89psg6zh4	33	46	760882	clean	16	English	A bird is bathing in a sink.
42								
43	mv89psg6zh4	33	46	878566	clean	76	English	A bird is splashing around under a running faucet.

| 그림 5.5 | 캡션이 달린 파일 형식의 스냅샷

VideoID, Start 및 End 열은 결합하여 VideoID_Start_End.avi 형식으로 비디오 이름을 형성한다. 비디오 이름을 기반으로 컨볼루션 신경망 VGG16의 기능이 VideoID_Start_End.npy로 저장되었다. 다음 코드 블록에는 비디오의 텍스트 캡션을 처리하고 VGG16의 비디오 이미지 기능에 대한 경로 상호 참조를 만드는 기능이 나와 있다.

```
def get_clean_caption_data(self,text_path,feat_path):
    text_data = pd.read_csv(text_path, sep=',')
    text_data = text_data[text_data['Language'] == 'English']
    text_data['video_path'] =
    text_data.apply(lambda row:
         row['VideoID']+'_'+str(int(row['Start']))+'_'+
```

```
                                    str(int(row['End']))+'.npy',axis=1)
    text_data['video_path'] =
    text_data['video_path'].map(lambda x: os.path.join(feat_path, x))
    text_data =
    text_data[text_data['video_path'].map(lambda x: os.path.exists(x))]
    text_data =
    text_data[text_data['Description'].map(lambda x: isinstance(x, str))]
    unique_filenames = sorted(text_data['video_path'].unique())
    data =
    text_data[text_data['video_path'].map(lambda x: x in unique_filenames)]
    return data
```

정의 된 get_data 함수에서 영어가 아닌 모든 캡션을 video_corpus.csv 파일에서 제거한다. 완료되면 먼저 비디오 이름을 구성(VideoID, Start 및 End 특징을 접합하여)하여 비디오 특징에 대한 링크를 만들고 특징 디렉토리 이름을 앞에 붙인다. 그런 다음 특징 디렉토리의 실제 비디오 특징 벡터를 가리키지 않거나 유효하지 않은 텍스트 설명이 없는 모든 비디오 모음 파일 레코드를 제거한다.

데이터는 다음 다이어그램(그림 5.6)과 같이 나타난다.

index	VideoID	Start	End	WorkerID	Source	AnnotationTime	Language	Description
77153	krAk8WPZRL4	207	212	281652	unverified	33	English	A car has blasted behind the people standing.
119339	Ixw6wmoC_xg	116	126	280252	clean	75	English	A woman is putting a small baby in a water pip.
33060	SULWQEAErKv▸	13	26	919506	unverified	73	English	tortoise walking on grass
118294	1qV4wfjTYIo	151	164	948158	unverified	53	English	A cat fished a straw out of its water bowl.
35337	zHy7pM0U49w	110	116	947723	unverified	19	English	A man is chopping a tomato.
28824	bkazguPsusc	74	85	481414	clean	125	English	A cat is crawling underneath a couch.
16701	6t0BpjwYKco	71	76	829808	unverified	29	English	A lady is cutting an apple.
62353	aM-RcQj0a7I	37	55	762891	clean	30	English	The man is frying food.
40211	FCjpuJaUec0	19	26	297776	unverified	69	English	A cat plays in a toilet.
13565	ngHDYzhDBk4	5	14	762891	clean	21	English	The girls are dancing.
77485	xxHx6s_DbUo	57	61	707318	clean	11	English	A man is doing pull ups.
31845	ItFqogTmAvQ	240	246	762891	clean	14	English	The man and woman are riding a motorcycle.
62473	jfrrO5K_vKM	55	65	275759	clean	37	English	A man showing a gun packed in a box.
72911	dJCtOz32dnw	40	60	707318	unverified	16	English	A man pulls eggs out of his pants.
23996	FHwC2THZJfA	0	10	283974	unverified	106	English	Loris try to climb a rope
96143	ImCrlZeob4w	23	26	807741	unverified	42	English	Christmas in Japan
65195	ejgwQqCHN1E	7	12	688049	unverified	167	English	Love song is sing by lovers
36558	98AIrg4pFXs	148	153	135621	clean	88	English	Two black men are kick boxing.
121514	BVjvRpmHg0w	231	250	833861	unverified	207	English	The two woman's are preparing the food
82325	QTAqjSbMkXU	65	75	772960	clean	509	English	Two portions of salmon flesh are placed in a dish containing salt and whole spices and a baking sheet is spread over them.
117678	LwicaraIvS0	90	104	181773	clean	37	English	A man is pouring sugar into his coffee.
58604	I_-Nb_0RxpM	1	15	772960	clean	309	English	An old man is swinging his hip with his hands placed thereon as he bends sideways standing on a pavement.
14936	L9wD3kw-8FE	65	73	553931	unverified	19	English	Someone chopped a log with a machete.
25574	J—aIyznGQ	0	6	275759	clean	96	English	A cat is playing a piano.
44267	KUc1cWKXjDc	20	30	313410	unverified	57	English	Two small yellow ducks run around together in a yard.
110418	JktNQQnLbIQ	4	9	418656	unverified	224	English	A woman is roasting the bread.
80187	ecm9gf2Pgkc	1	24	825347	clean	12	English	A woman is playing with a rabbit.
42987	3eqFFRSXwGE	84	96	159786	clean	1206	English	Two dogs are playing on a floor.
49600	DIToA1dDwGQ	32	42	373663	clean	28	English	A woman is riding on an elephant.
77537	ZvJvNcukZ4w	0	10	155632	clean	46	English	A badger attacks a fox.
66208	ObBss94n3gI	35	46	130040	unverified	68	English	A man slicing some vegitables
60005	9gbUM9oHBNI	557	563	303815	unverified	42	English	the person is drinking the water
15985	-7KMZQEsJW4	205	208	371782	unverified	136	English	A guy is holding the sunflower in his hand.
64925	AzMrltkXGJk	0	10	707318	unverified	20	English	A boy is looking outside a window.
34205	H1Bok7Dg7g8	21	26	373663	unverified	129	English	A puppet is talking on a phone
89675	VLBsAPZ2DDE	58	64	922727	clean	25	English	Chickens are chasing a little boy.
51448	iTA0rWPE4nY	17	23	869926	unverified	19	English	A man is washing his hands in the bathroom.
5318	vE1gvaM3iAs	39	46	467982	unverified	119	English	A man removing scratches from a dvd with some sort of chemicals.
31732	2mUMTFnQWa▸	1	9	696912	unverified	92	English	The girl is riding a horse around the fence.
86781	1dfR0A_BXjw	441	448	762891	clean	18	English	The man is seasoning dough.
5253	32_A0-er4Ws	16	20	534192	unverified	28	English	A woman picks a tomato outdoors.
81648	hM3jzIyNIpc	0	10	309959	clean	16	English	The hamster ran in the wheel.
54243	WPG-BIWOrG4	130	134	707318	clean	16	English	A person is baking food in the oven.

그림 5.6 전처리 후 캡션 데이터

훈련과 시험 데이터집합 만들기

모델을 학습한 후에는 모델이 어떻게 수행되고 있는지 평가하고 싶다. 테스트 데이터 세트에 대해 생성된 캡션을 테스트 세트의 비디오 내용과 비교하여 검증할 수 있다. 훈련 테스트 세트 데이터 세트는 다음 기능을 사용하여 만들 수 있다. 훈련 중 테스트 데이터 세트를 생성하고 모델이 훈련되면 평가에 사용할 수 있다.

```
def train_test_split(self,data,test_frac=0.2):
    indices = np.arange(len(data))
    np.random.shuffle(indices)
    train_indices_rec = int((1 - test_frac)*len(data))
    indices_train = indices[:train_indices_rec]
    indices_test = indices[train_indices_rec:]
    data_train, data_test =
    data.iloc[indices_train],data.iloc[indices_test]
    data_train.reset_index(inplace=True)
    data_test.reset_index(inplace=True)
    return data_train,data_test
```

일반적으로 평가를 위해 데이터의 20%를 예약하는 것은 공정한 관행이다.

모델 구축하기

이 절에서는 핵심 모델 구축하는 것을 설명한다. 먼저 텍스트 캡션 어휘에서 단어에 대한 임베딩 레이어를 정의한 후 두 개의 LSTM을 정의한다. 가중치 `self.encode_W` 및 `self.encode_b`는 컨볼루션 신경망에서 특징 f_t의 크기를 줄이는 데 사용된다. 두 번째 LSTM(LSTM 2)의 경우, 단계 $t > N$에서 다른 입력 중 하나는 첫 번째 LSTM(LSTM1)의 출력 h_t와 함께 이전 단어 w_{t-1}이다. w_{t-1}에 대한 단어 임베딩은 하나의 핫 인코딩된 벡터 대신 LSTM2에 공급된다. 첫 번째 N(`self.video_lstm_step`)의 경우 LSTM1이 CNN에서 입력 피처 f_t를 처리하고 출력 숨김 상태 $h_t(output1)$이 LSTM2에 공급된다. 이 인코딩 단계 동안 LSTM2는 입력으로 어떠한 단어 w_{t-1}도 받지 않는다.

$(N+1)$ 시간 단계에서 LSTM1의 $h_t(output1)$와 함께 이전 시간 단계 단어 포함 벡터 w_{t-1}이 LSTM2에 공급되는 디코딩 단계로 들어간다. 이 단계에서는 모든 특징 f_t가 시간 단계 N에서 소진되므로 LSTM1에 입력이 없다. 디코딩 단계에 대한 시간 단계의 수는 `self.caption_lstm_step`에 의해 결정된다.

이제 함수 $f2$로 LSTM2의 활동을 나타내는 경우 $f_2(h_t,\ w_{t-1})=h_{2t}$이다. 여기서 h_{2t}는 시간 단계 t에서 LSTM2의 숨겨진 상태이다. 시간 t에서 이 숨겨진 상태 h_{2t}는 softmax 함수를 통해 출력 단어에 대한 확률 분포로 변환되며 가장 높은 확률을 갖는 것이 다음 단어로 선택된다.

$$p_t = softmax(h_{2t} * W_{ho} + b)$$

$$\hat{o}_t = argmax\ p_t$$

이 가중치(W_{ho} 및 b)는 다음 코드 블록에서 `self.word_emb_W` 및 `self.word_emb_b`로 정의된다. 보다 자세한 내용은 `build_model` 함수를 참조한다. 빌드 기능은 쉽게 해석할 수 있도록 세 부분으로 나뉜다. 빌드 모델에는 3개의 주요 단계가 있다

- **정의 단계**: 캡션 단어에 대한 변수, 포함 레이어 및 시퀀스-투-시퀀스 모델에 대한 두 개의 LSTM을 정의한다.
- **인코딩 단계**: 이 단계에서는 비디오 프레임 이미지 기능을 LSTM1의 타임 스텝을 통해 전달하고 각 타임 스텝의 숨겨진 상태는 LSTM2에 전달된다. 이 활동은 타임 스텝 N까지 수행된다. 여기서 N은 각 비디오에서 샘플링된 비디오 프레임 이미지의 수이다.
- **디코딩 단계**: 디코딩 단계에서 LSTM2는 텍스트 캡션 생성을 시작한다. 시간 단계와 관련하여 디코딩 단계는 단계 $N+1$부터 시작한다. LSTM2의 각 시간 단계에서 생성된 단어는 LSTM1의 숨겨진 상태와 함께 다음 상태로 입력으로 공급된다.

모델 변수 정의

비디오 캡션 모델에 대한 변수 및 기타 관련 정의는 다음과 같이 정의할 수 있다.

```
Defining the weights associated with the Network
        with tf.device('/cpu:0'):
            self.word_emb =
            tf.Variable(tf.random_uniform([self.n_words, self.dim_hidden],
                          -0.1, 0.1), name='word_emb')

        self.lstm1 =
        tf.nn.rnn_cell.BasicLSTMCell(self.dim_hidden, state_is_tuple=False)
        self.lstm2 =
        tf.nn.rnn_cell.BasicLSTMCell(self.dim_hidden, state_is_tuple=False)
        self.encode_W =
        tf.Variable( tf.random_uniform([self.dim_image,self.dim_hidden],
                       -0.1, 0.1), name='encode_W')
        self.encode_b =
        tf.Variable( tf.zeros([self.dim_hidden]), name='encode_b')

        self.word_emb_W =
        tf.Variable(tf.random_uniform([self.dim_hidden,self.n_words],
        -0.1,0.1), name='word_emb_W')
        self.word_emb_b =
        tf.Variable(tf.zeros([self.n_words]), name='word_emb_b')

        # Placeholders
        video =
        tf.placeholder(tf.float32, [self.batch_size,
        self.video_lstm_step, self.dim_image])
        video_mask =
        tf.placeholder(tf.float32, [self.batch_size, self.video_lstm_step])

        caption =
        tf.placeholder(tf.int32, [self.batch_size, self.caption_lstm_step+1])
        caption_mask =
        tf.placeholder(tf.float32, [self.batch_size, self.caption_lstm_step+1])

        video_flat = tf.reshape(video, [-1, self.dim_image])
```

```
        image_emb = tf.nn.xw_plus_b( video_flat, self.encode_W,self.encode_b )
        image_emb =
        tf.reshape(image_emb, [self.batch_size, self.lstm_steps, self.dim_hidden])

        state1 = tf.zeros([self.batch_size, self.lstm1.state_size])
        state2 = tf.zeros([self.batch_size, self.lstm2.state_size])
        padding = tf.zeros([self.batch_size, self.dim_hidden])
```

자리 표시자와 함께 모든 관련 변수는 이전 코드로 정의된다.

인코딩 단계

인코딩 단계에서는 LSTM 1의 시간 단계를 통해 각 비디오 이미지 프레임 기능(CNN 마지막 레이어에서)을 순차적으로 처리한다. 비디오 이미지 프레임의 크기는 4096이다. LSTM1은 512의 작은 크기로 축소되었다.

LSTM1은 비디오 프레임 이미지를 처리하고 각 시간 단계에서 숨겨진 상태를 LSTM 2로 전달하며 이 프로세스는 시간 단계 *N*(self.video_lstm_step)까지 계속된다. 인코더의 코드는 다음과 같다.

```
probs = []
        loss = 0.0

        # Encoding Stage
        for i in range(0, self.video_lstm_step):
            if i > 0:
                tf.get_variable_scope().reuse_variables()

            with tf.variable_scope("LSTM1"):
                output1, state1 = self.lstm1(image_emb[:,i,:], state1)

            with tf.variable_scope("LSTM2"):
                output2, state2 = self.lstm2(tf.concat([padding,
                                                output1],1), state2)
```

디코딩 단계

디코딩 단계에서, 비디오 캡션을 위한 단어의 생성이 일어난다. LSTM1에 더 이상 입력이 없다. 그러나 LSTM1이 롤 포워드[roll forward]되고 생성된 은닉 상태가 이전과 같이 LSTM2 시간 단계로 공급된다. 각 단계에서 LSTM 2에 대한 다른 입력은 캡션에서 이전 단어의 임베드 벡터이다. 따라서 각 단계에서 LSTM2는 이전 시간 단계에서 예측된 단어와 그 시간 단계에서 LSTM1의 숨겨진 상태에 따라 조정 된 새 캡션 단어를 생성한다. 디코더의 코드는 다음과 같다.

```
# Decoding Stage to generate Captions
    for i in range(0, self.caption_lstm_step):

        with tf.device("/cpu:0"):
                current_embed = tf.nn.embedding_lookup(self.word_emb,
                                                       caption[:, i])
        tf.get_variable_scope().reuse_variables()

        with tf.variable_scope("LSTM1"):
            output1, state1 = self.lstm1(padding, state1)

        with tf.variable_scope("LSTM2"):
            output2, state2 =
                self.lstm2(tf.concat([current_embed, output1],1), state2)
```

각 미니배치의 손실 계산

최적화된 손실은 LSTM2의 각 시간 단계에서 캡션 단어의 전체 모음에서 올바른 단어를 예측하는 것과 관련하여 범주형 교차 엔트로피 손실이다. 배치의 모든 데이터 포인트에 대해 디코딩 단계의 각 단계에서 동일하게 누적된다. 디코딩 단계 동안 손실 누적과 관련된 코드는 다음과 같다.

```
    labels = tf.expand_dims(caption[:, i+1], 1)
    indices = tf.expand_dims(tf.range(0, self.batch_size, 1), 1)
    concated = tf.concat([indices, labels],1)
    onehot_labels =
    tf.sparse_to_dense(concated, tf.stack
                      ([self.batch_size,self.n_words]), 1.0, 0.0)

        logit_words =
        tf.nn.xw_plus_b(output2, self.word_emb_W, self.word_emb_b)
# Computing the loss
        cross_entropy =
        tf.nn.softmax_cross_entropy_with_logits(logits=logit_words,
        labels=onehot_labels)
        cross_entropy =
        cross_entropy * caption_mask[:,i]
        probs.append(logit_words)

        current_loss = tf.reduce_sum(cross_entropy)/self.batch_size
        loss = loss + current_loss
```

손실은 Adam, RMSprop 등과 같은 합리적인 기울기 하강 최적화 프로그램 중 하나로 최적화할 수 있다. 우리는 실험을 위해 대부분의 딥러닝 최적화에서 잘 수행되는 Adam을 선택한다. Adam 최적화 프로그램을 사용하여 다음과 같이 train 연산을 정의할 수 있다.

```
with tf.variable_scope(tf.get_variable_scope(),reuse=tf.AUTO_REUSE):
    train_op = tf.train.AdamOptimizer(self.learning_rate).minimize(loss)
```

캡션에 대한 단어 어휘 만들기

이 절에서는 비디오 캡션에 대한 단어 어휘를 만든다. 다음과 같이 필요한 몇 가지 추가 단어를 만든다.

```
eos => End of Sentence
bos => Beginning of Sentence
pad => When there is no word to feed,required by the LSTM 2 in the initial
N time steps
unk => A substitute for a word that is not included in the vocabulary
```

단어가 입력인 LSTM2에는 이 4개의 추가 기호가 필요하다. $(N+1)$ 시간 단계의 경우, 자막 생성을 시작할 때 이전 시간 단계 w_{t-1}의 단어를 피드한다. 첫 번째 단어를 생성하려면 유효한 이전 시간 단계 단어가 없으므로 문장의 시작을 나타내는 더미 단어 <bos>를 제공한다. 마찬가지로 마지막 시간 단계에 도달하면 w_{t-1}이 캡션의 마지막 단어이다. 문장의 끝을 나타내는 <eos>로 최종 단어를 출력하도록 모델을 훈련시킨다. 문장의 끝에 도달하면 LSTM 2는 더 이상 단어를 방출하지 않는다.

예를 들어 설명하기 위해 문장 *The weather is beautiful*을 보자. 다음은 시간 단계 $(N+1)$부터 LSTM2의 입력과 출력 레이블이다.

Time step	**Input**	**Output**
N+1	<bos>, h_{N+1}	The
N+2	The, h_{N+2}	weather
N+3	weather, h_{N+3}	is
N+4	is, h_{N+4}	beautiful
N+5	beautiful, h_{N+5}	<eos>

단어 어휘를 생성하는 함수 create_word_dict 함수는 다음과 같이 표현된다.

```
def create_word_dict(self,sentence_iterator, word_count_threshold=5):
    word_counts = {}
    sent_cnt = 0
    for sent in sentence_iterator:
        sent_cnt += 1
        for w in sent.lower().split(' '):
            word_counts[w] = word_counts.get(w, 0) + 1
        vocab = [w for w in word_counts if word_counts[w] >= word_count_threshold]
```

```
    idx2word = {}
    idx2word[0] = '<pad>'
    idx2word[1] = '<bos>'
    idx2word[2] = '<eos>'
    idx2word[3] = '<unk>'
    word2idx = {}
    word2idx['<pad>'] = 0
    word2idx['<bos>'] = 1
    word2idx['<eos>'] = 2
    word2idx['<unk>'] = 3
    for idx, w in enumerate(vocab):
        word2idx[w] = idx+4
        idx2word[idx+4] = w
    word_counts['<pad>'] = sent_cnt
    word_counts['<bos>'] = sent_cnt
    word_counts['<eos>'] = sent_cnt
    word_counts['<unk>'] = sent_cnt
    return word2idx,idx2word
```

모델 훈련하기

이 절에서는 모든 조각을 모아 비디오 캡션 모델 학습을 위한 기능을 구축한다.

먼저 훈련 및 테스트 데이터 세트의 비디오 캡션을 결합하여 단어 사전을 만든다. 이 작업이 완료되면 build_model 함수를 호출하여 두 개의 LSTM을 결합하여 비디오 캡션 신경망을 만든다. 특정 시작과 끝을 가진 각 비디오마다 여러 개의 출력 비디오 캡션이 있다. 각 일괄 처리 내에서 특정 시작 및 끝이 있는 비디오의 출력 비디오 캡션은 사용 가능한 여러 비디오 캡션 중에서 임의로 선택된다. LSTM 2에 대한 입력 텍스트 캡션은 시간 단계 $(N+1)$에서 시작 단어가 <bos>가 되도록 조정되고, 출력 텍스트 캡션의 끝 단어는 최종 텍스트 레이블이 <eos>가 되도록 조정된다. 각 시간 단계에 대한 범주형 교차 엔트로피 손실의 합은 특정 비디오에 대한 총 교차 엔트로피 손실로 간주된다. 각 시간 단계에서 전체 단어 어휘에 대한 범주형 교차 엔트로피 손실을 계산하며 다음과 같이 나타낼 수 있다.

$$C^{(t)} = -\sum_{i=1}^{V} y_i^{(t)} \log(p_i^{(t)})$$

여기서, $y^{(t)} = \left[y_1^{(t)} y_2^{(t)} y_i^{(t)} \cdots y_V^{(t)}\right]$는 시간 단계 t에서의 실제 목표 워드의 원핫 인코딩된 벡터이고 $p^{(t)} = \left[p_1^{(t)} p_2^{(t)} p_i^{(t)} \cdots p_V^{(t)}\right]$는 모델로부터 예측된 확률 벡터이다.

손실 감소의 특성을 보기 위해 훈련 중에 각 시대에서 손실이 포착된다. 여기서 주목해야 할 또 다른 중요한 점은 TensorFlow의 `tf.train.saver` 함수를 사용하여 학습된 모델을 저장하여 모델을 복원하여 추론을 수행할 수 있다는 것이다.

`train` 함수에 대한 자세한 코드는 다음과 같다.

```
def train(self):
    data = self.get_data(self.train_text_path,self.train_feat_path)
    self.train_data,self.test_data = self.train_test_split(data,test_frac=0.2)
    self.train_data.to_csv(f'{self.path_prj}/train.csv',index=False)
    self.test_data.to_csv(f'{self.path_prj}/test.csv',index=False)

    print(f'Processed train file written to {self.path_prj}/train_corpus.csv')
    print(f'Processed test file written to {self.path_prj}/test_corpus.csv')
    train_captions = self.train_data['Description'].values
    test_captions = self.test_data['Description'].values
    captions_list = list(train_captions)
    captions = np.asarray(captions_list, dtype=np.object)
    captions = list(map(lambda x: x.replace('.', ''), captions))
    captions = list(map(lambda x: x.replace(',', ''), captions))
    captions = list(map(lambda x: x.replace('"', ''), captions))
    captions = list(map(lambda x: x.replace('\n', ''), captions))
    captions = list(map(lambda x: x.replace('?', ''), captions))
    captions = list(map(lambda x: x.replace('!', ''), captions))
    captions = list(map(lambda x: x.replace('\\', ''), captions))
    captions = list(map(lambda x: x.replace('/', ''), captions))
    self.word2idx,self.idx2word = self.create_word_dict(captions,
                                word_count_threshold=0)
```

```
    np.save(self.path_prj/ "word2idx",self.word2idx)
    np.save(self.path_prj/ "idx2word" ,self.idx2word)
    self.n_words = len(self.word2idx)
    tf_loss, tf_video,tf_video_mask,tf_caption,tf_caption_mask,tf_probs,train_op=
    self.build_model()
    sess = tf.InteractiveSession()
    saver = tf.train.Saver(max_to_keep=100, write_version=1)
    tf.global_variables_initializer().run()
    loss_out = open('loss.txt', 'w')
    val_loss = []
    for epoch in range(0,self.epochs):
        val_loss_epoch = []
        index = np.arange(len(self.train_data))

        self.train_data.reset_index()
        np.random.shuffle(index)
        self.train_data = self.train_data.loc[index]
        current_train_data =
        self.train_data.groupby(['video_path']).first().reset_index()

        for start, end in zip(
                range(0, len(current_train_data),self.batch_size),
range(self.batch_size,len(current_train_data),self.batch_size)):
            start_time = time.time()
            current_batch = current_train_data[start:end]
            current_videos = current_batch['video_path'].values
            current_feats = np.zeros((self.batch_size,
                                   self.video_lstm_step,self.dim_image))
            current_feats_vals = list(map(lambda vid:np.load(vid),current_videos))
            current_feats_vals = np.array(current_feats_vals)
            current_video_masks = np.zeros((self.batch_size,self.video_lstm_step))
            for ind,feat in enumerate(current_feats_vals):
                current_feats[ind][:len(current_feats_vals[ind])] = feat
                current_video_masks[ind][:len(current_feats_vals[ind])]= 1
            current_captions = current_batch['Description'].values
            current_captions = list(map(lambda x: '<bos> ' + x, current_captions))
            current_captions = list(map(lambda x: x.replace('.', ''),
                                    current_captions))
            current_captions = list(map(lambda x: x.replace(',', ''),
```

```
                        current_captions))
current_captions = list(map(lambda x: x.replace('"', ''),
                        current_captions))
current_captions = list(map(lambda x: x.replace('\n', ''),
                        current_captions))
current_captions = list(map(lambda x: x.replace('?', ''),
                        current_captions))
current_captions = list(map(lambda x: x.replace('!', ''),
                        current_captions))
current_captions = list(map(lambda x: x.replace('\\', ''),
                        current_captions))
current_captions = list(map(lambda x: x.replace('/', ''),
                        current_captions))

for idx, each_cap in enumerate(current_captions):
    word = each_cap.lower().split(' ')
    if len(word) < self.caption_lstm_step:
        current_captions[idx] = current_captions[idx] + '<eos>'
    else:
        new_word = ''
        for i in range(self.caption_lstm_step-1):
            new_word = new_word + word[i] + ' '
        current_captions[idx] = new_word + '<eos>'
current_caption_ind = []
for cap in current_captions:
    current_word_ind = []
    for word in cap.lower().split(' '):
        if word in self.word2idx:
            current_word_ind.append(self.word2idx[word])
        else:
            current_word_ind.append(self.word2idx['<unk>'])
    current_caption_ind.append(current_word_ind)
current_caption_matrix =
sequence.pad_sequences(current_caption_ind, padding='post',
                           maxlen=self.caption_lstm_step)
current_caption_matrix =
np.hstack( [current_caption_matrix,
        np.zeros([len(current_caption_matrix), 1] ) ]).astype(int)
current_caption_masks =
```

```
        np.zeros( (current_caption_matrix.shape[0],
        current_caption_matrix.shape[1]) )
        nonzeros =
            np.array( list(map(lambda x: (x != 0).sum() + 1,
        current_caption_matrix ) ))
        for ind, row in enumerate(current_caption_masks):
            row[:nonzeros[ind]] = 1
        probs_val = sess.run(tf_probs, feed_dict={
            tf_video:current_feats,
            tf_caption: current_caption_matrix
            })
        _, loss_val = sess.run(
                [train_op, tf_loss],
                feed_dict={
                    tf_video: current_feats,
                    tf_video_mask : current_video_masks,
                    tf_caption: current_caption_matrix,
                    tf_caption_mask: current_caption_masks
                    })
        val_loss_epoch.append(loss_val)
        print('Batch starting index: ', start, " Epoch: ", epoch, " loss: ",
        loss_val, ' Elapsed time: ', str((time.time() - start_time)))
        loss_out.write('epoch ' + str(epoch) + ' loss ' + str(loss_val) + '\n')
    # draw loss curve every epoch
    val_loss.append(np.mean(val_loss_epoch))
    plt_save_dir = self.path_prj / "loss_imgs"
    plt_save_img_name = str(epoch) + '.png'
    plt.plot(range(len(val_loss)),val_loss, color='g')
    plt.grid(True)
    plt.savefig(os.path.join(plt_save_dir, plt_save_img_name))
    if np.mod(epoch,9) == 0:
        print ("Epoch ", epoch, " is done. Saving the model ...")
        saver.save(sess, os.path.join(self.path_prj, 'model'),
                                    global_step=epoch)
loss_out.close()
```

앞의 코드에서 알 수 있듯이 batch_size를 기반으로 비디오 세트를 무작위로 선택하여 각 배치를 만든다.

동일한 비디오에 여러 개의 태그가 레이블 되어 있으므로 각 비디오에 대해 레이블이 무작위로 선택된다. 선택한 각 캡션에 대해 캡션 텍스트를 정리하고 그 안의 단어를 단어 인덱스로 변환한다. 각 단계에서 캡션의 이전 단어에서 단어를 예측하므로 캡션 대상이 1 시간단위 씩 이동한다. 모델은 지정된 수의 에포크에 대해 학습되고 모델은 지정된 에포크 간격(여기서는 9)으로 체크포인트 된다(여기서는 9).

훈련 결과

모델은 다음 명령으로 훈련된다.

```
python Video_seq2seq.py process_main --path_prj '/media/santanu/
9eb9b6dcb380-486e-b4fd-c424a325b976/Video Captioning/' --caption_file
video_corpus.csv --feat_dir features --cnn_feat_dim 4096 --h_dim 512 --
batch_size 32 --lstm_steps 80 --video_steps=80 --out_steps 20 --
learning_rate 1e-4--epochs=100
```

Parameter	Value
Optimizer	Adam
learning rate	1e-4
Batch size	32
Epochs	100
cnn_feat_dim	4096
lstm_steps	80
out_steps	20
h_dim	512

이 훈련의 출력 로그는 다음과 같다.

```
Batch starting index: 1728 Epoch: 99 loss: 17.723186 Elapsed time:
0.21822428703308105
Batch starting index: 1760 Epoch: 99 loss: 19.556421 Elapsed time:
```

```
0.2106935977935791
Batch starting index: 1792 Epoch: 99 loss: 21.919321 Elapsed time:
0.2206578254699707
Batch starting index: 1824 Epoch: 99 loss: 15.057275 Elapsed time:
0.21275663375854492
Batch starting index: 1856 Epoch: 99 loss: 19.633915 Elapsed time:
0.21492290496826172
Batch starting index: 1888 Epoch: 99 loss: 13.986136 Elapsed time:
0.21542596817016602
Batch starting index: 1920 Epoch: 99 loss: 14.300303 Elapsed time:
0.21855640411376953
Epoch 99 is done. Saving the model ...
24.343 min: Video Captioning
```

우리가 볼 수 있듯이 GeForce Zotac 1070 GPU를 사용하여 100에포크에 모델을 훈련시키는 데 약 24분이 걸린다.

각 에포크에 대한 훈련 손실 감소는 다음과 같다(그림 5.7).

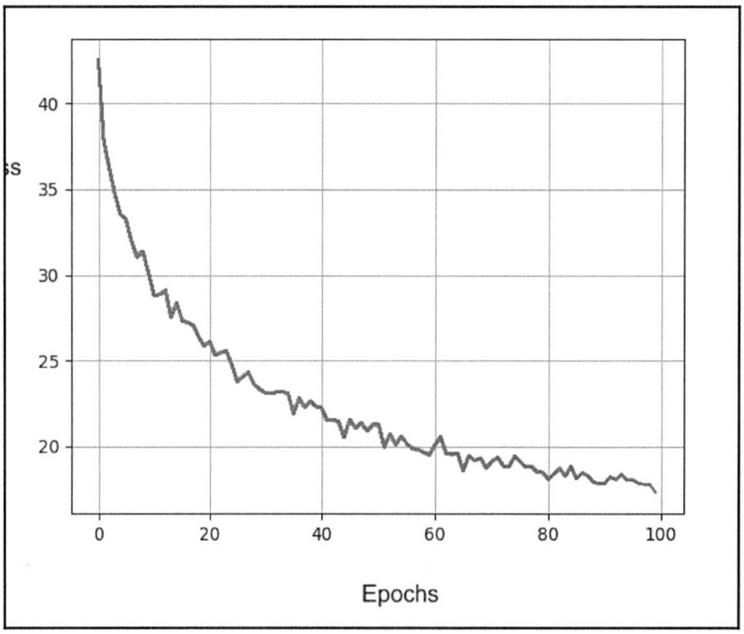

▌그림 5.7▐ 훈련중 손실 프로필

앞의 그래프(그림 5.7)에서 알 수 있듯이 손실 감소는 초기 몇 개의 에포크에서 높으며 점차적으로 에포크 **80** 주위에서 감소한다. 다음 절에서는 새 비디오에 대한 캡션을 생성할 때 모델의 성능을 보여준다.

새 시험 비디오에 대한 추론

추론을 위해 build_model의 논리를 복제하여 모델 변수를 정의하고 모델을 로드하고 동일한 추론을 실행하는 데 필요한 TensorFlow op를 생성하는 생성기 함수 build_generator를 빌드한다.

```
def build_generator(self):
    with tf.device('/cpu:0'):
        self.word_emb =
        tf.Variable(tf.random_uniform([self.n_words, self.dim_hidden],
                    -0.1, 0.1), name='word_emb')
    self.lstm1 =
    tf.nn.rnn_cell.BasicLSTMCell(self.dim_hidden, state_is_tuple=False)
    self.lstm2 =
    tf.nn.rnn_cell.BasicLSTMCell(self.dim_hidden, state_is_tuple=False)

    self.encode_W =
    tf.Variable(tf.random_uniform([self.dim_image,self.dim_hidden],
                -0.1, 0.1), name='encode_W')
    self.encode_b =
    tf.Variable(tf.zeros([self.dim_hidden]), name='encode_b')
    self.word_emb_W =
    tf.Variable(tf.random_uniform([self.dim_hidden,self.n_words],
                -0.1,0.1), name='word_emb_W')
    self.word_emb_b =
    tf.Variable(tf.zeros([self.n_words]), name='word_emb_b')
    video =
    tf.placeholder(tf.float32, [1, self.video_lstm_step, self.dim_image])
    video_mask =
    tf.placeholder(tf.float32, [1, self.video_lstm_step])
```

```
video_flat = tf.reshape(video, [-1, self.dim_image])
image_emb = tf.nn.xw_plus_b(video_flat, self.encode_W, self.encode_b)
image_emb = tf.reshape(image_emb, [1, self.video_lstm_step, self.dim_hidden])

state1 = tf.zeros([1, self.lstm1.state_size])
state2 = tf.zeros([1, self.lstm2.state_size])
padding = tf.zeros([1, self.dim_hidden])

generated_words = []
probs = []
embeds = []

for i in range(0, self.video_lstm_step):
    if i > 0:
        tf.get_variable_scope().reuse_variables()

    with tf.variable_scope("LSTM1"):
        output1, state1 = self.lstm1(image_emb[:, i, :], state1)

    with tf.variable_scope("LSTM2"):
        output2, state2 =
        self.lstm2(tf.concat([padding, output1],1), state2)

for i in range(0, self.caption_lstm_step):
    tf.get_variable_scope().reuse_variables()

    if i == 0:
        with tf.device('/cpu:0'):
            current_embed =
            tf.nn.embedding_lookup(self.word_emb, tf.ones([1], dtype=tf.int64))

    with tf.variable_scope("LSTM1"):
        output1, state1 = self.lstm1(padding, state1)

    with tf.variable_scope("LSTM2"):
        output2, state2 =
        self.lstm2(tf.concat([current_embed, output1],1), state2)

    logit_words =
```

```
        tf.nn.xw_plus_b( output2, self.word_emb_W, self.word_emb_b)
        max_prob_index = tf.argmax(logit_words, 1)[0]
        generated_words.append(max_prob_index)
        probs.append(logit_words)

        with tf.device("/cpu:0"):
            current_embed =
            tf.nn.embedding_lookup(self.word_emb, max_prob_index)
            current_embed = tf.expand_dims(current_embed, 0)

        embeds.append(current_embed)

return video, video_mask, generated_words, probs, embeds
```

추론 함수

추론 중에 build_generator를 호출하여 추론에 필요한 모델 및 기타 TensorFlow ops를 정의한 다음 tf.train.Saver.restoreutility를 사용하여 훈련된 모델에서 저장된 가중치로 정의된 모델을 로드한다. 모델이 로드되고 각 테스트 비디오에 대해 추론할 준비가 되면 CNN에서 사전 처리된 해당 비디오 프레임 이미지를 추출하여 추론을 위해 모델에 전달한다.

```
def inference(self):
    self.test_data = self.get_test_data(self.test_text_path,self.test_feat_path)
    test_videos = self.test_data['video_path'].unique()
    self.idx2word =
    pd.Series(np.load(self.path_prj / "idx2word.npy").tolist())
    self.n_words = len(self.idx2word)
    video_tf, video_mask_tf, caption_tf, probs_tf, last_embed_tf =
    self.build_generator()
    sess = tf.InteractiveSession()
    saver = tf.train.Saver()
    saver.restore(sess,self.model_path)
    f = open(f'{self.path_prj}/video_captioning_results.txt', 'w')
```

```
for idx, video_feat_path in enumerate(test_videos):
    video_feat = np.load(video_feat_path)[None,...]
    if video_feat.shape[1] == self.frame_step:
        video_mask = np.ones((video_feat.shape[0], video_feat.shape[1]))
    else:
        continue
    gen_word_idx =
    sess.run(caption_tf, feed_dict={video_tf:video_feat,
            video_mask_tf:video_mask})
    gen_words = self.idx2word[gen_word_idx]
    punct = np.argmax(np.array(gen_words) == '<eos>') + 1
    gen_words = gen_words[:punct]
    gen_sent = ' '.join(gen_words)
    gen_sent = gen_sent.replace('<bos> ', '')
    gen_sent = gen_sent.replace(' <eos>', '')
    print(f'Video path {video_feat_path} : Generated Caption {gen_sent}')
    print(gen_sent,'\n')
    f.write(video_feat_path + '\n')
    f.write(gen_sent + '\n\n')
```

다음 명령을 호출하여 추론을 실행할 수 있다.

```
python Video_seq2seq.py process_main --path_prj '/media/santanu/
9eb9b6dcb380-486e-b4fd-c424a325b976/Video Captioning/' --caption_file
'/media/santanu/9eb9b6dc-b380-486e-b4fd-c424a325b976/Video
Captioning/test.csv' --feat_dir features --mode inference --model_path
'/media/santanu/9eb9b6dc-b380-486e-b4fd-c424a325b976/Video
Captioning/model-99'
```

평가 결과

평가 결과는 매우 좋다. 테스트 세트 0lh_UWF9ZP4_82_87.avi 및 8MVo7fje_oE_139_144.avi의 두 비디오에 대한 추론 결과는 다음과 같다. 다음 스크린 샷에서 비디오 video0lh_UWF9ZP4_82_87.avi에 대한 추론 결과를 보여준다.

훈련 모델을 사용하여 비디오 video0lh_UWF9ZP4_82_87.avi에 대한 추론

다음 스크린 샷에서 다른 `video8MVo7fje_oE_139_144.avi`에 대한 추론 결과를 보여준다.

훈련 모델을 사용하여 비디오 video/8MVo7fje_oE_139_144.avi에 대한 추론

위의 스크린 샷에서 훈련된 모델이 제공된 테스트 비디오에 대한 캡션을 작성하는 것이 훌륭하다는 것을 알 수 있다.

프로젝트 코드는 GitHub 위치 `https://github.com/PacktPublishing/ython-`

rtificial-Intelligence-Projects/tree/master/Chapter05에서 찾을 수 있다. VideoCaptioningPreProcessing.py 모듈을 사용하여 비디오를 사전 처리하고 회선 신경망 기능을 만들 수 있으며 Video_seq2seq.py 모듈을 사용하여 종단간 비디오 캡션 시스템을 교육하고 추론할 수 있다.

요약

이제 우리는 흥미로운 비디오 캡션 프로젝트가 끝났다. TensorFlow 및 Keras를 사용하여 자체 비디오 캡션 시스템을 구축할 수 있어야 한다. 또한 이 장에서 설명한 기술 노하우를 사용하여 회선 신경망 및 반복 신경망과 관련된 다른 고급 모델을 개발할 수 있어야 한다. 다음 장에서는 제한된 Boltzmann 기계를 사용하여 지능형 추천 시스템을 구축할 것이다. 여러분의 참여를 기대한다.

CHAPTER 6

지능형 추천 시스템

인터넷에서 사용할 수 있는 방대한 양의 디지털 정보로 인해 사용자가 원하는 세부 내용에 효율적으로 접근하기가 쉽지 않다. 추천 시스템은 과거 활동에서 추론하여 사용자의 선호, 관심 및 행위에 맞는 항목 또는 세부정보를 추출할 수 있도록 디지털 데이터의 과부하 문제를 다루는 정보 필터링 시스템이다.

이 장에서는 다음과 같은 주제를 다룰 것이다.

- 추천 시스템 소개
- 잠재 인수분해 기반 협업 필터링
- 딥러닝을 사용한 잠재 요소 협업 필터링
- 추천 시스템 구축을 위해 **제한 볼츠만 머신**RBM: Restricted Boltzmann Machine 사용
- RBM 훈련을 위한 대조 발산(contrastive divergence)
- RBM을 사용한 협업 필터링
- RBM을 사용하여 협업 필터링 응용 프로그램 구현

기술 요구사항

독자들은 이 장의 프로젝트를 진행하기 위해서는 Python3 및 인공지능에 대한 기본 지식이 있어야 한다.

이 장의 코드 파일은 GitHub에서 찾을 수 있다:

https://github.com/PacktPublishing/Intelligent-Projects-using-Python/tree/master/Chapter06

동영상 실습은 다음 비디오를 참고한다.

http://bit.ly/2Sgc0R3

추천 시스템이란?

추천 시스템은 오늘날 세계 어디에나 존재합니다. Netflix에 대한 영화 추천이나 Amazon에 대한 제품 추천에서든 추천 시스템이 크게 영향을 미친다. 추천 시스템은 크게 컨텐츠 기반 필터링 시스템, 협업 필터링 시스템 및 잠재 요소 기반 필터링 추천 시스템으로 분류할 수 있다. **컨텐츠 기반 필터링**Content-based filtering은 컨텐츠를 기반으로 하는 아이템의 핸드 코딩 기능에 의존한다. 사용자가 기존 아이템을 평가하는 방법에 따라 사용자 프로파일이 작성되고 사용자가 제공한 순위가 해당 항목에 제공된다.

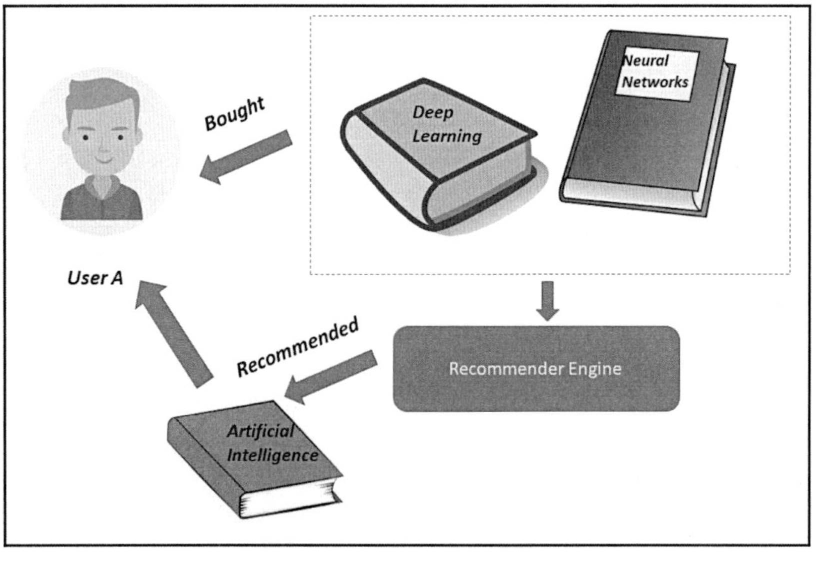

| 그림 6.1 | 컨텐츠 기반 필터링 예시

앞의 다이어그램(그림 6.1)에서 볼 수 있듯이 **UserA**는 **Deep Learning**과 **Neural Networks**라는 책을 구입했다. **Artificial Intelligence** 책의 내용은 두 권의 책과 유사하기 때문에, 컨텐츠 기반 추천 시스템은 **Artificial Intelligence** 책을 **UserA**에게 추천했다. 컨텐츠 기반 필터링에서는 사용자에게 선호도에 기초하여 아이템을 추천한다. 여기에는 다른 사용자가 책을 평가한 방법이 포함되지 않는다.

협업 필터링 Collaborative filtering은 특정 사용자와 관련된 유사한 사용자를 식별한 다음 유사한 사용자가 좋아하거나 구매 또는 높게 평가한 아이템들을 추천한다. 이를 일반적으로 **사용자–사용자 협업 필터링**이라고 한다. 반대의 경우는 특정 아이템과 유사한 아이템을 찾고 다른 유사 아이템을 좋아하거나 구입하거나 높게 평가한 사용자에게 아이템을 추천하는 것이다. 이것은 **아이템–아이템 협업 필터링**이라는 이름이 사용된다.

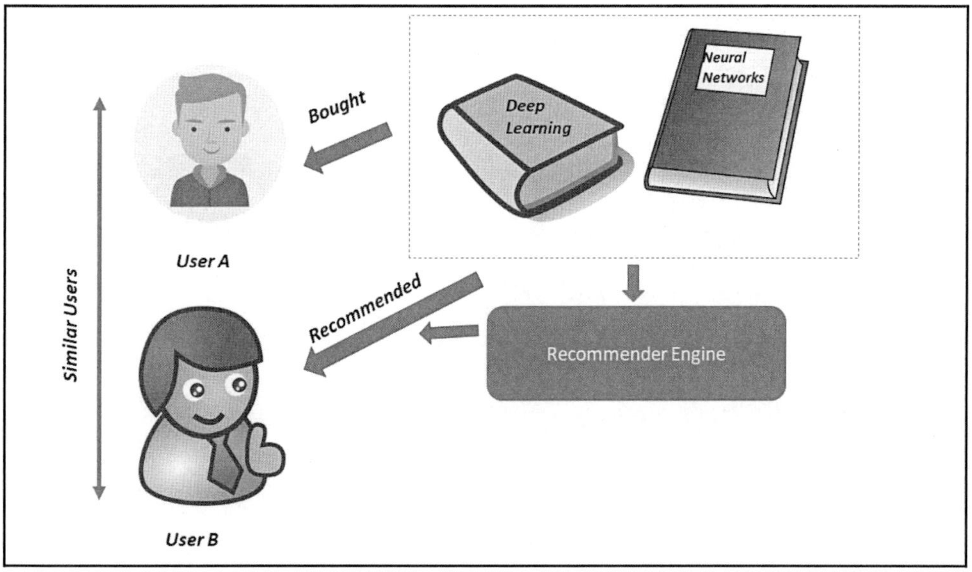

┃그림 6.2┃ 아이템–아이템 협업 필터링 예

앞의 다이어그램 (그림 6.2)에서 사용자A와 사용자B는 책 구매에 대한 취향이 매우 유사하다. 사용자 A는 최근에 **Deep Learning**과 **Neural Networks** 책을 구입했다. 사용자 B는 사용자 A와 매우 유사하기 때문에 **사용자–사용자 협업 추천 시스템**은 이 책을 사용자 B에게도 추천한다.

잠재 인수분해 기반 필터 추천시스템 (Latent factorization-based recommendation system)

잠재 인수분해 기반 필터 추천시스템은 등급을 분해하여 사용자 및 아이템 프로필을 나타내는 잠재 특징을 검색하려고 시도한다. 콘텐츠 기반 필터링 특징과 달리 이러한 잠재 특징은 해석할 수 없으며 복잡한 특징을 나타낼 수 있다. 예를 들어 영화 추천 시스템에서 잠재 된 특징 중 하나는 특정 비율로 유머, 서스펜스 및 로맨스의 선형 조합을 나타낼 수 있다. 일반적으로, 이미 평가된 아이템들에 대해, 사용자 i에 의해 아이템 j에 부여된 평가 r_{ij}는 $r_{ij}=u_i^Tv_j$로 표현될 수 있는데 여기서 u_i는 잠재 요소를 기반으로 하는 사용자 프로필 벡터이고 v_i는 동일한 잠재 요소를 기반으로 하는 아이템 벡터이다.

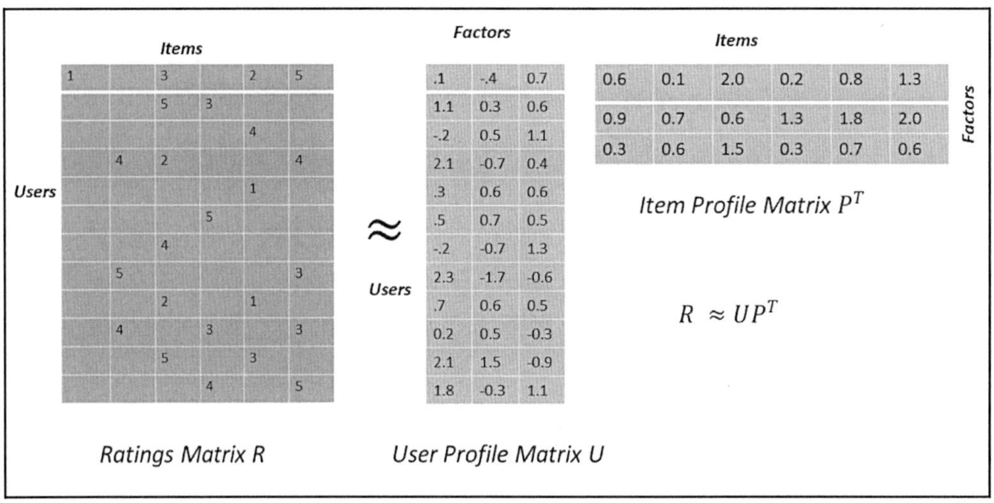

▌그림 6.3▐ 잠재 특징 기반 필터링 예

이 다이어그램(그림 6.3)에는 **잠재 특징 기반 추천 방법**이 표시되어 있다. 평가 행렬 R_{mxn}은 사용자 프로필 행렬 U_{mxk}과 항목 프로필 행렬 P_{nxk}의 전치 행렬의 곱으로 분해되었으며 이때 k는 이 모델의 잠재 요소 개수를 나타낸다. 이러한 프로필을 기반으로 사용자 프로필과 아이템 프로필 내적을 계산하여 사용자가 지금까지 구매하지 않은 아이템을 추천할 수 있다. 내적의 결과는 사용자가 제품을 구매하는 경우 주어지는 예상 등급을 나타낸다.

이러한 사용자 및 아이템 프로파일을 작성할 수 있는 방법 중 하나는 사용자 및 아이템에 대한 일부 평균값 형식으로 결측값을 채운 후 등급 매트릭스에서 **단일 값 분해**SVD: singular value decomposition를 수행하는 것이다. SVD에 따르면, 등급행렬 R은 다음과 같이 분해될 수 있다.

$$R = USV^T = US^{\frac{1}{2}}S^{\frac{1}{2}}V^T$$

사용자 프로파일 행렬을 $US^{1/2}$로 취한 다음 아이템 프로파일 행렬을 $S^{1/2}\ V^T$로 전치함으로써 잠재 요소 모델을 구성할 수 있다. 사용자가 평가하지 않은 영화에 해당하는 등급 매트릭스에 누락된 입력이 있을 때 어떻게 SVD를 수행하는 방법에 대한 의문이 있을 수 있다. 일반적인 접근 방식은 SVD를 수행하기 전에 누락된 등급을 사용자의 평균 등급 또는 전체 등급 평균으로 대체하는 것이다.

잠재 요소 협업 필터링을 위한 딥러닝

SVD를 사용하는 대신 딥러닝 방법을 사용하여 주어진 차원의 사용자 및 아이템 프로필 벡터를 도출할 수 있다.

각 사용자 i에 대해 임베딩 레이어를 통해 사용자 벡터 $u_i \in R^k$를 정의할 수 있다. 마찬가지로 각 항목 j에 대해 다른 임베드 레이어를 통해 아이템 벡터 $v_j \in R^k$를 정의할 수 있다. 그런 다음 사용자 i의 항목 j에 대한 등급 r_{ij}는 다음과 같이 u_i 및 v_i의 내적으로 표시될 수 있다.

$$r_{ij} = u_i^T v_j$$

신경망을 수정하여 사용자 및 아이템에 대한 편향을 추가할 수 있다. k개의 잠재 컴포넌트를 원한다면, m명의 사용자를 위한 임베딩 매트릭스 U의 크기는 $m \times k$가 된다. 유사하게, n개의 아이템에 대한 임베딩 매트릭스 V의 치수는 $n \times k$일 것이다. 딥러닝 기반 잠재 요소 모델 절에서 이 임베드 방식을 사용하여 100K 영화 렌즈 데이터 세트를 기반으로 추천 시스템을 만들 것이다. 데이터 세트는 https://grouplens.org/datasets/movielens/에서 다운로드할 수 있다.

u1.base를 교육 데이터 세트로 사용하고 u1.test를 홀드아웃 테스트 데이터 세트로 사용할 것이다.

딥러닝 기반 잠재요소 모델

잠재 요소 협업 필터링을 위한 딥러닝 절에서 논의된 딥러닝 기반 잠재 요소 모델은 그림 6.4와 같이 설계될 수 있다.

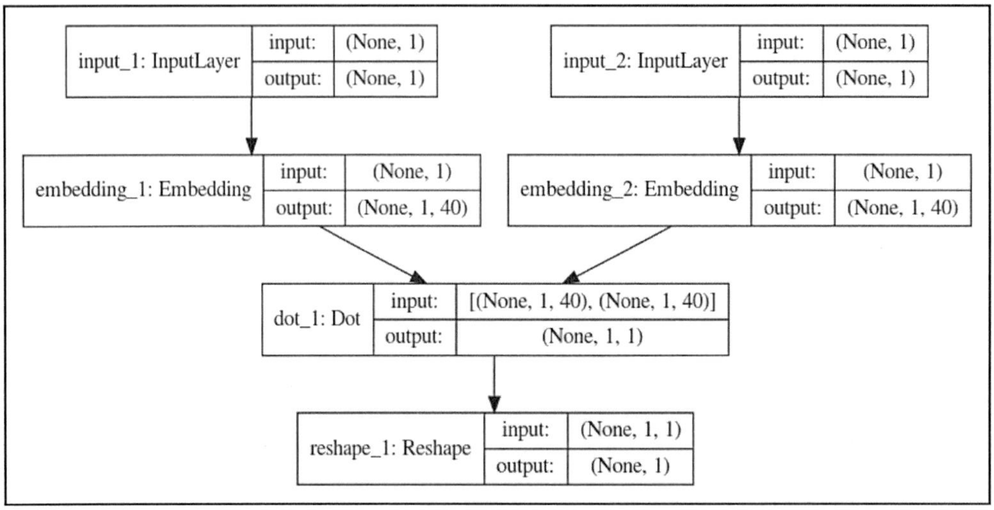

| 그림 6.4 | Movie Lens 100K 데이터셋의 딥러닝 기반 잠재요인 모델

user_ID 및 movie_ID는 해당 임베딩 매트릭스에서 사용자 및 동영상 임베딩 벡터를 선택한다. 다이어그램에서 **embedding_1**은 사용자 ID의 임베드 레이어를 나타내고 **embedding_2**는 동영상 ID의 임베드 레이어를 나타낸다. 사용자 임베딩 벡터 및 영화 임베딩 벡터의 내적은 **dot_1** 레이어에서 수행되어 등급 점수(1 내지 5)를 출력한다. 모델을

정의하는 코드는 다음과 같다.

```
def model(max_users,max_movies,latent_factors):
    user_ID = Input(shape=(1,))
    movie_ID = Input(shape=(1,))
    x = Embedding(max_users,latent_factors, input_length=1)(user_ID)
    y = Embedding(max_movies,latent_factors, input_length=1)(movie_ID)
    out = dot([x,y],axes=2,normalize=False)
    out= Reshape((1,))(out)
    model = Model(inputs=[user_ID,movie_ID],outputs=out)
    print(model.summary())
    return model
```

위의 model 함수에서 max_users 및 max_movies는 각각 사용자의 크기와 동영상 포함 행렬을 결정한다. 모델의 매개 변수는 사용자와 영화-임베딩 행렬의 구성에 지나지 않는다. 따라서 m명의 사용자와 n개의 영화가 있고 잠재 차원을 k로 선택한 경우 학습할 $m x k + n x k = (m+n)k$ 매개 변수가 있다.

데이터 처리 함수는 다음과 같이 코딩될 수 있다.

```
data_dir = Path('/home/santanu/ML_DS_Catalog-/Collaborating
Filtering/ml-100k/')
outdir = Path('/home/santanu/ML_DS_Catalog-/Collaborating
Filtering/ml-100k/')

#Function to read data
def create_data(rating,header_cols):
    data = pd.read_csv(rating,header=None,sep='\t')
    #print(data)
    data.columns = header_cols
    return data

#Movie ID to movie name dict
def create_movie_dict(movie_file):
    print(movie_file)
    df = pd.read_csv(movie_file,sep='|', encoding='latin-1',header=None)
```

```
    movie_dict = {}
    movie_ids = list(df[0].values)
    movie_name = list(df[1].values)
    for k,v in zip(movie_ids,movie_name):
        movie_dict[k] = v
    return movie_dict


# Function to create training validation and test data
def train_val(df,val_frac=None):
    X,y = df[['userID','movieID']].values,df['rating'].values
    #Offset the ids by 1 for the ids to start from zero
    X = X - 1
    if val_frac != None:
        X_train, X_test, y_train, y_val = train_test_split(X, y,
                                        test_size=val_frac,random_state=0)
        return X_train, X_val, y_train, y_val
    else:
        return X,y
```

주목해야 할 것은 ID가 1이 아닌 0에서 시작하여 임베드된 계층에서 올바르게 참조할 수 있도록 user_ID와 movie_ID 모두에서 1을 뺀 것이다.

데이터 처리 및 훈련을 호출하는 코드는 다음과 같다.

```
#Data processing and model training

train_ratings_df =
create_data(f'{data_dir}/u1.base',['userID','movieID','rating','timestamp'
])
test_ratings_df =
create_data(f'{data_dir}/u1.test',['userID','movieID','rating','timestamp']
)
X_train, X_val,y_train, y_val = train_val(train_ratings_df,val_frac=0.2)
movie_dict = create_movie_dict(f'{data_dir}/u.item')
num_users = len(train_ratings_df['userID'].unique())
num_movies = len(train_ratings_df['movieID'].unique())
```

```
print(f'Number of users {num_users}')
print(f'Number of movies {num_movies}')
model = model(num_users,num_movies,40)
plot_model(model, to_file='model_plot.png', show_shapes=True,
           show_layer_names=True)
model.compile(loss='mse',optimizer='adam')
callbacks = [EarlyStopping('val_loss', patience=2),
             ModelCheckpoint(f'{outdir}/nn_factor_model.h5',
save_best_only=True)]
model.fit([X_train[:,0],X_train[:,1]], y_train, nb_epoch=30,
validation_data=([X_val[:,0],X_val[:,1]], y_val), verbose=2,
callbacks=callbacks)
```

모델은 유효성 검증 오류와 관련하여 최상의 모델을 저장하도록 설정되었다. 훈련 로그에서 볼 수 있듯이 이 모델은 약 0.8872의 검증 RMSE에 수렴했다.

```
Train on 64000 samples, validate on 16000 samples
Epoch 1/30
 - 4s - loss: 8.8970 - val_loss: 2.0422
Epoch 2/30
 - 3s - loss: 1.3345 - val_loss: 1.0734
Epoch 3/30
 - 3s - loss: 0.9656 - val_loss: 0.9704
Epoch 4/30
 - 3s - loss: 0.8921 - val_loss: 0.9317
Epoch 5/30
 - 3s - loss: 0.8452 - val_loss: 0.9097
Epoch 6/30
 - 3s - loss: 0.8076 - val_loss: 0.8987
Epoch 7/30
 - 3s - loss: 0.7686 - val_loss: 0.8872
Epoch 8/30
 - 3s - loss: 0.7260 - val_loss: 0.8920
Epoch 9/30
 - 3s - loss: 0.6842 - val_loss: 0.8959
```

값을 모르는 테스트 데이터 세트에서 모델의 성능을 평가한다. 테스트 데이터 세트에서 추론을 실행하기 위해 다음 코드를 호출할 수 있다.

```
#Evaluate on the test dataset
model = load_model(f'{outdir}/nn_factor_model.h5')
X_test,y_test = train_val(test_ratings_df,val_frac=None)
pred = model.predict([X_test[:,0],X_test[:,1]])[:,0]
print('Hold out test set RMSE:',(np.mean((pred - y_test)**2)**0.5))
pred = np.round(pred)
test_ratings_df['predictions'] = pred
test_ratings_df['movie_name'] = test_ratings_df['movieID'].apply(lambda
x:movie_dict[x])
```

홀드 아웃 테스트 RMSE는 다음과 같이 로그에서 볼 수 있듯이 약 0.95이다.

```
Hold out test set RMSE: 0.9543926404313371
```

이제 다음 코드 행을 호출하여 테스트 데이터 세트에서 ID 1인 사용자의 모델 성능을 평가한다.

```
#Check evaluation results for the UserID = 1
test_ratings_df[test_ratings_df['userID'] ==
1].sort_values(['rating','predictions'],ascending=False)
```

다음 결과(그림 6.5)에서 모델이 훈련 중에 보이지 않는 영화의 등급을 예측하는 데 효과적임을 알 수 있다.

userID	movieID	rating	timestamp	predictions	movie_name
1	12	5	878542960	5.0	Usual Suspects, The (1995)
1	60	5	875072370	5.0	Three Colors: Blue (1993)
1	64	5	875072404	5.0	Shawshank Redemption, The (1994)
1	100	5	878543541	5.0	Fargo (1996)
1	114	5	875072173	5.0	Wallace & Gromit: The Best of Aardman Animatio...
1	170	5	876892856	5.0	Cinema Paradiso (1988)
1	171	5	889751711	5.0	Delicatessen (1991)
1	174	5	875073198	5.0	Raiders of the Lost Ark (1981)
1	190	5	875072125	5.0	Henry V (1989)
1	6	5	887431973	4.0	Shanghai Triad (Yao a yao yao dao waipo qiao) ...

그림 6.5 UserID 1에 대한 평가 결과

딥러닝 방법 잠재 요소 방법과 관련된 코드는 `https://github.com/PacktPublishing/Intelligent-Projects-using-Python/tree/master/Chapter06`에서 찾을 수 있다.

SVD++

일반적으로 SVD는 데이터에 존재할 수 있는 사용자 및 아이템의 편향을 반영하지는 못한다. 이름이 SVD++인 방법 중 하나는 잠재 인수 분해 방법에서 사용자 및 아이템 편향을 고려하기 때문에 *Netflix* 챌린지와 같은 경쟁에서 매우 인기가 있다.

잠재 요소 기반 추천을 수행하는 가장 일반적인 방법은 사용자 프로필 및 바이어스를 $u_i \in R^k$ 및 $b_i \in R$로 정의하고 항목 프로필 및 바이어스는 $v_i \in R^k$ 및 $b_j \in R$로 정의하는 것이다. 사용자 i가 항목 j에 제공한 등급 $\hat{r}_{ij}$은 다음과 같이 정의된다.

$$\hat{r}_{ij} = \mu + b_i + b_j + u_i^T v_j$$

μ는 모든 등급의 전체 평균이다.

그런 다음 사용자가 평가한 모든 항목에 대한 등급을 예측할 때 오류 제곱의 합을 최소화하여 사용자 프로필과 아이템 프로필을 결정한다. 최적화할 제곱 오차는 다음과 같이 표현할 수 있다.

$$C = \sum_{i=1}^{m} \sum_{j=1}^{n} I_{ij}(r_{ij} - \hat{r}_{ij})^2$$

I_{ij}는 사용자 i가 평가된 아이템 j를 갖는 경우 1이고 그렇지 않으면 0인 표시기 함수이다.

사용자의 매개 변수 및 아이템 프로파일과 관련하여 비용이 최소화된다. 일반적으로 이러한 종류의 최적화로 인해 과적합이 발생하므로 다음과 같이 사용자 및 항목 프로파일의 표준이 비용 함수에서 정규화되어 사용된다.

$$C = \sum_{i=1}^{m} \sum_{j=1}^{n} I_{ij}(r_{ij} - \hat{r}_{ij})^2 + \lambda_1 \sum_{i=1}^{m} \|u_i\|_2^2 + \lambda_2 \sum_{i=1}^{n} \|v_j\|_2^2$$

여기서, λ_1 및 λ_2는 정규화 상수이다. 일반적으로, **대체최소제곱**ALS: alternating least squares 이라는 인기 있는 경사하강법이 최적화에 사용되며, 이는 아이템 파라미터를 고정된 상태로 유지하거나 그 반대로 유지함으로써 사용자 프로파일 파라미터를 수정하는 것을 번갈아 한다.

surprise 패키지에는 SVD++가 잘 구현되어 있다. 다음 절에서는 100K movie lens 데이터 세트에서 SVD++로 모델을 학습하고 성능 지표를 살펴보겠다.

Movie Lens 100k 데이터 세트에 SVD++를 사용한 훈련 모델

다음 명령을 사용하여 surprise 패키지를 conda를 통해 다운로드할 수 있다.

```
conda install -c conda-forge scikit-surprise
```

SVD++에 해당하는 알고리즘은 surprise에 SVDpp로 명명되었다. 필요한 모든 패키지를 다음과 같이 로드할 수 있다.

```
import numpy as np
from surprise import SVDpp # SVD++ algorithm
from surprise import Dataset
from surprise import accuracy
from surprise.model_selection import cross_validate
from surprise.model_selection import train_test_split
```

surprise 내 Dataset.load_builtin 유틸리티를 사용하여 100K Movie Lens 데이터 세트를 다운로드하여 코드에 사용할 수 있다. 데이터를 80 대 20 비율의 훈련 및 홀드 아웃 테스트 세트로 분할했다. 데이터 처리 코드 행은 다음과 같다.

```
# Load the movie lens 10k data and split the data into train test
files(80:20)
data = Dataset.load_builtin('ml-100k')
trainset, testset = train_test_split(data, test_size=.2)
```

다음으로, 데이터에 대해 5배 교차 검증을 수행하고 교차 검증 결과를 살펴보겠다. 확률 경사하강에서 학습률로 0.008을 선택했다. 또한 과적합을 방지하기 위해 L1 및 L2 정규화에 대해 정규화 상수 0.1을 선택했다. 이 코드 라인의 세부 내용은 다음과 같다.

```
#Perform 5 fold cross validation with all data
algo = SVDpp(n_factors=40, n_epochs=40, lr_all=0.008, reg_all=0.1)
# Run 5-fold cross-validation and show results summary
cross_validate(algo,data, measures=['RMSE', 'MAE'], cv=5, verbose=True)
```

교차 검증 결과는 다음과 같다.

```
Evaluating RMSE, MAE of algorithm SVDpp on 5 split(s). Fold 1 Fold 2 Fold 3
Fold 4 Fold 5 Mean Std RMSE (testset) 0.9196 0.9051 0.9037 0.9066 0.9151
0.9100 0.0062 MAE (testset) 0.7273 0.7169 0.7115 0.7143 0.7228 0.7186
0.0058 Fit time 374.57 374.58 369.74 385.44 382.36 377.34 5.72 Test time
2.53 2.63 2.74 2.79 2.84 2.71 0.11
```

앞의 결과에서 모델의 5 fold cv RMSE가 0.91임을 알 수 있다. 이 결과는 Movie Lens 100K 데이터 세트에서 아주 인상적이다.

이제 훈련 데이터 세트 trainset에서만 모델을 학습한 다음 테스트 세트에서 모델을 평가한다. 관련 코드 라인은 다음과 같다.

```
model = SVDpp(n_factors=40, n_epochs=10, lr_all=0.008, reg_all=0.1)
model.fit(trainset)
```

모델이 학습되면 홀드 아웃 테스트 데이터 세트 테스트 세트에서 모델을 평가한다. 관련 코드 라인은 다음과 같다.

```
#validate the model on the testset
pred = model.test(testset)
print("SVD++ results on the Test Set")
accuracy.rmse(pred, verbose=True)
```

검증에 대한 출력은 아래와 같다.

```
SVD++ results on the test set
RMSE: 0.9320
```

앞의 결과에서 볼 수 있듯이 SVD++ 모델은 0.93의 RMSE로 테스트 데이터 세트에서 실제로 잘 수행된다. 결과는 이전에 학습한 딥러닝 기반 모델 잠재 요소 모델(0.95의 홀드아웃 RMSE)과 비교할 수 있다.

제한 볼츠만 머신 추천 절에서 추천 시스템 구축을 위한 제한 볼츠만 머신을 살펴보겠다. 이 방법은 대규모 데이터 세트로 확장할 수 있으므로 협업 필터링에서 많은 인기를 얻었다. 공동 필터링 도메인의 대부분의 데이터 세트는 희소하여 볼록하지 않은 최적화 문제가 발생한다. RBM은 SVD와 같은 다른 인수 분해 방법보다 데이터 세트에서 이러한 희소성 문제를 겪기 쉽다.

추천을 위한 제한 볼츠만 머신 (Restricted Boltzmann Machine)

제한 Boltzmann 기계는 비감독 학습 기술에 속하는 신경망 클래스이다. **RBM** Restricted Boltzmann Machine은 널리 알려진 바와 같이 입력 데이터를 은닉 레이어로 투영하여 데이터의 은닉 구조를 학습한다.

은닉 레이어의 활성화는 입력 신호를 인코딩하고 다시 생성해야 한다. 제한 볼츠만 머신은 일반적으로 이진 데이터에 대해서 작동한다.

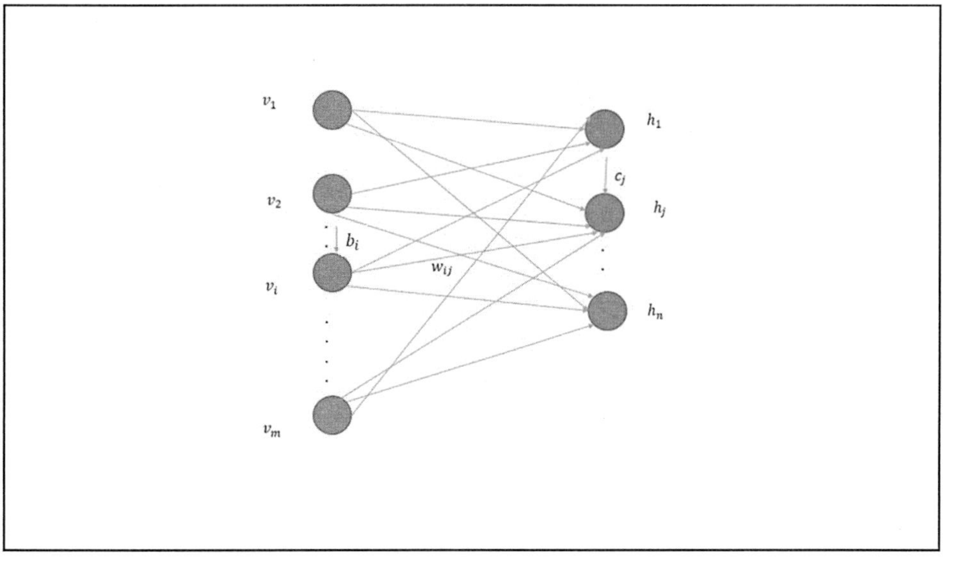

그림 6.6 이진 데이터에 대한 제한 볼츠만머신

앞의 다이어그램(그림 6.6)은 m개의 입력 또는 가시 유닛이 있는 RBM이다. 이것은 n 유닛의 은닉 레이어로 투영된다. 가시 레이어 입력 $v = \{v_i\}_{i=1}^{m}$이 주어지면 은닉 유닛은 서로 독립적이므로 다음과 같이 샘플링할 수 있다. 여기서 $\sigma(\cdot)$은 시그모이드 함수를 나타낸다.

$$P(h_j/v) = \sigma\left(\sum_{i=1}^{m} w_{ij}v_i + c_j\right)$$

마찬가지로 은닉 레이어 활성화 $h = \{h_j\}_{j=1}^{n}$가 주어지면 가시 레이어 유닛은 독립적이며 다음과 같이 샘플링할 수 있다.

$$P(v_i/h) = \sigma\left(\sum_{j=1}^{n} w_{ij}h_j + c_i\right)$$

RBM의 파라미터는 가시 계층 유닛 i와 숨겨진 계층 유닛 j 사이의 일반화 된 가중치 연결 $w_{ij} \in W_{m\,x\,n}$이며, 가시 유닛 i에서의 바이어스 $c_i \in b$와 숨겨진 계층 유닛 j에서의 바이어스 $c_j \in c$다.

RBM의 이러한 파라미터는 보이는 입력 데이터의 가능성을 최대화하여 학습된다. RBM에 결합된 파라미터 세트를 $\theta = [W; b; c]$로 나타내고 RBM에서 훈련 입력 데이터 포인트 세트 T를 갖는 경우 우리는 다음의 우도[likelihood] 함수를 최대화하려고 시도한다.

$$L = P(v^{(1)}v^{(2)}.....v^{(T)}/\theta) = \prod_{t=1}^{T} P(v^{(t)}/\theta)$$

함수를 수학적으로보다 편리하게 만들기 위해 곱셈 형식을 사용하는 대신 일반적으로 우도의 로그를 최대화하거나 로그 우도의 음수를 최소화합니다. 로그 우도의 음수로 비용 함수 C를 나타내는 경우:

$$C(\theta) = -\sum_{t=1}^{T} \log P(v^{(t)}/\theta)$$

비용 함수는 일반적으로 경사 하강에 의해 최소화됩니다. 파라미터에 대한 비용 함수의 기울기는 기대항으로 구성되며 다음과 같이 표현된다.

$$\nabla_b C = \sum_{t=1}^{T} v^{(t)} - TE_{P(h,v/\theta)}[v]$$

$$\nabla_c C = \sum_{t=1}^{T} \hat{h}^{(t)} - TE_{P(h,v/\theta)}[h]$$

$$\nabla_W C = \sum_{t=1}^{T} v^{(t)} \hat{h}^{(t)^T} - TE_{P(h,v/\theta)}[vh^T]$$

이때 $E_{P(h,v/\theta)}[\cdot]$는 은닉 유닛과 가시 유닛의 결합 확률 분포에 대한 주어진 수량의 기대치를 나타낸다. 또한 $\hat{h}$는 가시 유닛 v가 주어질 때 샘플링된 은닉층 출력을 나타낸다. 경사 하강의 각 반복 내에서 결합 확률 분포에 대한 기대치를 계산하는 것은 계산적으로 다루기 어렵다. 우리는 기대치를 계산하기 위해 다음 절에서 논의되는 **대조 발산** contrastive divergence이라는 지능적 방법을 사용한다.

대조 발산(contrastive divergence)

공동 확률 분포의 기대치를 계산하는 방법 중 하나는 Gibbs 샘플링에 의한 공동 확률 분포에서 많은 샘플을 생성 한 다음 샘플의 평균값을 예상 값으로 취하는 것이다. Gibbs 샘플링에서 결합 확률 분포의 각 변수는 나머지 변수에 따라 샘플링될 수 있다.

가시 유닛은 은닉 유닛이 주어지면 독립적이며 그 반대도 마찬가지이므로 숨겨진 단위를 $\bar{h} \leftarrow P(h/v)$로 샘플링한 다음 은닉 유닛을 $\bar{v} \leftarrow P(v/h=\bar{h})$로 주어진 경우 가시 유닛 활성화를 샘플링할 수 있다. 그런 다음 표본 $(\bar{v}, \bar{h})$을 공동 확률 분포에서 표본으로 추출할 수 있다. 이런 식으로 M과 같은 많은 수의 샘플을 생성하고 원하는 기대치를 계산하는 평균을 취할 수 있다. 그러나 경사 하강의 각 단계에서 이러한 광범위한 샘플링을 수행하면 훈련 과정이 수용할 수 없을 정도로 느려져서 각 단계에서 많은 표본의 평균을 계산하는 대신 경사 하강의 단계에서, 우리는 전체 결합 확률 분포에 대해 원하는 기대치를 나타내는 것으로 추정되는 결합 확률 분포로부터 단 하나의 샘플을 생성한다.

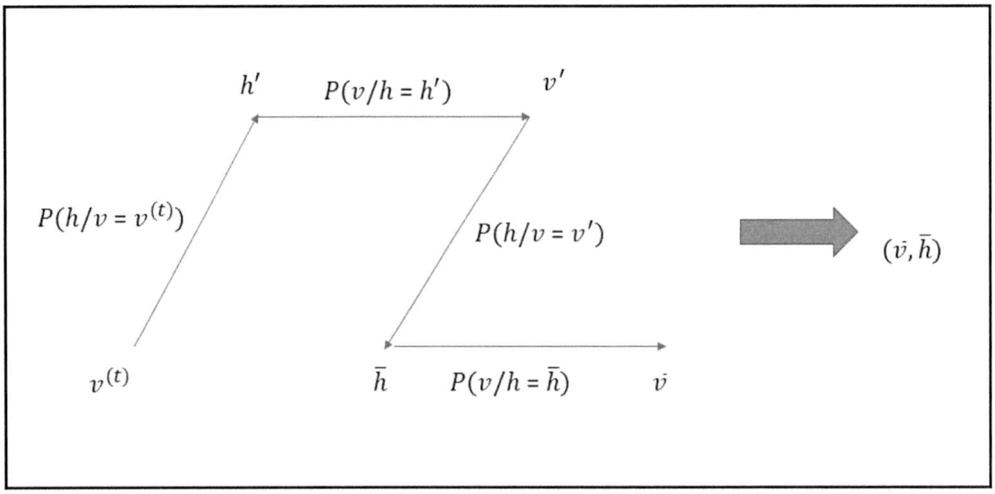

| 그림 6.7 | 대조 발산 예

앞의 다이어그램(그림 6.7)의 그림에서 볼 수 있듯이 보이는 가시 입력 $v^{(t)}$로 시작하고 조건부 확률 분포 $P(h/v=v^{(t)})$를 기반으로 은닉 레이어 활성화 h'를 샘플링한다. 조건부 확률 분포 $P(v/h=h')$를 사용하여 v'를 샘플링한다. 조건부 확률 분포 $P(h/v=v')$를 기반으로 은닉 유닛의 다음 샘플링은 우리에게 $\overline{h}$ 제공하고, 다음 $P(v/h=\overline{h})$을 사용하여 가시적 단위 활성화를 샘플링하면 우리에게 $\overline{v}$를 제공한다. v와 h의 전체 결합 확률 분포 $P(v, h/\theta)$에 대해 표본 $(\overline{v},\ \overline{h})$을 대표 표본으로 선택한다. v와 h를 포함하는 모든 표현식의 기대 값을 계산할 때도 마찬가지다. 이와 같은 샘플링 과정을 대조 발산이라고 한다.

가시 입력으로 시작한 다음 조건부 분포 $P(v/h)$ 및 $P(v/h)$에서 연속 샘플링은 Gibbs 샘플링의 한 단계를 구성하며 결합 분포에서 하나의 샘플(v/h)을 제공한다. Gibbs 샘플링의 모든 단계에서 샘플(v/h)을 선택하는 대신 조건부 확률 분포에서 여러 번의 샘플링 반복 후에 샘플을 선택하도록 선택할 수 있다. 깁스 샘플링의 k 단계 후에 대표 요소가 선택되는 경우 대조 발산을 CD-k라고 한다. 깁스 샘플링의 두 단계 후에 샘플을 선택하기 때문에 그림 6.7에 예시된 것을 CD-2라고 부를 수 있다.

RBM을 사용한 협업 필터링

제한 Boltzmann 기계는 추천사항을 만들 때 협업 필터링을 수행하는 데 사용할 수 있다. 우리는 이 RBM을 사용하여 사용자에게 영화를 추천할 것이다. 그들은 다른 영화에 대해 다른 사용자가 제공한 등급을 사용하여 훈련된다. 사용자가 모든 영화를 보거나 평가하지 않았으므로 이 훈련된 모델을 사용하여 보이지 않는 영화를 사용자에게 추천할 수 있다.

우리가 가져야 할 첫 번째 질문 중 하나는 RBM에서 순위를 처리하는 방법이다. RBM은 이진 데이터에서 작동하는 반면 순위는 본질적으로 순서가 있기 때문이다. 순위는 이진 데이터로 처리될 수 있으며, 순위를 나타내는 단위 수는 각 순위의 고유값 수와 같다. 예를 들어, 등급 시스템에서 등급이 1에서 5까지 다양하고 5개의 이진 단위가 있으며 등급에 해당하는 1이 1로 설정되고 나머지는 0으로 설정된다. RBM의 가시 유닛은 다른 영화에 대해서 사용자가 매긴 순위이다. 각각의 순위는 논의된 바와 같이 이진으로 표현될 수 있고, 각각의 가시 유닛에 대해 영화 등급에 대응하는 모든 이진 가시 유닛으로부터의 가중치 연결이 있을 것이다. 각 사용자는 서로 다른 영화 세트를 평가했으므로 각 사용자의 입력이 다르다. 그러나 영화 등급 단위에서 숨겨진 단위로의 가중치 연결은 모든 사용자에게 공통적이다.

다음 다이어그램(그림 6.8a 및 그림 6.8b)에는 **사용자 A**와 **사용자 B**의 RBM 예가 나와 있다. **사용자 A**와 **사용자 B**는 다른 영화 세트를 평가했다. 그러나 우리가 볼 수 있듯이 각 영화에서 은닉 유닛에 대한 가중치 연결은 각 사용자마다 동일하다. **사용자 A**에 대한 RBM 등급은 다음과 같다.

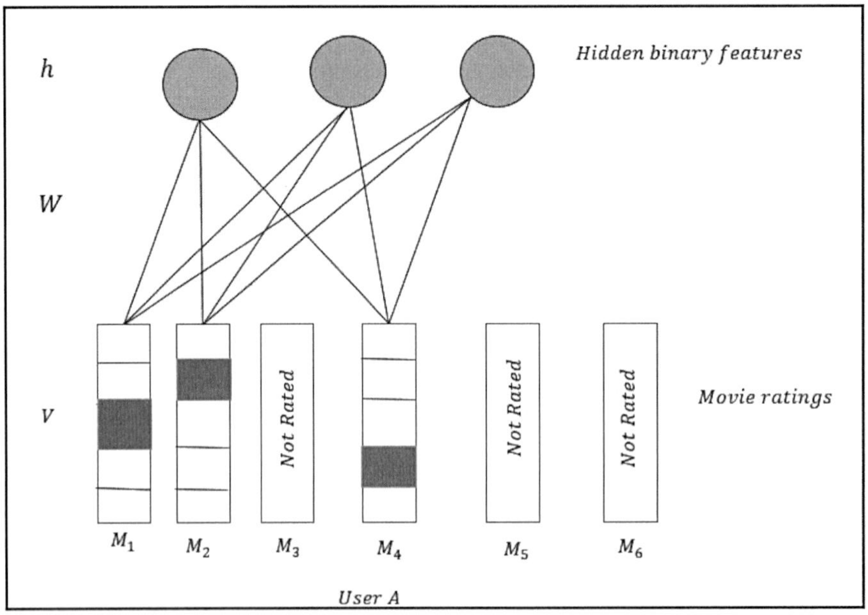

| 그림 6.8a | 사용자 A의 측면에서 본 RBM 협업 필터링

사용자 B에 대한 RBM 등급은 다음과 같습니다.

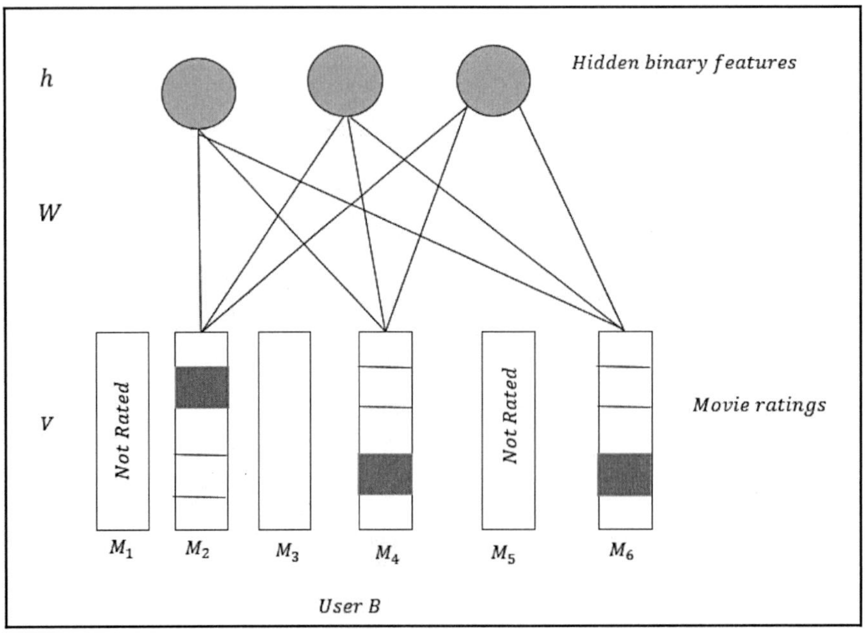

| 그림 6.8b | 사용자 B의 측면에서 RBM 협업 필터링

주목해야 할 또 하나의 점은 M개의 영화가 있고 각 영화에 대해 k개의 순위가 가능한 경우 RBM에 표시되는 단위의 수는 $M * k$이다. 또한 이진 숨김 단위의 수가 n이면 $[W]$의 가중치 연결 수는 $M * k * n$과 같다. 각 은닉 유닛 h_j는 다음과 같이 보이는 레이어 입력이 주어지면 다른 숨겨진 단위와 독립적으로 샘플링될 수 있다.

$$P(h_j/v) = \sigma(\sum_{i=1}^{m} w_{ij}v_i + c_j)$$

여기서 $m = M * k$이다.

기존의 RBM과 달리 이 네트워크에서 가시 계층의 이진 단위는 은닉 계층 활성화로 인해 독립적으로 샘플링될 수 없다. 영화의 순위와 관련된 k개의 이진 단위는 *k-way softmax* 활성함수를 통해 연결된다. 만약 은닉 유닛이 s_{il}, s_{i2}, s_{il} ⋯ s_{ik}라고 하면 특정 영화의 가시 단위에 대한 입력은 영화 i에 대한 순위 l의 일반적인 입력은 다음과 같이 계산된다.

$$s_{il} = \sum_{j=1}^{n} w_{[(i-1)k+l]j}h_j + b_{(i-1)k+l}$$

여기서, $(i-1)k+l$은 랭크 l에 대한 영화 i의 가시 유닛의 인덱스다. 마찬가지로, 특정 영화에 대해 보이는 단위는 다음과 같이 softmax 함수에 의해 주어진 확률에 따라 샘플링될 수 있다.

$$P(v_{il}/h) = e^{s_{il}}/(\sum_{l=1}^{k} e^{s_{il}})$$

은닉 유닛과 가시 유닛 모두의 출력을 정의하는 데 중요한 또 다른 것은 출력을 최대 확률을 가진 것으로 기본 설정하는 대신 확률적 샘플링이 필요하다는 것이다. 가시 유닛에 대한 은닉 유닛 활성화 확률이 P이면, [0,1] 범위의 난수 r이 균일하게 생성되고, $(P > r)$이면 은닉 유닛 활성화가 참으로 설정된다. 이 체계는 장기간에 걸쳐 활성화가 확률 P로

true로 설정되도록 한다. 영화는 숨겨진 유닛이 주어진 확률에 따라 다국적 배포판에서 샘플링된다. 따라서 특정 영화의 경우 숨겨진 단위 활성화가 (p_1, p_2, p_3, p_4, p_5)인 경우 등급이 다른 등급의 확률이 1에서 5 사이인 경우 등급의 값은 가능한 5가지 중에서 선택한다. 다항식 분포에서 값을 샘플링할 수 있으며 그 확률 질량 함수는 다음과 같다.

$$P(x_1, x_2, x_3, x_4, x_5) = p_1^{x_1} p_2^{x_2} p_3^{x_3} p_4^{x_4} p_5^{x_5}$$

이때 x는 다음과 같다.

$$x_1 + x_2 + x_3 + x_4 + x_5 = 1$$

$$x_i \in 0, 1 \; \forall i \in 1, 2, 3, 4, 5$$

이제 협업 필터링을 위해 제한 볼츠만 머신을 생성하는 데 필요한 모든 기술 지식을 갖추고 있다.

RBM을 사용한 협업 필터링 구현

다음 몇 절에서는 앞의 절에 기술된 기술 원칙을 갖춘 제한 볼츠만 머신을 사용하여 협업 필터링 시스템을 구현할 것이다. 우리가 사용할 데이터 세트는 다른 영화에 대해 사용자가 제공한 1에서 5까지의 등급을 포함하는 MovieLens 100K 데이터 세트다. `https://grouplens.org/datasets/movielens/100k/`에서 데이터 세트를 다운로드할 수 있다.

이 협업 필터링 시스템의 TensorFlow 구현은 다음 몇 절에서 설명한다.

입력 처리하기

각 행의 입력 등급 파일 레코드에는 `userId`, `movieId`, `rating` 및 `timestamp` 필드가

포함된다. 각 레코드를 처리하여 userId, movieId 및 등급과 관련된 3차원의 numpy 배열 형태로 학습 파일을 만든다. 1에서 5까지의 등급은 one-hot 인코딩이므로 등급에 따른 길이 차원은 5다. 우리는 입력 레코드의 80%로 훈련 데이터를 작성하고 나머지 20%는 테스트용으로 예약한다. 사용자가 평가한 영화 수는 1682개다. 교육 파일에는 943명의 사용자가 포함되어 있으므로 교육 데이터의 크기는 (943,1682,5)이다. 교육 파일의 각 사용자는 RBM에 대한 교육 레코드이며 사용자가 평가한 일부 영화와 사용자가 평가하지 않은 일부 영화를 포함한다. 테스트 파일에 포함되도록 몇 가지 영화 등급도 제거되었다. RBM은 사용 가능한 등급에 대해 교육을 받고 숨겨진 단위로 입력 데이터의 숨겨진 구조를 캡처한 다음 캡처된 숨겨진 구조에서 각 사용자의 모든 동영상에 대한 입력 등급을 재구성하려고 시도한다. 또한 실제 영화 ID의 상호 참조를 훈련/테스트 데이터 세트의 색인과 함께 저장하기 위해 몇 개의 사전을 만든다. 훈련 및 테스트 파일을 작성하기 위한 자세한 코드는 다음과 같다.

```
"""
@author: santanu
"""

import numpy as np
import pandas as pd
import argparse

'''
Ratings file preprocessing script to create training and hold out test
datasets
'''

def process_file(infile_path):
    infile = pd.read_csv(infile_path,sep='\t',header=None)
    infile.columns = ['userId','movieId','rating','timestamp']
    users = list(np.unique(infile.userId.values))
    movies = list(np.unique(infile.movieId.values))

    test_data = []
    ratings_matrix = np.zeros([len(users),len(movies),5])
```

```
    count = 0
    total_count = len(infile)
    for i in range(len(infile)):
        rec = infile[i:i+1]
        user_index = int(rec['userId']-1)
        movie_index = int(rec['movieId']-1)
        rating_index = int(rec['rating']-1)
        if np.random.uniform(0,1) < 0.2 :
            test_data.append([user_index,movie_index,int(rec['rating'])])

        else:
            ratings_matrix[user_index,movie_index,rating_index] = 1

        count +=1
        if (count % 100000 == 0) & (count>= 100000):
            print('Processed ' + str(count) + ' records out of ' + str(total_count))

    np.save(path + 'train_data',ratings_matrix)
    np.save(path + 'test_data',np.array(test_data))


if __name__ == '__main__':
    parser = argparse.ArgumentParser()
    parser.add_argument('--path',help='input data path')
    parser.add_argument('--infile',help='input file name')
    args = parser.parse_args()
    path = args.path
    infile = args.infile
    process_file(path + infile)
```

훈련 파일은 크기가 $m\ x\ n\ x\ k$인 numpy 배열 객체입니다. 여기서 m은 총 사용자 수, n은 총 영화 수, k는 이산 등급 값의 수 (1-5)이다. 테스트 세트를 구축하기 위해 훈련 데이터 세트에서 $m\ x\ n$ 등급 항목의 20%를 무작위로 선택한다. 따라서 테스트 세트 등급 샘플에 대한 모든 k 등급 값은 훈련 데이터 세트에서 0으로 표시된다. 테스트 세트에서는 데이터를 3차원 numpy 배열 형식으로 확장하지 않으므로 학습에 사용할 수 있다. 오히려, 우리는 단지 사용자 아이디를 저장한다. 3개의 열에 있는 movieid 및 지정된 등급

열차 및 테스트 파일에 저장된 사용자 ID 및 영화 ID는 원시 등급 데이터 파일 u.data의 실제 ID가 아니다. 1부터 시작하지 않고 0부터 시작하는 Python 및 numpy 색인을 제공하기 위해 1로 오프셋된다.

다음 명령을 사용하여 데이터 사전 처리 스크립트를 호출할 수 있다.

```
python preprocess_ratings.py --path '/home/santanu/ML_DS_Catalog-
/Collaborating Filtering/ml-100k/' --infile 'u.data'
```

협업필터링을 위한 RBM 신경망 구축하기

다음 _network 함수는 협업 필터링을 위해 원하는 RBM 구조를 만든다. 먼저 입력에 대한 가중치, 바이어스 및 저장 위치를 정의한다. 그런 다음 sample_hidden 및 sample_visible 함수를 정의하여 확률에 따라 숨겨진 활성화 및 가시적 활성화를 각각 샘플링한다. 숨겨진 단위는 시그모이드 함수에 의해 제공된 확률로 Bernoulli 분포에서 샘플링되는 반면, 각 영화와 관련된 가시적 단위는 다항식에서 샘플링된다. tf.multinomial 함수는 실제 확률 대신 로그에서 직접 샘플링할 수 있으므로 softmax 확률을 작성할 필요가 없다.

우리는 Gibbs 샘플링을 기반으로 대조 발산에 대한 논리를 정의하는 방식을 따른다. gibbs_step 함수는 Gibbs 샘플링의 한 단계를 구현한 다음 이를 활용하여 차수 k의 대비 발산을 달성한다.

이제 필요한 모든 기능을 갖추었으므로 숨겨진 입력 self.h를 볼 수 있는 샘플을 샘플링하고 숨겨진 state를 볼 수 있는 보이는 단위 self.x를 샘플링하는 TensorFlow ops를 만든다. 또한 그라디언트의 다른 기대 항을 계산하기 위해 v와 h의 합동 확률 분포(P(v, h/model))의 대표 샘플로 표본(self.x_s, self.h_s)에 대한 대조 발산을 사용한다.

_network 함수의 마지막 단계는 그라디언트를 기반으로 RBM 모델의 가중치와 바이어스를 수정한다. 앞에서 보았듯이 그라디언트는 가시 레이어 입력을 고려한 은닉 레이어

활성화 self.h와 대조 발산(self.x_s,self.h_s)을 통해 도출된 결합 확률 분포 P (v,h/model)의 대표 샘플을 기반으로 한다.

TensorFlow ops self.x_는 숨겨진 레이어 활성화 self.h가 주어지면 보이는 레이어 활성화를 나타낸다. 추론 중에 각 사용자가 평가하지 않은 영화의 등급을 도출하는 데 유용하다.

```
def __network(self):
    self.x = tf.placeholder(tf.float32, [None,self.num_movies,
                            self.num_ranks], name="x")
    self.xr = tf.reshape(self.x, [-1,self.num_movies*self.num_ranks], name="xr")
    self.W = tf.Variable(tf.random_normal([self.num_movies*
                        self.num_ranks,self.num_hidde n], 0.01), name="W")
    self.b_h = tf.Variable(tf.zeros([1,self.num_hidden], tf.float32, name="b_h"))
    self.b_v = tf.Variable(tf.zeros([1,self.num_movies*self.num_ranks],
                                tf.float32,name="b_v"))
    self.k = 2

## Converts the probability into discrete binary states i.e. 0 and 1
    def sample_hidden(probs):
        return tf.floor(probs + tf.random_uniform(tf.shape(probs), 0, 1))

    def sample_visible(logits):
        logits = tf.reshape(logits,[-1,self.num_ranks])
        sampled_logits = tf.multinomial(logits,1)
        sampled_logits = tf.one_hot(sampled_logits,depth = 5)
        logits = tf.reshape(logits,[-1,self.num_movies*self.num_ranks])
        print(logits)
        return logits

## Gibbs sampling step
    def gibbs_step(x_k):
        # x_k = tf.reshape(x_k,[-1,self.num_movies*self.num_ranks])
        h_k = sample_hidden(tf.sigmoid(tf.matmul(x_k,self.W) + self.b_h))
        x_k = sample_visible(tf.add(tf.matmul(h_k,tf.transpose(self.W)),
                                    self.b_v))
        return x_k
```

```
## Run multiple gives Sampling step starting from an initital point
    def gibbs_sample(k,x_k):

        for i in range(k):
            x_k = gibbs_step(x_k)
# Returns the gibbs sample after k iterations
        return x_k

# Constrastive Divergence algorithm
# 1. Through Gibbs sampling locate a new visible state x_sample based on
the current visible state x
# 2. Based on the new x sample a new h as h_sample
    self.x_s = gibbs_sample(self.k,self.xr)
    self.h_s = sample_hidden(tf.sigmoid(tf.matmul(self.x_s,self.W)+self.b_h))

# Sample hidden states based given visible states
    self.h = sample_hidden(tf.sigmoid(tf.matmul(self.xr,self.W)+self.b_h))
# Sample visible states based given hidden states
    self.x_ = sample_visible(tf.matmul(self.h,tf.transpose(self.W))+self.b_v)

# The weight updated based on gradient descent
    #self.size_batch = tf.cast(tf.shape(x)[0], tf.float32)
    self.W_add = tf.multiply(self.learning_rate/self.batch_size,
                 tf.subtract(tf.matmul(tf.transpose(self.xr),self.h),
                 tf.matmul(tf.transpose(self.x_s),self.h_s)))
    self.bv_add = tf.multiply(self.learning_rate/self.batch_size,
                  tf.reduce_sum(tf.subtract(self.xr,self.x_s), 0, True))
    self.bh_add = tf.multiply(self.learning_rate/self.batch_size,
                  tf.reduce_sum(tf.subtract(self.h,self.h_s), 0, True))
    self.updt = [self.W.assign_add(self.W_add),
                 self.b_v.assign_add(self.bv_add),
                 self.b_h.assign_add(self.bh_add)]
```

전처리 단계의 데이터는 다음과 같이 read_data 함수를 사용하여 학습 및 추론 중에 읽을 수 있다.

```
def read_data(self):
    if self.mode == 'train':
        self.train_data = np.load(self.train_file)
        self.num_ranks = self.train_data.shape[2]
        self.num_movies = self.train_data.shape[1]
        self.users = self.train_data.shape[0]
    else:
        self.train_df = pd.read_csv(self.train_file)
        self.test_data = np.load(self.test_file)
        self.test_df = pd.DataFrame(self.test_data,columns=['userid',
                                                    'movieid','rating'])

        if self.user_info_file != None:
            self.user_info_df = pd.read_csv(self.user_info_file,sep='|',
                                header=None)
                                self.user_info_df.columns=['userid','age',
                                'gender','occupation','zipcode']

        if self.movie_info_file != None:
        self.movie_info_df = pd.read_csv(self.movie_info_file,sep='|',
                                    encoding='latin-1',header=None)
        self.movie_info_df = self.movie_info_df[[0,1]]
        self.movie_info_df.columns = ['movieid','movie Title']
```

또한 추론 프로세스 중에 테스트 파일과 함께 평가 여부에 관계없이 모든 영화와 등급에 대한 예측 파일 CSV(이전 코드의 추론 부분에 있는 self.train_file)를 읽는다. 모델이 훈련되면 예측이 수행된다. 훈련 후 평가가 이미 예측되었으므로 추론 시간 동안 해야 할 일은 평가 예측 정보와 테스트 파일의 실제 평가 정보(트레인 및 추론 절에서 자세히 설명)를 결합하는 것이다. 또한 나중에 사용할 수 있도록 사용자 및 영화 메타 데이터 파일에서 정보를 읽는다.

RBM 훈련하기

여기에 설명된 _train 함수는 RBM을 훈련시키는 데 사용될 수 있다. 이 함수에서는 먼저 _network 함수를 호출하여 RBM 네트워크 구조를 구축한 다음 활성화 된 TensorFlow 세션 내에서 지정된 수의 에포크epoch에 대한 모델을 학습한다. 모델은 TensorFlow의 saver 기능을 사용하여 지정된 간격으로 저장된다.

```
def _train(self):

    self.__network()
    # TensorFlow graph execution

    with tf.Session() as sess:
        self.saver = tf.train.Saver()
        #saver = tf.train.Saver(write_version=tf.train.SaverDef.V2)
        # Initialize the variables of the Model
        init = tf.global_variables_initializer()
        sess.run(init)

        total_batches = self.train_data.shape[0]//self.batch_size
        batch_gen = self.next_batch()
        # Start the training
        for epoch in range(self.epochs):
            if epoch < 150:
                self.k = 2

            if (epoch > 150) & (epoch < 250):
                self.k = 3

            if (epoch > 250) & (epoch < 350):
                self.k = 5

            if (epoch > 350) & (epoch < 500):
                self.k = 9

                # Loop over all batches
            for i in range(total_batches):
                self.X_train = next(batch_gen)
                # Run the weight update
                #batch_xs = (batch_xs > 0)*1
                _ = sess.run([self.updt],feed_dict={self.x:self.X_train})
```

```
        # Display the running step
        if epoch % self.display_step == 0:
            print("Epoch:", '%04d' % (epoch+1))
            print(self.outdir)
            self.saver.save(sess,os.path.join(self.outdir,'model'),
                            global_step=epoch)
    # Do the prediction for all users all items irrespective of whether they
    have been rated
    self.logits_pred = tf.reshape(self.x_,
    [self.users,self.num_movies,self.num_ranks])
    self.probs = tf.nn.softmax(self.logits_pred,axis=2)
    out = sess.run(self.probs,feed_dict={self.x:self.train_data})
    recs = []
    for i in range(self.users):
        for j in range(self.num_movies):
            rec = [i,j,np.argmax(out[i,j,:]) +1]
            recs.append(rec)
    recs = np.array(recs)
    df_pred = pd.DataFrame(recs,columns=
    ['userid','movieid','predicted_rating'])
    df_pred.to_csv(self.outdir + 'pred_all_recs.csv',index=False)

    print("RBM training Completed !")
```

앞의 함수에서 강조해야 할 중요한 것은 사용자 정의 next_batch 함수를 사용하여 무작위 배치를 생성하는 것이다. 이 함수는 다음 코드 스니펫에 정의되어 있으며 다음 미니 배치를 검색하기 위해 다음 메소드에서 호출할 수 있는 반복자 batch_gen을 정의하는 데 사용된다.

```
def next_batch(self):
    while True:
        ix = np.random.choice(np.arange(self.data.shape[0]),self.batch_size)
        train_X = self.data[ix,:,:]
        yield train_X
```

주의할 점은 교육이 끝날 때 평가 여부에 관계없이 모든 사용자의 모든 영화에 대한 등급을 예측한다는 것이다. 최대 확률을 가진 등급으로, 최종 등급으로 5개의 가능한 등급(1-5) 중에서 제공된다. 파이썬에서 인덱싱은 0에서 시작하기 때문에 argmax를 사용한 후 실제 등급을 얻기 위해 1을 추가하여 확률이 가장 높은 등급의 위치를 얻는다. 따라서 교육이 끝나면 모든 교육 및 테스트 레코드에 대한 예측 등급이 포함된 pred_all_recs.csv 파일이 있다. 시험 기록은 훈련 기록에 포함되며 1에서 5까지의 모든 등급 지수는 0으로 설정된다.

그러나 사용자가 본 영화의 숨겨진 표현으로 모델을 충분히 훈련시킨 후에는 사용자가 보지 못한 영화에서 등급을 생성하는 방법을 배운다.

다음 명령을 호출하여 모델을 학습할 수 있다.

```
python rbm.py main_process --mode train --train_file
'/home/santanu/ML_DS_Catalog-/Collaborating
Filtering/ml-100k/train_data.npy' --outdir '/home/santanu/ML_DS_Catalog-
/Collaborating Filtering/' --num_hidden 5 --epochs 1000
```

로그에서 볼 수 있듯이 숨겨진 레이어가 5개인 1000개의 에포크 모델을 교육하는 데 약 52초가 걸렸다.

```
RBM training Completed !
52.012 s: process RBM
```

제한 볼츠만 머신 신경망는 GeForce Zotac 1070 GPU 및 64 GB RAM을 갖춘 Ubuntu 머신에 대해 교육되었다. 교육 시간은 네트워크 교육에 사용된 시스템에 따라 달라질 수 있다.

훈련된 RBM를 사용한 추론

RBM에 대한 추론은 훈련 중 모든 예측과 함께 pred_all_recs.csv 파일을 이미 생성했으므로 매우 간단하다. 제공된 테스트 파일을 기반으로 pred_all_recs.csv에서 테스트 레코드를 추출하기만 하면 된다. 또한 현재 값에 1을 추가하여 원래 사용자 ID와 movieid를 사용한다. 원래 ID로 돌아가려면 u.user 및 u.item 파일에서 사용자 및 동영상 정보를 추가할 수 있다.

추론 블록은 다음과 같다.

```
def inference(self):
    self.df_result = self.test_df.merge(self.train_df,on=['userid','movieid'])
    # in order to get the original ids we just need to add 1
    self.df_result['userid'] = self.df_result['userid'] + 1
    self.df_result['movieid'] = self.df_result['movieid'] + 1
    if self.user_info_file != None:
        self.df_result.merge(self.user_info_df,on=['userid'])
    if self.movie_info_file != None:
        self.df_result.merge(self.movie_info_df,on=['movieid'])
    self.df_result.to_csv(self.outdir + 'test_results.csv',index=False)

    print(f'output written to {self.outdir}test_results.csv')
    test_rmse = (np.mean((self.df_result['rating'].values -
    self.df_result['predicted_rating'].values)**2))**0.5
    print(f'test RMSE : {test_rmse}')
```

다음과 같이 추론을 호출할 수 있다.

```
python rbm.py main_process --mode test --train_file
'/home/santanu/ML_DS_Catalog-/Collaborating Filtering/pred_all_recs.csv' --
test_file '/home/santanu/ML_DS_Catalog-/Collaborating
Filtering/ml-100k/test_data.npy' --outdir '/home/santanu/ML_DS_Catalog-
/Collaborating Filtering/' --user_info_file '/home/santanu/ML_DS_Catalog-
/Collaborating Filtering/ml-100k/u.user' --movie_info_file
'/home/santanu/ML_DS_Catalog-/Collaborating Filtering/ml-100k/u.item'
```

RBM에서 5개의 은닉 유닛만 사용함으로써 약 1.19의 테스트 RMSE를 달성할 수 있다. 이는 간단한 신경망을 선택한 경우에 권장된다. 출력 추론 로그는 참조를 위해 다음 코드 블록에 제공된다.

```
output written to /home/santanu/ML_DS_Catalog-/Collaborating
Filtering/test_results.csv
test RMSE : 1.1999306704742303
458.058 ms: process RBM
```

test_results.csv에서 userid 1에 대한 추론 결과를 다음과 같이 살펴보자(그림 6.9 참조):

userid	movieid	rating	predicted_rating	age	gender	occupation	zipcode	movie Title
1	181	5	5	24	M	technician	85711	Return of the Jedi (1983)
1	265	4	4	24	M	technician	85711	Hunt for Red October, The (1990)
1	7	4	4	24	M	technician	85711	Twelve Monkeys (1995)
1	89	5	4	24	M	technician	85711	Blade Runner (1982)
1	232	3	3	24	M	technician	85711	Young Guns (1988)
1	210	4	4	24	M	technician	85711	Indiana Jones and the Last Crusade (1989)
1	212	4	4	24	M	technician	85711	Unbearable Lightness of Being, The (1988)
1	87	5	4	24	M	technician	85711	Searching for Bobby Fischer (1993)
1	190	5	4	24	M	technician	85711	Henry V (1989)
1	61	4	4	24	M	technician	85711	Three Colors: White (1994)
1	240	3	3	24	M	technician	85711	Beavis and Butt-head Do America (1996)
1	121	4	4	24	M	technician	85711	Independence Day (ID4) (1996)
1	218	3	3	24	M	technician	85711	Cape Fear (1991)
1	160	4	4	24	M	technician	85711	Glengarry Glen Ross (1992)
1	97	3	4	24	M	technician	85711	Dances with Wolves (1990)
1	107	4	3	24	M	technician	85711	Moll Flanders (1996)
1	201	3	4	24	M	technician	85711	Evil Dead II (1987)
1	177	5	4	24	M	technician	85711	Good, The Bad and The Ugly, The (1966)
1	68	4	4	24	M	technician	85711	Crow, The (1994)
1	27	2	3	24	M	technician	85711	Bad Boys (1995)
1	66	4	3	24	M	technician	85711	While You Were Sleeping (1995)
1	228	5	3	24	M	technician	85711	Star Trek: The Wrath of Khan (1982)
1	176	5	4	24	M	technician	85711	Aliens (1986)
1	138	1	3	24	M	technician	85711	D3: The Mighty Ducks (1996)
1	268	5	4	24	M	technician	85711	Chasing Amy (1997)
1	155	2	2	24	M	technician	85711	Dirty Dancing (1987)
1	195	5	4	24	M	technician	85711	Terminator, The (1984)
1	64	5	5	24	M	technician	85711	Shawshank Redemption, The (1994)
1	44	5	4	24	M	technician	85711	Dolores Claiborne (1994)
1	223	5	4	24	M	technician	85711	Sling Blade (1996)

2

| 그림 6.9 | 사용자 ID 1의 홀드 아웃 데이터 유효성 검사 결과

앞의 스크린 샷(그림 6.9)의 예측에서 RBM이 사용자 ID 1에 대한 홀드 아웃 영화 세트를 예측하는 작업이 훌륭하다는 것을 알 수 있다.

각 영화 등급 예측에 대한 다항식 확률 분포에 대한 등급의 기대 값으로 최종 등급 예측을 수행하고 최종 등급을 가장 높은 확률로 평가하는 방식과 비교하여 어떻게 평가되는지 확인하는 것이 좋습니다. 협업 필터링을 위한 RBM 백서는 https://www.cs.toronto.edu/~rsalakhu/papers/rbmcf.pd에 있다. 제한된 Boltzmann 시스템과 관련된 코드는 https://github.com/PacktPublishing/Intelligent-Projects-using-Python/blob/master/Chapter06/rbm.py에 있다.

요약

이 장을 마친 후에는 제한 볼츠만 머신을 사용하여 지능형 추천 시스템을 구축하고 도메인 및 요구 사항에 따라 흥미로운 방식으로 확장할 수 있다. 이 장에서 설명된 프로젝트의 자세한 구현은 https://github.com/PacktPublishing/Intelligent-Projects-using-python/blob/master/Chapter06에서 이 프로젝트의 GiHub 링크를 참조한다.

다음 장에서는 영화 리뷰에 대한 감정 분석을 수행하기 위한 모바일 앱 제작에 대해 다룰 것이다. 여러분의 참여를 기대한다.

CHAPTER 7

영화평 감정 분석을 하는 모바일 앱

현대에는 추론을 위해 클라우드의 AI 기반 응용 프로그램으로 데이터를 보내는 것이 일반적이다. 예를 들어, 사용자는 휴대폰에서 촬영한 이미지를 Amazon Rekognition API로 보내고 서비스는 이미지에 있는 다양한 객체, 사람, 텍스트, 장면 등을 태그할 수 있다. 클라우드에서 호스팅되는 AI 기반 응용 프로그램 서비스를 사용하면 얻을 수 있는 이점이 있다. 모바일 앱은 이미지와 함께 AI 기반 서비스에 HTTPS 요청을 하면 되고, 몇 초 안에 서비스가 추론 결과를 제공한다. 서비스 제공 업체로서 이러한 머신 러닝 중 일부는 다음과 같다.

- Amazon Rekognition
- Amazon Polly
- Amazon Lex
- Microsoft Azure Cognitive Services
- IBM Watson
- Google Cloud Vision

그림 7.1의 다음 다이어그램은 클라우드에서 호스팅 되는 이러한 종류의 응용 프로그램의 아키텍처와 모바일 장치와 상호 작용하는 방법을 보여준다.

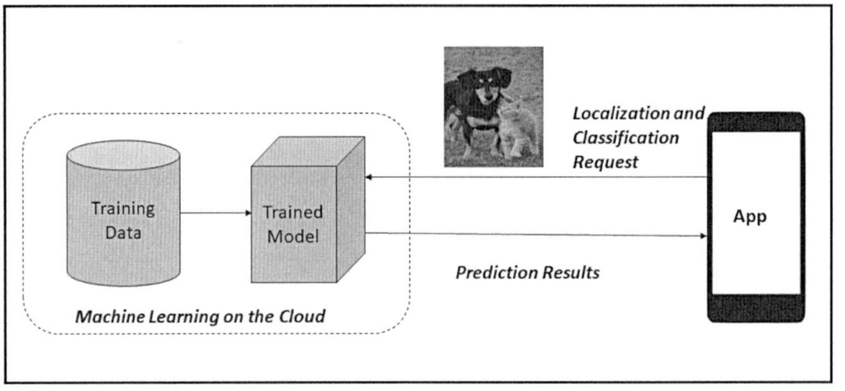

| 그림 7.1 | 클라우드에서 모바일 앱이 AI 모델과의 통신

위의 다이어그램에서 볼 수 있듯이 모바일 앱은 이미지의 객체 위치 localization 및 분류 요청을 이미지와 함께 클라우드에 호스팅된 모델로 보내고 모델은 제공된 이미지에서 추론을 실행한 후 결과를 다시 보낸다. 클라우드에서 이러한 서비스를 사용하면 다음과 같은 이점이 있다.

- 이런 종류의 모델을 훈련시키기 위해 데이터를 수집할 필요가 없다.
- AI 모델을 서비스로 호스팅하는 데 어려움이 없다.
- 모델 재교육에 대해 걱정할 필요가 없다.

위의 모든 사항은 서비스 제공 업체가 처리한다. 그러나 클라우드에서 이러한 종류의 AI 응용 프로그램을 사용하면 다음과 같은 몇 가지 단점이 있다.

- 사용자는 모바일 장치에서 로컬로 추론을 실행할 수 없다. AI 응용 프로그램이 호스팅되는 서버로 네트워크 요청을 보내서 모든 추론을 수행해야 한다. 네트워크 연결이 없으면 모바일 앱이 작동하지 않는다. 또한, 네트워크를 통해 모델에서 예측을 얻는 데 약간의 지연이 있을 수 있다.
- 무료로 호스팅되는 클라우드 애플리케이션이 아닌 경우 사용자는 일반적으로 실행한 추론 수에 대해 비용을 지불한다.
- 클라우드에서 호스팅되는 모델은 매우 일반적이며 사용자는 자체 데이터를 사용하여 해당 모델을 교육할 수 없다. 데이터가 고유한 경우 일반 데이터에 대

해 훈련된 이러한 종류의 응용 프로그램은 큰 결과를 제공하지 않을 수 있다.

클라우드를 통해 배포된 AI 응용 프로그램의 단점은 인터넷을 통해 AI 응용 프로그램으로 데이터를 전송하는 대신 모바일 장치 자체에서 추론을 실행하여 극복할 수 있다.

모바일 앱이 설계 한 문제에 대한 교육 데이터를 사용하여 적절한 CPU 및 GPU가 있는 모든 시스템에서 모델을 교육할 수 있다. 학습된 모델은 추론을 실행하는 데 필요한 가중치와 작업만으로 최적화된 파일 형식으로 변환할 수 있다. 그런 다음 최적화된 모델을 모바일 앱과 통합하고 전체 프로젝트를 모바일 장치에 앱으로 로드할 수 있다. 모델이 모바일 앱 코드의 나머지 부분과 함께 모바일 자체에 저장되기 때문에 학습된 모델의 최적화된 파일 크기는 가능한 한 가벼워야 한다. 이 장에서는 TensorFlow 모바일을 사용하여 Android 모바일 앱을 개발할 것이다.

기술 요구사항

Python 3, TensorFlow 및 Java에 대한 기본 지식이 있어야 한다.

이 장의 코드 파일은 GitHub에서 찾을 수 있다:

`https://github.com/PacktPublishing/Intelligent-Projects-using-Python/tree/master/Chapter07`

동영상 실습은 다음 비디오를 참고한다.

`http://bit.ly/2S1sddw`

TensorFlow 모바일을 사용하여 Android 모바일 앱 빌드

이 프로젝트에서는 훈련된 모델을 프로토콜 버퍼 객체로 최적화하기 위해 TensorFlow의 모바일 기능을 사용한다. 그런 다음 모델을 Android 앱과 통합하고 논리는 Java로 작성된다. 다음 단계를 수행해야 한다.

1. TensorFlow에서 모델을 구축하고 관련 데이터로 교육한다.
2. 유효성 검사 데이터 세트에서 모델이 만족스럽게 수행되면 TensorFlow 모델을 최적화된 원형 물체로 변환한다(예 : `optimized_model.pb`).
3. Android Studio 및 해당 전제 조건을 다운로드한다. XML을 사용하여 Java 및 인터페이스 페이지의 핵심 애플리케이션 로직을 개발한다.
4. 프로젝트 내 자산 폴더에 TensorFlow 학습 모델 protobuf 객체 및 관련 종속성을 통합한다.
5. 프로젝트를 빌드하고 실행한다.

이 Android 앱의 구현은 다음 다이어그램에 나와 있다(그림 7.2).

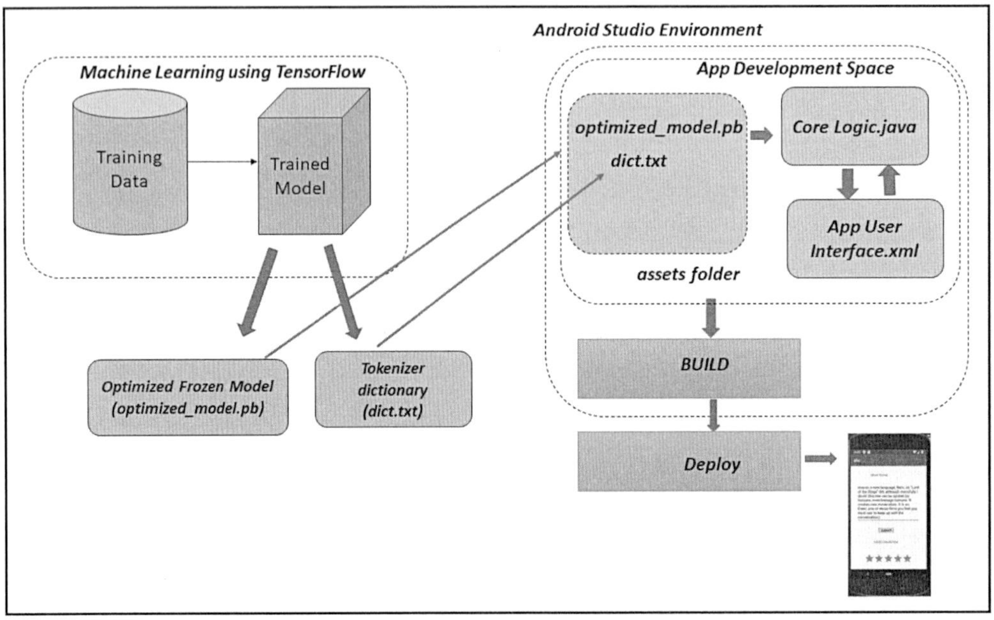

| 그림 7.2 | 모바일 앱 배포 구조도

Android 앱에서 영화평 등급 매기기

영화 리뷰의 감정 분석을 기반으로 영화 리뷰를 입력으로 사용하고 0-5의 등급을 출력으로 제공하는 Android 앱을 구축할 것이다. 반복 신경망의 LSTM 버전은 먼저 영화의 정서에 대한 이진 분류를 수행하도록 훈련된다. 교육 데이터는 이진 레이블 0 또는 1과 함께 텍스트 기반 영화 검토로 구성된다. 1 레이블은 긍정적인 감정이 있는 리뷰를 나타내고 0은 영화가 부정적인 감정을 가짐을 나타낸다. 모델에서 우리는 감정이 긍정적일 가능성을 예측한 다음 확률을 5배로 늘려 합리적인 등급으로 변환한다. 모델은 TensorFlow를 사용하여 빌드된 다음 훈련된 모델이 최적화된 고정 프로토타입 객체로 변환되어 Android 앱 로직과 통합된다. 동결된 개체는 원래 훈련된 모델보다 크기가 훨씬 작으며 추론 목적으로만 사용된다.

http://ai.stanford.edu/~amaas/data/sentiment/에 있는 데이터 세트를 사용한다.

감정 분석을 위한 학습 단어 벡터라는 제목의 다음 논문에서 사용된다.

```
@InProceedings{maas-EtAl:2011:ACL-HLT2011,
  author    = {Maas, Andrew L. and Daly, Raymond E. and Pham, Peter T.
               and Huang, Dan and Ng, Andrew Y. and Potts, Christopher},
  title     = {Learning Word Vectors for Sentiment Analysis},
  booktitle = {Proceedings of the 49th Annual Meeting of the Association
               for Computational Linguistics: Human Language Technologies},
  month     = {June},
  year      = {2011},
  address   = {Portland, Oregon, USA},
  publisher = {Association for Computational Linguistics},
  pages     = {142--150},
  url       = {http://www.aclweb.org/anthology/P11-1015}
}
```

영화 리뷰 텍스트 전처리하기

영화 리뷰 텍스트는 사전 처리되어 코퍼스의 다른 단어에 해당하는 숫자 토큰으로 변환되어야 한다. Keras의 토큰생성기는 처음 50000개의 빈번한 단어를 사용하여 단어를 숫자 인덱스 또는 토큰으로 변환하는 데 사용된다. 영화 리뷰는 최대 1000개의 단어 토큰을 갖도록 제한했다. 영화 리뷰에 1000개 미만의 단어 토큰이 있는 경우 리뷰는 시작 부분에 0으로 패딩된다. 전처리 후 데이터는 학습, 검증 및 테스트 세트로 분할된다. Keras Tokenizer 개체는 추론 중에 사용하기 위해 저장된다.

영화 리뷰 사전 처리에 대한 자세한 코드(preprocess.py)는 다음과 같다.

```
# -*- coding: utf-8 -*-
"""
Created on Sun Jun 17 22:36:00 2018
@author: santanu
"""
import numpy as np
import pandas as pd
import os
import re
from keras.preprocessing.text import Tokenizer
from keras.preprocessing.sequence import pad_sequences
import pickle
import fire
from elapsedtimer import ElapsedTimer


# Function to clean the text and convert it into lower case
def text_clean(text):
    letters = re.sub("[^a-zA-z0-9\s]", " ",text)
    words = letters.lower().split()
    text = " ".join(words)
    return text


def process_train(path):
```

```
    review_dest = []
    reviews = []
    train_review_files_pos = os.listdir(path + 'train/pos/')
    review_dest.append(path + 'train/pos/')
    train_review_files_neg = os.listdir(path + 'train/neg/')
    review_dest.append(path + 'train/neg/')
    test_review_files_pos = os.listdir(path + 'test/pos/')
    review_dest.append(path + 'test/pos/')
    test_review_files_neg = os.listdir(path + 'test/neg/')
    review_dest.append(path + 'test/neg/')
    sentiment_label = [1]*len(train_review_files_pos) + \
                      [0]*len(train_review_files_neg) + \
                      [1]*len(test_review_files_pos) + \
                      [0]*len(test_review_files_neg)
    review_train_test = ['train']*len(train_review_files_pos) + \
                        ['train']*len(train_review_files_neg) + \
                        ['test']*len(test_review_files_pos) + \
                        ['test']*len(test_review_files_neg)
    reviews_count = 0
    for dest in review_dest:
        files = os.listdir(dest)
        for f in files:
            fl = open(dest + f,'r')
            review = fl.readlines()
            review_clean = text_clean(review[0])
            reviews.append(review_clean)
            reviews_count +=1
    df = pd.DataFrame()
    df['Train_test_ind'] = review_train_test
    df['review'] = reviews
    df['sentiment_label'] = sentiment_label
    df.to_csv(path + 'processed_file.csv',index=False)
    print ('records_processed',reviews_count)
    return df
def process_main(path):
    df = process_train(path)
    # We will tokenize the text for the most common 50000 words.
    max_fatures = 50000
    tokenizer = Tokenizer(num_words=max_fatures, split=' ')
```

```
    tokenizer.fit_on_texts(df['review'].values)
    X = tokenizer.texts_to_sequences(df['review'].values)
    X_ = []
    for x in X:
        x = x[:1000]
        X_.append(x)
    X_ = pad_sequences(X_)
    y = df['sentiment_label'].values
    index = list(range(X_.shape[0]))
    np.random.shuffle(index)
    train_record_count = int(len(index)*0.7)
    validation_record_count = int(len(index)*0.15)

    train_indices = index[:train_record_count]
    validation_indices = index[train_record_count:train_record_count +
                               validation_record_count]
    test_indices = index[train_record_count + validation_record_count:]
    X_train,y_train = X_[train_indices],y[train_indices]
    X_val,y_val = X_[validation_indices],y[validation_indices]
    X_test,y_test = X_[test_indices],y[test_indices]
    np.save(path + 'X_train',X_train)
    np.save(path + 'y_train',y_train)
    np.save(path + 'X_val',X_val)
    np.save(path + 'y_val',y_val)
    np.save(path + 'X_test',X_test)
    np.save(path + 'y_test',y_test)

    # saving the tokenizer oject for inference
    with open(path + 'tokenizer.pickle', 'wb') as handle:
        pickle.dump(tokenizer, handle, protocol=pickle.HIGHEST_PROTOCOL)

if __name__ == '__main__':
    with ElapsedTimer('Process'):
        fire.Fire(process_main)
```

preprocess.py 코드는 다음과 같이 호출할 수 있습니다.

```
python preprocess.py --path /home/santanu/Downloads/Mobile_App/aclImdb/
```

출력 로그는 다음과 같다.

```
Using TensorFlow backend.
records_processed 50000
24.949 s: Process
```

모델 구축하기

입력 레이어 다음에 임베딩 레이어가 있는 간단한 LSTM 버전의 재귀 신경망을 구축할 것이다. 임베딩 레이어 워드 벡터는 치수가 100인 사전 훈련된 글러브 벡터로 초기화되고, 레이어는 트레이닝 가능으로 정의되므로, 워드 벡터 임베딩은 트레이닝 데이터에 기초하여 자체적으로 업데이트될 수 있다. 숨겨진 상태 및 셀 상태의 차원도 100으로 유지된다. 모델은 이진 교차 엔트로피 손실을 사용하여 학습된다. 과적 합을 피하기 위해 릿지 정규화가 손실 기능에 추가된다. **Adam 최적화** 프로그램은 모델 학습에 사용된다.

다음 코드 부분은 TensorFlow에서 모델을 빌드하는 데 사용되는 함수를 보여준다.

```
def _build_model(self):
    with tf.variable_scope('inputs'):
        self.X = tf.placeholder(shape=[None, self.sentence_length],
                                dtype=tf.int32,name="X")
        print (self.X)
        self.y = tf.placeholder(shape=[None,1], dtype=tf.float32,name="y")
        self.emd_placeholder = tf.placeholder(tf.float32,shape=
                             [self.n_words,self.embedding_dim])

    with tf.variable_scope('embedding'):
        # create embedding variable
        self.emb_W =tf.get_variable('word_embeddings',[self.n_words,
                    self.embedding_dim],initializer=tf.random_uniform_
                    initializer(-1, 1,0),trainable=True,dtype=tf.float32)
        self.assign_ops = tf.assign(self.emb_W,self.emd_placeholder)
        # do embedding lookup
```

```
    self.embedding_input = tf.nn.embedding_lookup(self.emb_W, self.X,
                                                  "embedding_input")
    print( self.embedding_input )
    self.embedding_input = tf.unstack(self.embedding_input,
                                      self.sentence_length,1)
    #rint( self.embedding_input)

# define the LSTM cell
with tf.variable_scope('LSTM_cell'):
    self.cell = tf.nn.rnn_cell.BasicLSTMCell(self.hidden_states)

# define the LSTM operation
with tf.variable_scope('ops'):
    self.output, self.state = tf.nn.static_rnn(self.cell,
                              self.embedding_input,dtype=tf.float32)
with tf.variable_scope('classifier'):
    self.w = tf.get_variable(name="W", shape=[self.hidden_states,1],
                             dtype=tf.float32)
    self.b = tf.get_variable(name="b", shape=[1], dtype=tf.float32)
self.l2_loss = tf.nn.l2_loss(self.w,name="l2_loss")
self.scores = tf.nn.xw_plus_b(self.output[-1],self.w,self.b,
                              name="logits")
    self.prediction_probability = tf.nn.sigmoid(self.scores,name=
                                  'positive_sentiment_probability')
    print (self.prediction_probability)
    self.predictions = tf.round(self.prediction_probability,name=
                               'final_prediction')

    self.losses = tf.nn.sigmoid_cross_entropy_with_logits
                  (logits=self.scores,labels=self.y)
    self.loss = tf.reduce_mean(self.losses) + self.lambda1*self.l2_loss
    tf.summary.scalar('loss', self.loss)
    self.optimizer = tf.train.AdamOptimizer(self.learning_rate).
                     minimize(self.losses)

    self.correct_predictions = tf.equal(self.predictions,tf.round(self.y))
    print (self.correct_predictions)

    self.accuracy = tf.reduce_mean(tf.cast(self.correct_predictions,
```

```
                                "float"), name="accuracy")
        tf.summary.scalar('accuracy', self.accuracy)
```

모델 훈련하기

이 절에서는 모델 학습을 위한 TensorFlow 코드를 설명한다. 이 모델은 과적합을 피하기 위해 적당한 10 에포크를 위해 훈련되었다. 옵티마이저에 사용되는 학습 속도는 0.001이며 훈련 배치 크기 및 검증 배치 크기는 250과 50으로 설정된다. 주목할 것은 tf.train.write_graph 함수를 사용하여 model.pbtxt 파일에 모델 그래프 정의를 저장한다는 것이다. 또한 모델이 학습되면 tf.train.Saver 함수를 사용하여 모델 가중치를 체크포인트 파일인 model_ckpt에 저장한다. model.pbtxt 및 model_ckpt 파일은 특수저장[protobuf] 형식으로 TensorFlow 모델의 최적화된 버전을 작성하는 데 사용되며 Android 앱과 통합될 수 있다.

```
def _train(self):
    self.num_batches = int(self.X_train.shape[0]//self.batch_size)
    self._build_model()
    self.saver = tf.train.Saver()
    with tf.Session() as sess:
        init = tf.global_variables_initializer()
        sess.run(init)
        sess.run(self.assign_ops,feed_dict={self.emd_placeholder:
                                            self.embedding_matrix})
        tf.train.write_graph(sess.graph_def, self.path, 'model.pbtxt')
        print (self.batch_size,self.batch_size_val)
        for epoch in range(self.epochs):
            gen_batch = self.batch_gen(self.X_train,self.y_train,
                                       self.batch_size)
            gen_batch_val =self.batch_gen(self.X_val,self.y_val,
                                          self.batch_size_val)
            for batch in range(self.num_batches):
                X_batch,y_batch = next(gen_batch)
```

```
            X_batch_val,y_batch_val = next(gen_batch_val)
                sess.run(self.optimizer,feed_dict={self.X:X_batch,
                                                   self.y:y_batch})
            c,a = sess.run([self.loss,self.accuracy],
                           feed_dict={self.X:X_batch,self.y:y_batch})
            print(" Epoch=",epoch," Batch=",batch," Training Loss:
                ","{:.9f}".format(c), " Training Accuracy=", "{:.9f}".
                format(a))
            c1,a1 = sess.run([self.loss,self.accuracy],feed_dict=
                             {self.X:X_batch_val,self.y:y_b atch_val})
            print(" Epoch=",epoch," Validation Loss:
                ","{:.9f}".format(c1), " Validation Accuracy=",
                "{:.9f}".format(a1))
        results = sess.run(self.prediction_probability,
                           feed_dict={self.X:X_batch_val})
        print(results)
        if epoch % self.checkpoint_step == 0:
            self.saver.save(sess, os.path.join(self.path,'model'),
                            global_step=epoch)
    self.saver.save(sess,self.path + 'model_ckpt')
    results = sess.run(self.prediction_probability,
                       feed_dict={self.X:X_batch_val})
    print(results)
```

배치 생성기

train 함수에서는 배치 생성기를 사용하여 전달된 배치 크기에 따라 임의의 배치를 생성한다. 생성기 함수는 다음과 같이 정의할 수 있다. 함수는 return 대신 yield를 사용한다. 필수 매개변수를 사용하여 함수를 호출하면 배치들의 일괄 처리 반복자 오브젝트가 작성된다. next 메소드를 반복자 오브젝트에 적용하여 배치를 검색할 수 있다. 각 에포크가 시작될 때 생성기 함수를 호출하여 배치가 각 에포크에서 무작위가 되도록 한다.

다음 코드 스니펫은 일괄 처리 배치 반복자 오브젝트를 생성하는 데 사용되는 함수를 보여준다.

```
def batch_gen(self,X,y,batch_size):
    index = list(range(X.shape[0]))
    np.random.shuffle(index)
    batches = int(X.shape[0]//batch_size)
    for b in range(batches):
        X_train,y_train = X[index[b*batch_size: (b+1)*batch_size],:],
                                      y[index[b*batch_size:(b+1)*batch_size]]
        yield X_train,y_train
```

모델 훈련 활동에 대한 자세한 코드는 movie_review_model_train.py 스크립트에 있다. 이에 대한 훈련은 다음과 같이 호출할 수 있다.

```
python movie_review_model_train.py process_main --path
/home/santanu/Downloads/Mobile_App/ --epochs 10
```

훈련의 출력은 다음과 같다.

```
Using TensorFlow backend.
(35000, 1000) (35000, 1)
(7500, 1000) (7500, 1)
(7500, 1000) (7500, 1)
no of positive class in train: 17497
no of positive class in test: 3735
Tensor("inputs/X:0", shape=(?, 1000), dtype=int32)
Tensor("embedding/embedding_lookup:0", shape=(?, 1000, 100), dtype=float32)
Tensor("positive_sentiment_probability:0", shape=(?, 1), dtype=float32)
.....
25.043 min: Model train
```

protobuf 형식으로 모델을 동결시키기

model.pbtxt 및 model_ckpt 파일 형식으로 저장된 훈련된 모델은 Android 앱에서 직접 사용할 수 없다. Android 앱과 통합할 수 있는 최적화 된 프로토버프[protobuf] 타입 형식(.pb 확장자 파일)으로 변환해야 한다. 파일 크기 최적화된 프로토버프 형식은 model.pbtxt 및 model_ckpt 파일의 결합된 크기보다 훨씬 작다.

다음 코드(freeze_code.py)는 model.pbtxt 및 model_ckpt 파일에서 최적화 된 프로토버프 모델을 만든다.

```
# -*- coding: utf-8 -*-

import sys
import tensorflow as tf
from tensorflow.python.tools import freeze_graph
from tensorflow.python.tools import optimize_for_inference_lib
import fire
from elapsedtimer import ElapsedTimer

#path = '/home/santanu/Downloads/Mobile_App/'
#MODEL_NAME = 'model'

def model_freeze(path,MODEL_NAME='model'):

    # Freeze the graph

    input_graph_path = path + MODEL_NAME+'.pbtxt'
    checkpoint_path = path + 'model_ckpt'
    input_saver_def_path = ""
    input_binary = False
    output_node_names = 'positive_sentiment_probability'
    restore_op_name = "save/restore_all"
    filename_tensor_name = "save/Const:0"
    output_frozen_graph_name = path + 'frozen_'+MODEL_NAME+'.pb'
    output_optimized_graph_name = path + 'optimized_'+MODEL_NAME+'.pb'
    clear_devices = True


    freeze_graph.freeze_graph(input_graph_path, input_saver_def_path,
                              input_binary, checkpoint_path,
                              output_node_names,
```

```
                              restore_op_name, filename_tensor_name,
    output_frozen_graph_name, clear_devices, "")

    input_graph_def = tf.GraphDef()

    with tf.gfile.Open(output_frozen_graph_name, "rb") as f:
        data = f.read()
        input_graph_def.ParseFromString(data)

    output_graph_def = optimize_for_inference_lib.optimize_for_inference(
            input_graph_def,
            ["inputs/X" ],#an array of the input node(s)
            ["positive_sentiment_probability"],
            tf.int32.as_datatype_enum # an array of output nodes
            )

    # Save the optimized graph

    f = tf.gfile.FastGFile(output_optimized_graph_name, "w")
    f.write(output_graph_def.SerializeToString())

if __name__ == '__main__':
    with ElapsedTimer('Model Freeze'):
        fire.Fire(model_freeze)
```

앞의 코드에서 볼 수 있듯이 먼저 모델을 선언하는 동안 정의된 대로 이름을 참조하여 입력 텐서와 출력 텐서를 선언한다. 입력 및 출력 텐서와 model.pbtxt 및 model_ckpt 파일을 사용하여 tensorflow.python.tools의 freeze_graph 함수를 활용하여 모델을 고정한다. 다음 단계에서 optimize_model.pb라는 프로토버프 모델을 만드는 데 tensorflow.python.tools의 optimize_for_inference_lib 함수를 사용하여 냉동 모델은 더욱 최적화된다. 이 최적화된 프로토버프 모델인 optimize_model.pb는 추론을 위해 Android 앱과 통합된다.

다음과 같이 freeze_code.py 모델을 호출하여 프로토버프 형식 파일을 작성할 수 있다.

```
python freeze_code.py --path /home/santanu/Downloads/Mobile_App/ --
MODEL_NAME model
```

이전 명령의 실행 결과는 다음과 같다.

```
39.623 s: Model Freeze
```

추론을 위한 단어-토큰 사전 작성

사전 처리 과정에서 Keras 토큰 생성기를 훈련하여 단어를 숫자 단어 색인으로 대체하여 처리된 영화 리뷰를 훈련을 위해 LSTM 모델에 제공할 수 있었다. 또한 단어 빈도가 가장 높은 첫 번째 50000개의 단어를 유지하고 검토 시퀀스를 최대 길이가 1000으로 설정했다. 훈련된 Keras 토큰 생성기는 추론을 위해 저장되었지만 Android 앱에서 직접 사용할 수는 없다. Keras 토큰생성기를 복원하고 처음 50000 단어와 해당 단어 인덱스를 텍스트 파일에 저장할 수 있다. 리뷰 텍스트의 단어를 단어 색인으로 변환하는 **단어 대 인덱스 사전**을 작성하기 위해 이 텍스트 파일은 안드로이드 앱에서 사용할 수 있다. tokenizer.word_index를 참조하여 로드된 Keras 토큰생성기 오브젝트에서 단어 대 인덱스 맵핑을 검색할 수 있다. 이 활동을 수행하는 자세한 코드 tokenizer_2_txt.py는 다음과 같다.

```
import keras
import pickle
import fire
from elapsedtimer import ElapsedTimer

#path = '/home/santanu/Downloads/Mobile_App/aclImdb/tokenizer.pickle'
#path_out = '/home/santanu/Downloads/Mobile_App/word_ind.txt'
def tokenize(path,path_out):
    with open(path, 'rb') as handle:
```

```
        tokenizer = pickle.load(handle)


    dict_ = tokenizer.word_index

    keys = list(dict_.keys())[:50000]
    values = list(dict_.values())[:50000]
    total_words = len(keys)
    f = open(path_out,'w')
    for i in range(total_words):
        line = str(keys[i]) + ',' + str(values[i]) + '\n'
        f.write(line)

    f.close()

if __name__ == '__main__':
    with ElapsedTimer('Tokeize'):
        fire.Fire(tokenize)
```

tokenizer_2_txt.py는 다음과 같이 실행할 수 있다.

```
python tokenizer_2_txt.py --path
'/home/santanu/Downloads/Mobile_App/aclImdb/tokenizer.pickle' --path_out
'/home/santanu/Downloads/Mobile_App/word_ind.txt'
```

이전 명령의 출력 로그는 다음과 같다.

```
Using TensorFlow backend.
165.235 ms: Tokenize
```

앱 인터페이스 페이지 설계

간단한 모바일 앱 인터페이스는 Android Studio를 사용하여 설계할 수 있으며 관련 코드는 XML 파일로 생성된다. 다음 스크린 샷(그림 7.3)에서 볼 수 있듯이 이 앱은 간단한 영화 리뷰 텍스트 상자로 구성되어 있으며, 사용자는 영화 리뷰를 입력하고 제출이 완료되면 **SUBMIT** 단추를 누른다. **SUBMIT** 버튼을 누르면 리뷰가 핵심 앱 로직으로 전달된다. 이 로직은 영화 리뷰 텍스트를 처리하고 추론을 위해 TensorFlow 최적화 모델로 전달한다.

추론의 일부로 감정 점수가 계산되어 모바일 앱에 표시되고 별점으로 표시된다.

| 그림 7.3 | 모바일 앱 사용자 인터페이스 페이지 형식

앞에서 언급한 모바일 앱 뷰를 생성하는 데 필요한 XML 파일은 다음과 같다.

```
<?xml version="1.0" encoding="utf-8"?>
<android.support.constraint.ConstraintLayout
```

```
xmlns:android="http://schemas.android.com/apk/res/android"
    xmlns:app="http://schemas.android.com/apk/res-auto"
    xmlns:tools="http://schemas.android.com/tools"
    android:layout_width="match_parent"
    android:layout_height="match_parent"
    tools:context=".MainActivity"
    tools:layout_editor_absoluteY="81dp">

<TextView
    android:id="@+id/desc"
    android:layout_width="100dp"
    android:layout_height="26dp"
    android:layout_marginEnd="8dp"
    android:layout_marginLeft="44dp"
    android:layout_marginRight="8dp"
    android:layout_marginStart="44dp"
    android:layout_marginTop="36dp"
    android:text="Movie Review"
    app:layout_constraintEnd_toEndOf="parent"
    app:layout_constraintHorizontal_bias="0.254"
    app:layout_constraintStart_toStartOf="parent"
    app:layout_constraintTop_toTopOf="parent"
    tools:ignore="HardcodedText" />

<EditText
    android:id="@+id/Review"
    android:layout_width="319dp"
    android:layout_height="191dp"
    android:layout_marginEnd="8dp"
    android:layout_marginLeft="8dp"
    android:layout_marginRight="8dp"
    android:layout_marginStart="8dp"
    android:layout_marginTop="24dp"
    app:layout_constraintEnd_toEndOf="parent"
    app:layout_constraintStart_toStartOf="parent"
    app:layout_constraintTop_toBottomOf="@+id/desc" />

<RatingBar
    android:id="@+id/ratingBar"
```

```
    android:layout_width="240dp"
    android:layout_height="49dp"
    android:layout_marginEnd="8dp"
    android:layout_marginLeft="52dp"
    android:layout_marginRight="8dp"
    android:layout_marginStart="52dp"
    android:layout_marginTop="28dp"
    app:layout_constraintEnd_toEndOf="parent"
    app:layout_constraintHorizontal_bias="0.238"
    app:layout_constraintStart_toStartOf="parent"
    app:layout_constraintTop_toBottomOf="@+id/score"
    tools:ignore="MissingConstraints" />

<TextView
    android:id="@+id/score"
    android:layout_width="125dp"
    android:layout_height="39dp"
    android:layout_marginEnd="8dp"
    android:layout_marginLeft="96dp"
    android:layout_marginRight="8dp"
    android:layout_marginStart="96dp"
    android:layout_marginTop="32dp"
    android:ems="10"
    android:inputType="numberDecimal"
    app:layout_constraintEnd_toEndOf="parent"
    app:layout_constraintHorizontal_bias="0.135"
    app:layout_constraintStart_toStartOf="parent"
    app:layout_constraintTop_toBottomOf="@+id/submit" />

<Button
    android:id="@+id/submit"
    android:layout_width="wrap_content"
    android:layout_height="35dp"
    android:layout_marginEnd="8dp"
    android:layout_marginLeft="136dp"
    android:layout_marginRight="8dp"
    android:layout_marginStart="136dp"
    android:layout_marginTop="24dp"
    android:text="SUBMIT"
```

```
    app:layout_constraintEnd_toEndOf="parent"
    app:layout_constraintHorizontal_bias="0.0"
    app:layout_constraintStart_toStartOf="parent"
    app:layout_constraintTop_toBottomOf="@+id/Review" />

</android.support.constraint.ConstraintLayout>
```

주목할 것은 사용자와 모바일 앱 핵심 로직이 서로 상호 작용하는 변수는 XML 파일의 android:id 옵션에 선언되어 있다는 것이다. 예를 들어, 사용자가 제공하는 영화 리뷰는 여기에 표시된 XML 파일에 정의된 대로 Review 변수에 의해 처리된다.

```
android:id="@+id/Review"
```

안드로이드 앱의 핵심 로직

Android 앱의 핵심 논리는 전달된 데이터와 함께 사용자 요청을 처리한 다음 결과를 사용자에게 다시 보내는 것이다. 이 모바일 앱의 일부로 핵심 로직은 사용자가 제공한 영화 리뷰를 수락하고 원시 데이터를 처리하며 훈련된 LSTM 모델이 추론을 실행할 수 있는 형식으로 변환한다. Java의 OnClickListener 기능은 사용자가 처리 요청을 제출했는지 여부를 모니터하는 데 사용된다. 제공된 영화 리뷰의 각 단어들은 입력이 추론을 위해 최적화된 훈련된 LSTM 모델에 직접 공급되기 전에 그들의 색인으로 변경되어야 한다. 최적화된 프로토버프 모델 외에도 단어 사전과 해당 색인이 사전에 저장된다. TensorFlowInferenceInterface 메서드는 훈련된 모델과의 추론을 실행하는 데 사용된다. 최적화된 프로토버프 모델과 단어 사전 및 해당 색인은 assets 폴더에 저장된다. 요약하면 앱의 핵심 로직에서 수행하는 작업은 다음과 같다.

1. 색인 사전의 단어를 WordToInd HashMap에 로드하라. 단어-색인 사전은 모델을 학습하기 전에 텍스트의 사전 처리 중에 토크나이저에서 파생된다.

2. OnClickListener 메서드를 사용하여 사용자가 추론을 위해 영화 검토를 제출했는지 모니터링한다.
3. 영화 리뷰가 제출 된 경우 XML에 연결된 Review 변수에서 리뷰를 읽는다. 문장 부호 등을 제거하여 리뷰를 정리한 다음 단어로 나눈다. 이러한 각 단어는 HashMap 함수 WordToInd를 사용하여 해당 인덱스로 변환된다. 이러한 인덱스는 추론을 위해 TensorFlow 모델에 대한 InputVec 입력을 형성한다. 입력 벡터 길이는 1000이다. 따라서 리뷰의 단어 수가 1000개 미만이면 벡터는 처음에 0으로 채워진다.
4. 다음 단계에서는 최적화된 프로토버프 모델(.pb 확장명)이 mInference-Interface 오브젝트를 작성하는 TensorFlowInferenceInterface 기능을 사용하여 assets 폴더에서 메모리로 로드된다. 추론을 위해 참조될 TensorFlow 모델의 입력 노드와 출력 노드는 원래 모델에서와 같이 정의되어야 한다. 이 모델에서는 INPUT_NODE 및 OUTPUT_NODE로 정의되며 각각 TensorFlow 입력 플레이스 홀더 이름과 출력 감정 확률 ops를 포함한다. mInferenceInterface 객체의 feed 메소드는 ImInferenceInterface의 run 메소드가 OUTPUT_NODE를 실행할 때, InputVec 값을 모델의 INPUT_NODE에 할당하는 데 사용된다. 마지막으로 mInferenceInterface의 fetch 메소드는 추론 결과를 float 변수 value_에 채우는 데 사용된다.
5. 정서 점수(정서가 긍정적일 확률)는 5를 곱하여 등급으로 변환된다. 그런 다음 ratingBar 변수를 통해 Android 앱 사용자 인터페이스에 제공된다.

Java 모바일 앱의 핵심 로직은 다음과 같다.

```
package com.example.santanu.abc;
import android.content.res.AssetManager;
import android.support.v7.app.AppCompatActivity;
import android.os.Bundle;
import android.view.View;
import android.widget.RatingBar;
```

```
import android.widget.TextView;
import android.widget.Button;
import android.widget.EditText;
import java.io.BufferedReader;
import java.io.FileReader;
import java.io.IOException;
import java.io.InputStreamReader;
import java.util.HashMap;
import java.util.Map;
import org.tensorflow.contrib.android.TensorFlowInferenceInterface;


public class MainActivity extends AppCompatActivity {

    private TensorFlowInferenceInterface mInferenceInterface;
    private static final String MODEL_FILE = "file:///android_asset/
                                              optimized_model.pb";
    private static final String INPUT_NODE = "inputs/X";
    private static final String OUTPUT_NODE = "positive_sentiment_probability";

    @Override
    protected void onCreate(Bundle savedInstanceState) {
        super.onCreate(savedInstanceState);
        setContentView(R.layout.activity_main);
        // Create references to the widget variables

        final TextView desc = (TextView) findViewById(R.id.desc);
        final Button submit = (Button) findViewById(R.id.submit);
        final EditText Review = (EditText) findViewById(R.id.Review);
        final TextView score = (TextView) findViewById(R.id.score);
        final RatingBar ratingBar = (RatingBar) findViewById(R.id.ratingBar);

        //String filePath = "/home/santanu/Downloads/Mobile_App/word2ind.txt";
        final Map<String,Integer> WordToInd = new HashMap<String,Integer>();
        //String line;

        //reader = new BufferedReader(new InputStreamReader(getAssets().
                                    open("word2ind.txt")));
```

```
    BufferedReader reader = null;
    try {
        reader = new BufferedReader(
                new InputStreamReader(getAssets().open("word_ind.txt")));

        // do reading, usually loop until end of file reading
        String line;
        while ((line = reader.readLine()) != null)
        {
            String[] parts = line.split("\n")[0].split(",",2);
            if (parts.length >= 2)
            {

                String key = parts[0];
                //System.out.println(key);
                int value = Integer.parseInt(parts[1]);
                //System.out.println(value);
                WordToInd.put(key,value);
            } else

            {
                //System.out.println("ignoring line: " + line);
            }
        }
    } catch (IOException e) {
        //log the exception
    } finally {
        if (reader != null) {
            try {
                reader.close();
            } catch (IOException e) {
                //log the exception
            }
        }
    }

    //line = reader.readLine();


    // Create Button Submit Listener
```

```
submit.setOnClickListener(new View.OnClickListener() {

    @Override
    public void onClick(View v) {
        // Read Values
        String reviewInput = Review.getText().toString().trim();
        System.out.println(reviewInput);

        String[] WordVec = reviewInput.replaceAll("[^a-zA-z0-9 ]",
                      "").toLowerCase().split("\\s+");
        System.out.println(WordVec.length);

        int[] InputVec = new int[1000];
        // Initialize the input
        for (int i = 0; i < 1000; i++) {
            InputVec[i] = 0;
        }
        // Convert the words by their indices

        int i = 1000 - 1 ;
        for (int k = WordVec.length -1 ; k > -1 ; k--) {
            try {
                InputVec[i] = WordToInd.get(WordVec[k]);
                System.out.println(WordVec[k]);
                System.out.println(InputVec[i]);

            }
            catch (Exception e) {
                InputVec[i] = 0;

            }
            i = i-1;
        }

        if (mInferenceInterface == null) {
            AssetManager assetManager = getAssets();
            mInferenceInterface = new TensorFlowInferenceInterface
                               (assetManager,MODEL_FILE);
        }
```

```
                float[] value_ = new float[1];

                mInferenceInterface.feed(INPUT_NODE,InputVec,1,1000);
                mInferenceInterface.run(new String[] {OUTPUT_NODE}, false);
                System.out.println(Float.toString(value_[0]));
                mInferenceInterface.fetch(OUTPUT_NODE, value_);
                double scoreIn;
                scoreIn = value_[0]*5;
                double ratingIn = scoreIn;
                String stringDouble = Double.toString(scoreIn);
                score.setText(stringDouble);
                ratingBar.setRating((float) ratingIn);


            }

        });

    }
}
```

주목할 점 중 하나는 패키지를 종속성에 추가하기 위해 앱의 build.gradle 파일을 편집해야 할 수도 있다는 것이다.

```
org.tensorflow:tensorflow-android:1.7.0
```

모바일 앱 테스트하기

우리는 *Avatar*와 *Interstellar* 두 영화의 리뷰로 모바일 앱을 테스트할 것이다. *Avatar* 영화 리뷰는 https://www.rogerebert.com/reviews/avatar-2009에서 가져 왔으며 다음과 같다.

"Watching Avatar, I felt sort of the same as when I saw Star Wars in 1977. That was another movie I walked into with uncertain expectations. James Cameron's film has been the subject of relentlessly dubious advance buzz, just as his Titanic was. Once again, he has silenced the doubters by simply delivering an extraordinary film. There is still at least one man in Hollywood who knows how to spend $250 million, or was it $300 million, wisely.

"Avatar is not simply a sensational entertainment, although it is that. It's a technical breakthrough. It has a flat-out Green and anti-war message. It is predestined to launch a cult. It contains such visual detailing that it would reward repeating viewings. It invents a new language, Na'vi, as Lord of the Rings did, although mercifully I doubt this one can be spoken by humans, even teenage humans. It creates new movie stars. It is an Event, one of those films you feel you must see to keep up with the conversation."

리뷰어는 영화의 등급을 4/5로, 모바일 앱은 다음 스크린 샷(그림 7.4)과 같이 약 4.8/5의 등급을 부여했다.

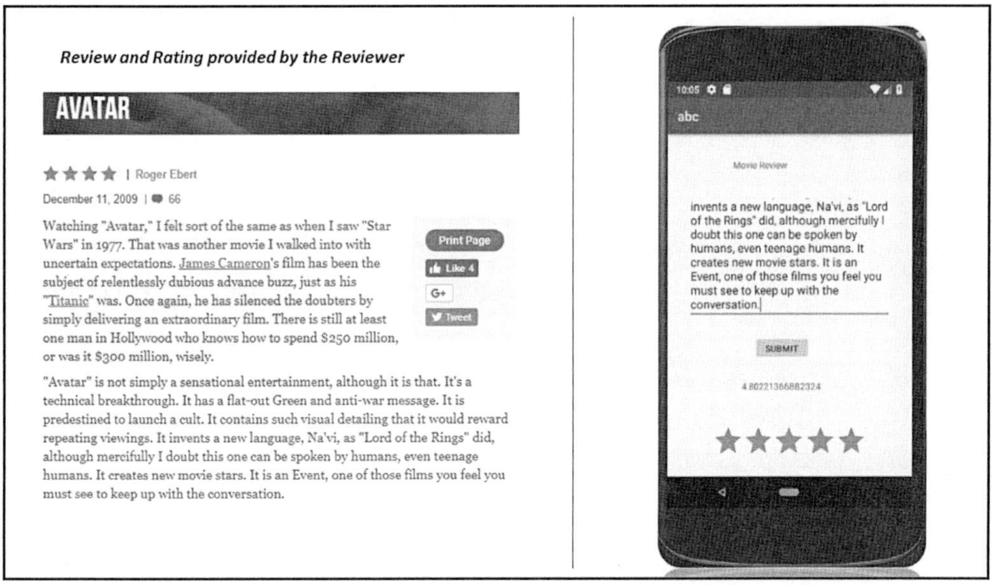

| 그림 7.4 | 영화 아바타에 대한 모바일앱 영화평 등급

마찬가지로, 우리는 https://www.rottentomatoes.com/m/interstellar_2014/ 에서 리뷰한 영화 *Interstellar*에 대한 앱이 제공한 등급을 평가할 것이다. 평은 다음과 같다.

> *"Interstellar represents more of the thrilling, thought-provoking, and visually resplendent film making moviegoers have come to expect from writer-director Christopher Nolan, even if its intellectual reach somewhat exceeds its grasp."*

*Rotten Tomatoes*에서 영화의 평균 등급은 7/10이며, 5로 크기를 조정하면 3.5/5의 점수를, 모바일 앱은 다음 스크린 샷(그림 7.5)에 표시된 대로 3.37의 등급을 예측한다.

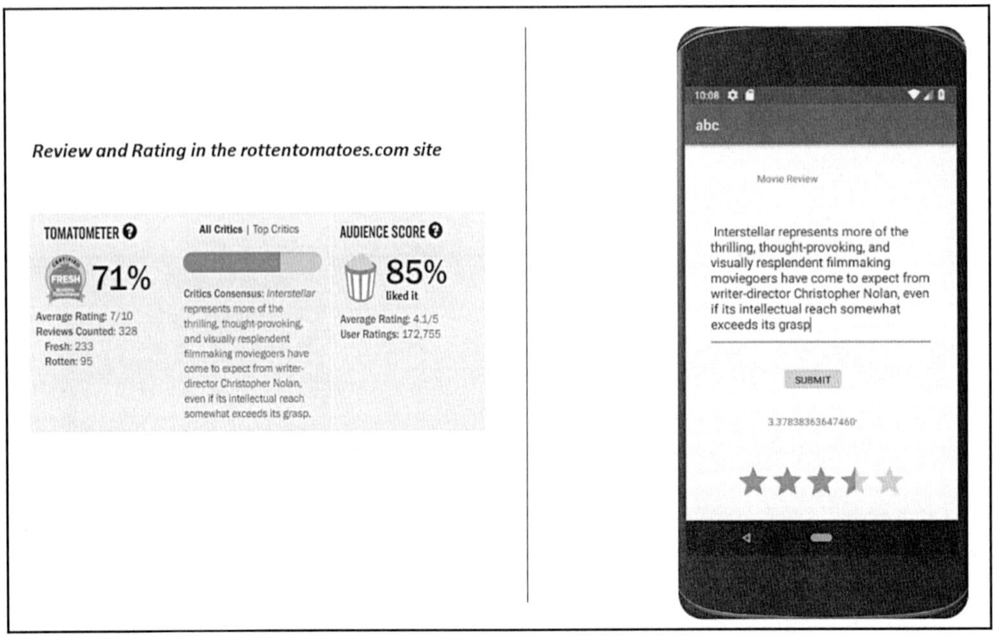

| 그림 7.5 | 인터스텔라 영화에 대한 모바일앱 영화평 등급

앞의 두 그림에서 볼 수 있듯이 모바일 영화 리뷰 등급 앱은 영화 리뷰에 대해 합리적인 등급을 제공하는 데 큰 도움이 된다.

요약

이 장을 마치면 독자는 TensorFlow의 모바일 기능을 사용하여 Android 앱에서 딥러닝 모델을 배포하는 방법에 대한 공정한 아이디어를 가져야 한다. 이 장에서 다루었던 기술 및 구현 세부 사항은 독자에게 도움이 되어 스마트 Android 모바일 응용 프로그램 및 흥미로운 방식으로 확장해보라. 이 프로젝트에 대한 자세한 코드는 `https://github.com/PacktPublishing/Python-Artificial-Intelligence-Projects/Chapter07`에 있다.

다음 장에서는 고객 서비스를 위한 대화식 AI 챗봇을 구축할 것이다. 우리는 당신의 참여를 기대한다.

CHAPTER 8

고객 서비스를 위한 대화형 AI 챗봇

대화형 챗봇은 최근 고객 경험을 향상시키는 역할로 인해 과대 광고를 해왔다. 현대 비즈니스는 여러 가지 프로세스에서 챗봇의 기능을 사용하기 시작했다. 대화형 인공지능이 널리 받아들여지면서 양식을 작성하거나 인터넷을 통해 정보를 전송하는 지루한 작업이 훨씬 더 간소화되었다. 대화형 챗봇의 바람직한 특성 중 하나는 현재 컨텍스트에서 사용자 요청에 응답할 수 있어야 한다. 대화형 챗봇 시스템의 플레이어는 각각 사용자와 봇이다. 다음 목록과 같이 대화형 챗봇을 사용하면 많은 이점이 있다.

- **개인화된 지원**: 모든 고객을 위한 개인화 된 경험을 만드는 것은 지루한 작업일 수 있지만 그렇게 하지 않으면 비즈니스에 어려움을 겪을 수 있다. 대화형 챗봇은 모든 고객에게 개인화된 경험을 제공하는 편리한 대안이다.
- **24시간 지원**: 고객 서비스 담당자를 24시간 연중무휴로 사용하는 것은 비용이 많이 든다. 근무 외 시간에 고객 서비스에 챗봇을 사용하면 추가 고객 담당자를 고용할 필요가 없다.
- **응답 일관성**: 챗봇이 제공하는 응답은 일관된 반면 다른 고객 서비스 담당자가 동일한 질문에 대한 응답은 다를 수 있다. 따라서 고객 서비스 담당자가 제공한 답변에 만족하지 않으면 고객이 여러 번 전화할 필요가 없다.
- **인내**: 고객 서비스 담당자가 고객을 응대할 때 인내심을 잃을 수 있지만, 챗봇에서는 가능성이 없다.

- **질문의 기록**: 챗봇은 사용자 지정 서비스 담당자보다 질문을 기록하는 데 훨씬 더 효율적이다.

챗봇은 최근의 것이 아니며 기원은 1950년대로 거슬러 올라간다. 제2차 세계 대전 직후, Alan Turing은 사람과 기계를 구별할 수 있는지 확인하기 위해 **튜링 테스트**Turing test를 개발했다. 몇 년 후, 1966년 Joseph Weizenbaum은 심리 치료사의 언어를 모방한 **엘리자**Eliza라는 소프트웨어를 개발했다. 이 도구는 여전히 `http://psych.fullerton.edu/mbirnbaum/psych101/Eliza.htm`에 있다.

챗봇은 다양한 작업을 수행할 수 있으며 그 중 일부는 다양한 기능을 강조하기 위해 다음 목록에 표시된다.

- 제품 관련 질문에 대한 답변
- 고객에게 추천 제공
- 문장 완성 활동 수행
- 대화형 챗봇
- 고객과 가격 협상 및 입찰 참여

많은 경우 기업은 챗봇이 필요한지 아닌지 파악하기가 어렵다. 비즈니스에 챗봇이 필요한지 여부는 그림 8.1의 순서도를 통해 확인할 수 있다.

이 장의 일부로 다음 주제를 다룰 것이다.

- 챗봇 아키텍처
- 챗봇을 위한 LSTM 시퀀스-시퀀스 모델
- Twitter 지원 챗봇을 위한 시퀀스-시퀀스 모델 구축

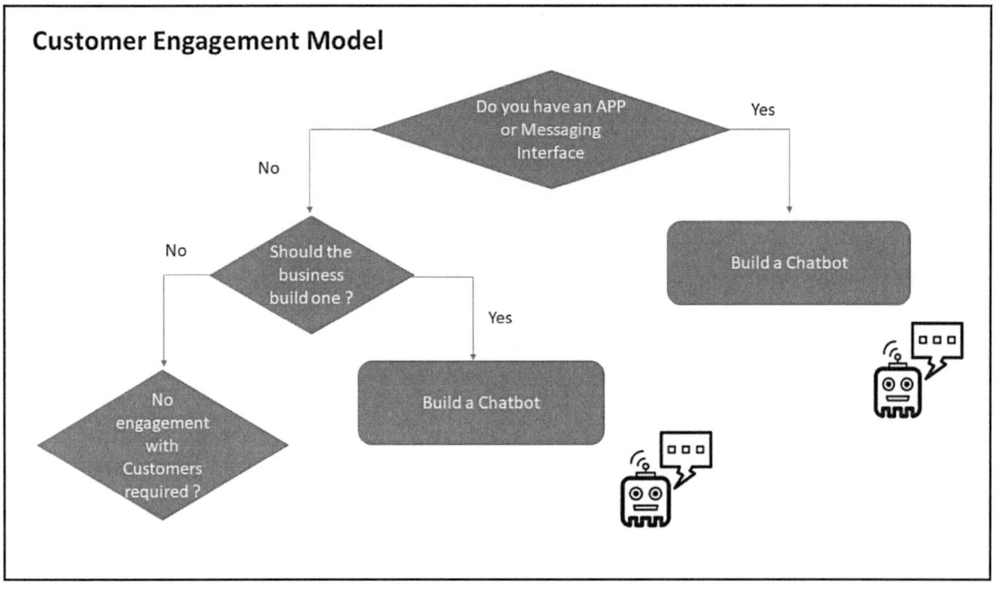

| 그림 8.1 | 고객 참여 모델

기술 요구사항

Python 3, TensorFlow 및 Keras에 대한 기본 지식이 필요하다.

이 장의 코드 파일은 GitHub에서 찾을 수 있다:

`https://github.com/PacktPublishing/Intelligent-Projects-using-Python/tree/master/Chapter08`

동영상 실습은 다음 비디오를 참고한다.

`http://bit.ly/2G9AyoB`

챗봇 아키텍처

챗봇의 핵심 구성 요소는 자연 언어 처리 프레임워크이다. 챗봇은 일반적으로 **구문 분석**

parsing이라고 알려진 프로세스를 통해 자연어 처리를 사용하여 제공된 데이터를 처리한다. 그런 다음 구문 분석된 사용자 입력이 해석되고 입력에서 해독된 대로 사용자가 원하는 것을 기반으로 적절한 응답이 사용자에게 다시 전송된다. 챗봇은 사용자의 요청을 적절하게 처리하기 위해 지식 기반 및 과거 트랜잭션 데이터 저장소에서 도움을 받아야 할 수도 있다.

챗봇은 크게 두 가지 범주로 분류할 수 있습니다.

- **검색 기반 모델** Retrieval-based models: 이 모델은 일반적으로 조회 테이블 또는 지식 기반을 사용하여 사전 정의된 답변 세트에서 답변을 선택한다. 이 방법은 순진한 것처럼 보이지만 프로덕션의 대부분의 챗봇은 이런 종류다. 물론 룩업 테이블이나 지식 기반에서 최상의 답변을 선택하는 것과 관련하여 다양한 수준의 정교함이 있을 수 있다.
- **생성 모델** Generative models: 생성 모델은 조회 기반 접근 방식을 채택하는 대신 즉석에서 응답을 생성한다. 그것들은 대부분 확률론적 모델이거나 머신 러닝에 기반한 모델이다. 최근까지 Markov 사슬은 주로 생성 모델로 사용되었다. 그러나 최근 딥러닝의 성공으로 인해 반복적인 신경망 기반 접근 방식이 인기를 얻었다. 일반적으로 LSTM 버전의 RNN은 긴 시퀀스를 처리하는 것이 더 낫기 때문에 챗봇의 생성 모델로 사용된다.

검색 기반 모델과 생성 모델 모두 자체 장단점이 있다. 검색 기반 모델은 고정된 답변 세트에서 응답하므로, 미리 정의된 적절한 응답이 없는 보이지 않는 질문이나 요청을 처리할 수 없다. 생성 모델은 훨씬 더 정교하다. 그들은 사용자 입력의 엔티티를 이해하고 인간과 같은 응답을 생성할 수 있다. 그러나 훈련하기가 더 어렵고 일반적으로 훈련하는 데 더 많은 데이터가 필요하다. 또한 검색 기반 모델로는 만들 수 없는 문법 오류가 발생하기 쉽다.

LSTM을 사용한 시퀀스-시퀀스 모델

시퀀스-시퀀스 모델 아키텍처는 고객 입력의 컨텍스트를 캡처한 다음 이를 기반으로 적절한 응답을 생성하는 데 적합하다. 그림 8.2는 챗봇처럼 질문에 응답할 수 있는 시퀀스-시퀀스 모델 프레임 워크를 보여준다.

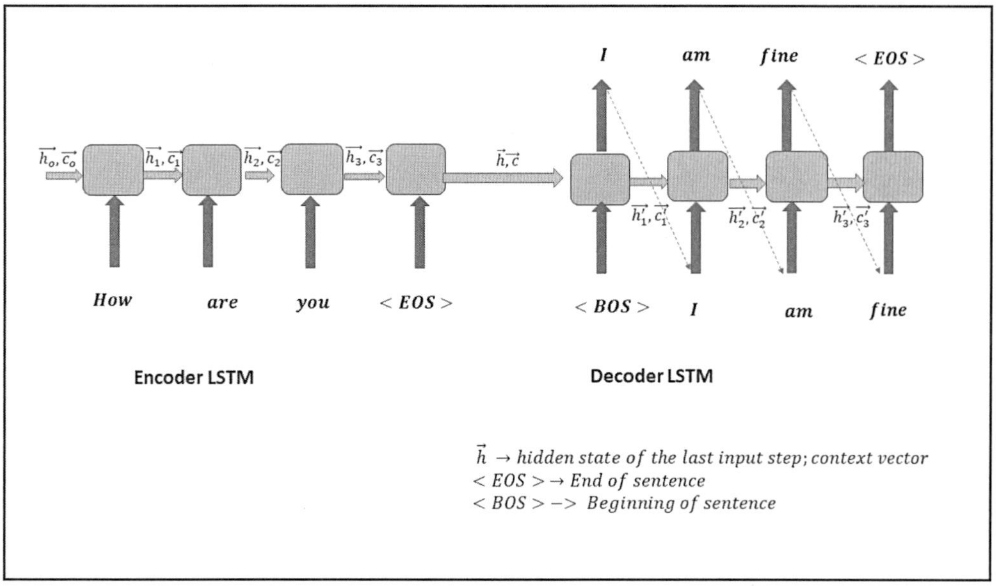

| 그림 8.2 | LSTM을 사용한 시퀀스-시퀀스 모델

앞의 다이어그램(그림 8.2)에서 **인코더 LSTM**Encoder LSTM은 단어의 입력 시퀀스를 받아 은닉 상태 벡터 $\vec{h}$ 및 셀 상태 벡터 $\vec{c}$로 인코딩한다. 벡터 $\vec{h}$ 및 $\vec{c}$는 인코더 LSTM의 마지막 단계에서 숨겨진 상태 및 셀 상태이다. 그들은 본질적으로 전체 입력 문장의 맥락을 포착한다.

그리고 $\vec{h}$ 및 $\vec{c}$ 형태로 인코딩된 정보는 초기 숨겨진 및 셀 상태로서 **디코더 LSTM**에 공급된다. 각 단계의 **디코더 LSTM**Decoder LSTM은 현재 단어에 따라 조정된 다음 단어를 예측하려고 한다. 이는 디코더 LSTM의 각 단계에 대한 입력이 현재 단어임을 의미한다.

첫 단어를 예측하기 위해 LSTM에는 문장의 시작 부분을 나타내는 더미 시작 키워드 **<BOS>**가 제공된다. 마찬가지로 **<EOS>** 더미 키워드는 문장의 끝을 나타내며, 일단 이것이 예측되면 출력 생성이 중지되어야 한다.

각 대상 단어에 대한 시퀀스-시퀀스 모델을 훈련하는 동안 **디코더 LSTM**에 입력된 이전 단어 *apriori*를 미리 알고 있다. 그러나 추론 중에는 이러한 대상 단어가 없으므로 이전 단계를 입력으로 제공해야 한다.

시퀀스-시퀀스 모델 구축

챗봇을 구축하기 위해 사용할 시퀀스-시퀀스 모델의 아키텍처는 이전에 그림 8.2에서 설명한 기본 시퀀스-시퀀스 아키텍처를 약간 수정한 것이다. 수정된 아키텍처는 다음 다이어그램(그림 8.3)에서 볼 수 있다:

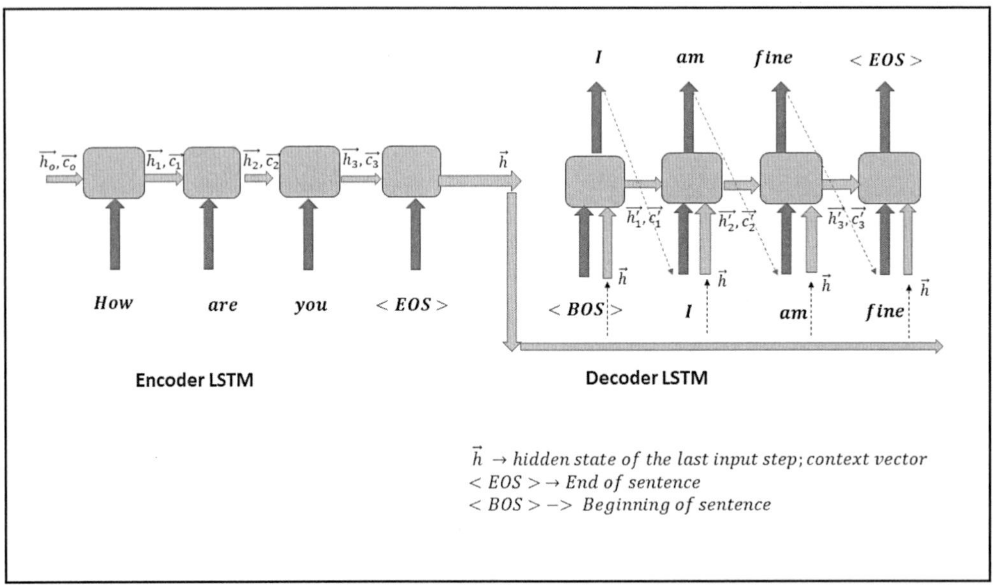

| 그림 8.3 | 시퀀스-시퀀스 모델

인코더의 마지막 단계의 은닉 상태 $\vec{h}$ 및 셀 상태 $\vec{c}$를 **디코더 LSTM**의 초기 숨겨진 및 셀 상태로 공급하는 대신 디코더의 각 입력 단계에서 은닉 상태 $\vec{h}$를 공급한다. 임의의 단계 t에서 목표 단어 w_t를 예측하기 위해, 입력은 임의의 단계 $t-1$에서의 이전 목표 단어 w_{t-1} 및 은닉 상태이다.

트위터 고객 지원

재귀 신경망을 사용하여 챗봇을 구축하는 방법에 대한 아이디어를 얻었으므로 이제 고객이 게시한 트윗에 20개의 큰 브랜드의 고객 서비스 응답을 사용하여 챗봇을 구축할 것이다. `twcs.zip` 데이터 세트는 `https://www.kaggle.com/thoughtvector/customer-support-on-twitter`에 있다. 각 트윗은 `tweet_id`로 식별되며 트윗 내용은 `text` 필드에 있다. 고객이 게시한 트윗은 `in_response_to_tweet_id` 필드로 식별할 수 있다. 고객 트윗에 대한 null 값을 포함해야 한다. 고객 서비스 트윗의 경우 이 `in_response_to_tweet_id` 필드는 이 트윗이 전송되는 고객 `tweet_id`를 가리켜야 한다.

챗봇 교육을 위한 데이터 생성

고객이 게시한 모든 인바운드 트윗을 추출하려면 `in_response_to_tweet_id` 필드가 null인 모든 트윗을 가져와야 한다. 고객 서비스 담당자 응답이 포함된 아웃 바운드 파일은 `in_response_to_tweet_id` 필드가 널이 아닌 트윗으로 필터링하여 추출할 수 있다. 인바운드 및 아웃 바운드 파일이 있으면 인바운드 파일의 `tweet_id`와 아웃 바운드 파일의 `in_response_to_tweet_id`에 병합해야 한다. 이렇게 하면 고객의 *tweets in*과 응답으로 고객 서비스 담당자의 *tweets out*이 포함된 파일이 제공된다. 데이터 생성 함수는 다음과 같이 코딩할 수 있다.

```
def process_data(self,path):
    data = pd.read_csv(path)

    if self.mode == 'train':
        data = pd.read_csv(path)
        data['in_response_to_tweet_id'].fillna(-12345,inplace=True)
        tweets_in = data[data['in_response_to_tweet_id'] == -12345]
        tweets_in_out =
        tweets_in.merge(data,left_on=['tweet_id'],right_on=
        ['in_response_to_tweet_id'])
        return tweets_in_out[:self.num_train_records]
    elif self.mode == 'inference':
        return data
```

텍스트를 단어 인덱스로 토큰화

트윗은 신경망에 공급되기 전에 토큰화되고 숫자로 변환되어야 한다. **카운트 벡터라이저** count vectorizer는 챗봇의 어휘 공간을 형성하는 고정 된 수의 빈번한 단어를 결정하는 데 사용된다. 또한 문장의 시작(START), 문장의 끝(PAD) 및 알 수 없는 단어(UNK)를 나타내는 3개의 새로운 토큰을 소개한다. 트윗을 토큰화하는 함수는 다음과 같다.

```
def tokenize_text(self,in_text,out_text):
    count_vectorizer = CountVectorizer(tokenizer=casual_tokenize,
                                       max_features=self.max_vocab_size - 3)
    count_vectorizer.fit(in_text + out_text)
    self.analyzer = count_vectorizer.build_analyzer()
    self.vocabulary =
    {key_: value_ + 3 for key_,value_ in count_vectorizer.vocabulary_.items()}
    self.vocabulary['UNK'] = self.UNK
    self.vocabulary['PAD'] = self.PAD
    self.vocabulary['START'] = self.START
    self.reverse_vocabulary =
    {value_: key_ for key_, value_ in self.vocabulary.items()}
    joblib.dump(self.vocabulary,self.outpath + 'vocabulary.pkl')
    joblib.dump(self.reverse_vocabulary,self.outpath + 'reverse_vocabulary.pkl')
```

```
    joblib.dump(count_vectorizer,self.outpath + 'count_vectorizer.pkl')
    #pickle.dump(self.count_vectorizer,open(self.outpath +
    'count_vectorizer.pkl',"wb"))
```

이제 토큰화된 단어는 다음 코드와 같이 반복 신경망에 공급될 수 있도록 단어 색인으로 변환해야 한다.

```
def words_to_indices(self,sent):
    word_indices =
    [self.vocabulary.get(token,self.UNK) for token in self.analyzer(sent)] +
    [self.PAD]*self.max_seq_len
    word_indices = word_indices[:self.max_seq_len]
    return word_indices
```

우리는 또한 반복 신경망에 의해 예측된 단어 색인을 단어로 변환하여 문장을 형성하고자 한다. 이를 위한 함수는 다음과 같이 코딩될 수 있다.

```
def indices_to_words(self,indices):
    return ' '.join(self.reverse_vocabulary[id] for id in indices if id
!= self.PAD).strip()
```

익명화된 화면 이름 바꾸기

트윗을 토큰화하기 전에 트윗의 익명화 된 화면 이름을 일반적인 이름으로 바꾸어 응답이 더 일반화되도록 하는 것이 좋다. 이를 위한 함수는 다음과 같이 코딩될 수 있다.

```
def replace_anonymized_names(self,data):

    def replace_name(match):
        cname = match.group(2).lower()
        if not cname.isnumeric():
            return match.group(1) + match.group(2)
```

```
        return '@__cname__'
    re_pattern = re.compile('(\W@|^@)([a-zA-Z0-9_]+)')
    if self.mode == 'train':

        in_text = data['text_x'].apply(lambda txt:re_pattern.sub(replace_name,txt))
        out_text = data['text_y'].apply(lambda
        txt:re_pattern.sub(replace_name,txt))
        return list(in_text.values),list(out_text.values)
    else:
        return map(lambda x:re_pattern.sub(replace_name,x),data)
```

모델 정의

RNN의 LSTM 버전은 시퀀스-시퀀스 모델을 빌드하는 데 사용된다. LSTM이 긴 텍스트 시퀀스에서 장기적인 종속성을 기억하는 데 훨씬 효율적이기 때문이다. LSTM 아키텍처의 3개의 게이트를 통해 장기 시퀀스를 효율적으로 기억할 수 있다. 기본 RNN은 아키텍처와 관련된 소실 그라데이션 문제로 인해 장기 종속성을 기억할 수 없다.

이 모델에서는 두 개의 LSTM을 사용하고 있다. 첫 번째 LSTM은 입력 트윗을 컨텍스트 벡터로 인코딩한다. 이 컨텍스트 벡터는 엔코더 LSTM의 마지막 숨겨진 상태 $\vec{h} \in R^n$일 뿐이며, n은 숨겨진 상태 벡터의 차원이다. 입력 트위터 $\vec{x} \in R^k$는 워드 인덱스의 시퀀스로서 인코더 LSTM에 공급되며, k는 입력 트위터의 시퀀스 길이이다. 이 단어 인덱스는 LSTM에 공급되기 전에 워드 임베딩 $w \in R^m$으로 매핑된다. 워드 임베딩은 임베딩 매트릭스 $[W \in R^{mxN}]$에 내장되며, 여기서 N은 어휘의 단어 수를 나타낸다.

두 번째 LSTM은 디코더로 작동한다. 인코더 LSTM에 의해 생성된 컨텍스트 벡터 $\vec{h}$를 의미 있는 응답으로 디코딩하려고 한다. 이 방법의 일부로, 우리는 현재 단어를 생성하기 위해 이전 단어와 함께 각 시간 단계에서 컨텍스트 벡터를 공급한다. 첫 단계에서는 LSTM을 켜는 데 필요한 이전 단어가 없으므로 프록시 START 단어를 사용하여 디코더 LSTM에서 단어 시퀀스를 생성하는 프로세스를 시작한다. 추론 중 현재 시간 단계에서 이전 단어를 입력하는 방법은 훈련 중에 사용하는 방법과 다르다. 훈련에서, 우리는 알고 있기 때문에 이전의 단어 *apriori*는 각 시간 단계에서 적절하게 공급하는 데 아무런 문제가 없다. 그러나 추론 중에 현재 시간 단계에서 실제 이전 단어가 없으므로 이전 시간 단계에서 예측 된 단어가 제공된다. 각 시간 단계 t의 은닉 상태 $\vec{h}_t$는 최종 큰 소프트 맥스 N 이전에 완전히 연결된 몇 개의 레이어를 통해 공급된다. 이 소프트맥스 레이어에서 최대 확률을 얻는 단어는 시간 단계에 대한 예측 단어이다. 이 워드는 다음 단계의 입력으로 공급되는데, 이는 디코더 LSTM의 $t+1$ 단계이다.

Keras의 `TimeDistributed` 함수를 사용하면 다음 코드와 같이 디코더 LSTM의 각 시간 단계에서 예측을 효율적으로 구현할 수 있다.

```
def define_model(self):
    # Embedding Layer
    embedding = Embedding(
        output_dim=self.embedding_dim,
        input_dim=self.max_vocab_size,
        input_length=self.max_seq_len,
        name='embedding',
    )
    # Encoder input
    encoder_input = Input(
        shape=(self.max_seq_len,),
        dtype='int32',
        name='encoder_input',
    )
    embedded_input = embedding(encoder_input)

    encoder_rnn = LSTM(
        self.hidden_state_dim,
        name='encoder',
        dropout=self.dropout
    )
    # Context is repeated to the max sequence length so that the same context
    # can be feed at each step of decoder
    context = RepeatVector(self.max_seq_len)(encoder_rnn(embedded_input))
```

```
# Decoder
last_word_input = Input(
    shape=(self.max_seq_len,),
    dtype='int32',
    name='last_word_input',
)
embedded_last_word = embedding(last_word_input)
# Combines the context produced by the encoder and the last word uttered as
inputs
# to the decoder.
decoder_input = concatenate([embedded_last_word, context],axis=2)

# return_sequences causes LSTM to produce one output per timestep instead of
one at the
# end of the intput, which is important for sequence producing models.
decoder_rnn = LSTM(
    self.hidden_state_dim,
    name='decoder',
    return_sequences=True,
    dropout=self.dropout
)
decoder_output = decoder_rnn(decoder_input)
# TimeDistributed allows the dense layer to be applied to each decoder output
per timestep
next_word_dense = TimeDistributed(
    Dense(int(self.max_vocab_size/20),activation='relu'),
    name='next_word_dense',
)(decoder_output)
next_word = TimeDistributed(
    Dense(self.max_vocab_size,activation='softmax'),
    name='next_word_softmax'
)(next_word_dense)
return Model(inputs=[encoder_input,last_word_input], outputs=[next_word])
```

모델 훈련을 위한 손실 함수

모델은 디코더 LSTM의 각각의 시간 단계에서 목표 단어를 예측하기 위해 범주형 교차 엔트로피 손실에 대해 훈련된다. 어떤 단계에서든 범주간 엔트로피 손실은 어휘의 모든 단어에 걸쳐 있으며 다음과 같이 나타낼 수 있다.

$$C_t = -\sum_{i=1}^{N} y_i log\, p_i$$

레이블 $[y_i]_{i=1}^{N}$은 대상 단어의 핫 인코딩된 버전을 나타낸다. 실제 단어에 해당하는 레이블만 *one*이고 나머지는 *zero*입니다. Pi라는 용어는 실제 대상 단어가 i로 색인화된 단어일 확률을 나타낸다. 각 입력/출력 트윗 쌍에 대한 총 손실 C를 얻으려면 디코더 LSTM의 모든 시간 단계에 대한 손실을 합산해야 한다. 어휘 크기가 매우 커질 수 있으므로 각 시간 단계에서 대상 레이블에 대해 원핫 인코딩 벡터 $\overrightarrow{y_t} = [y_i]_{i=1}^{N}$를 만드는 것은 비용이 많이 든다. 여기서 대상 단어를 원핫 인코딩된 벡터로 변환할 필요가 없는 대신 대상 단어의 색인을 대상 레이블로 제공할 수 있기 때문에, `sparse_categorical_crossentropy` 손실은 매우 유용하다.

모델 훈련

안정적인 수렴을 제공하므로 Adam 옵티마이저를 통해 모델을 학습할 수 있다. RNN은 그래디언트 문제가 폭발하기 쉬우므로(LSTM에서는 그렇게 문제가 되지 않지만) 그래디언트가 너무 커지면 그래디언트를 잘라내는 것이 좋다. 주어진 코드는 다음 코드 블록과 같이 Adam 옵티마이저 및 `sparse_categorical_crossentropy`를 사용하여 정의하고 컴파일할 수 있다.

```
def create_model(self):
    _model_ = self.define_model()
    adam = Adam(lr=self.learning_rate,clipvalue=5.0)
_model_.compile(optimizer=adam,loss='sparse_categorical_crossentropy')
    return _model_
```

이제 모든 기본 기능을 살펴보았으므로 훈련 기능을 다음과 같이 코딩할 수 있다.

```
def train_model(self,model,X_train,X_test,y_train,y_test):
    input_y_train = self.include_start_token(y_train)
    print(input_y_train.shape)
    input_y_test = self.include_start_token(y_test)
    print(input_y_test.shape)
    early = EarlyStopping(monitor='val_loss',patience=10,mode='auto')

    checkpoint =
    ModelCheckpoint(self.outpath + 's2s_model_' + str(self.version) +
                    '_.h5',monitor='val_loss',verbose=1,
                    save_best_only=True,mode='auto')
    lr_reduce =
    ReduceLROnPlateau(monitor='val_loss',factor=0.5, patience=2,
                      verbose=0, mode='auto')
    model.fit([X_train,input_y_train],y_train,
        epochs=self.epochs,
        batch_size=self.batch_size,
        validation_data=[[X_test,input_y_test],y_test],
        callbacks=[early,checkpoint,lr_reduce],
        shuffle=True)
    return model
```

train_model 함수의 시작 부분에서 우리는 input_y_train 및 input_y_test를 생성한다. input_y_train 및 input_y_test는 각각 y_train 및 y_test의 복사본이며 한 시간 단계씩 이동하여 디코더의 각 시간 단계에서 이전 단어의 입력으로 작동할 수 있다. 이러한 이동 된 시퀀스의 첫 번째 단어는 디코더 LSTM의 제1시간 단계에서 공급되는 START 키워드이다. include_start_token 사용자 정의 유틸리티 함수는 다음과 같다.

```
def include_start_token(self,Y):
    print(Y.shape)
    Y = Y.reshape((Y.shape[0],Y.shape[1]))
    Y = np.hstack((self.START*np.ones((Y.shape[0],1)),Y[:, :-1]))
    return Y
```

훈련 기능 train_model로 돌아와서 10 에포크에서 손실이 감소하지 않으면 Early-Stopping 콜백 기능을 사용하여 조기 중지가 가능하다는 것을 알 수 있다. 마찬가지로 ReduceLROnPlateau 콜백은 오류가 두 에포크 내 줄어들지 않으면 기존 학습 속도를 절반 (0.5)으로 줄인다. 에포크 내 오류가 감소할 때마다 모델은 ModelCheckpoint 콜백을 통해 저장된다.

모델에서 출력 응답 생성

모델이 학습되면 입력 트윗이 주어진 응답을 생성하기 위해 모델을 사용하려고 한다. 다음 단계에서도 동일하게 수행할 수 있다.

1. 입력 트윗에서 익명화 된 화면 이름을 일반 이름으로 바꾼다.
2. 수정된 입력 트윗을 단어 색인으로 변환한다.
3. 단어 인덱스를 인코더 LSTM에 공급하고 START 키워드를 디코더 LSTM에 공급하여 첫 번째 예측 단어를 생성한다. 다음 단계부터는 START 키워드 대신 이전 시간 단계에서 예측된 단어를 입력한다.
4. 문장 끝 키워드가 예측될 때까지 이 작업을 계속한다. 우리는 이것을 PAD로 표현했다.
5. 역단어 사전을 보고 예상 단어 색인에서 단어를 가져온다.

입력 트윗이 주어진 경우 출력 시퀀스를 생성하는 작업을 수행할 수 있는 respond_to_input 함수는 다음 코드를 참조한다.

```
def respond_to_input(self,model,input_sent):
    input_y = self.include_start_token(self.PAD * np.ones((1,self.max_seq_len)))
    ids = np.array(self.words_to_indices(input_sent))
                  .reshape((1,self.max_seq_len))
    for pos in range(self.max_seq_len -1):
        pred = model.predict([ids, input_y]).argmax(axis=2)[0]
        #pred = model.predict([ids, input_y])[0]
        input_y[:,pos + 1] = pred[pos]
```

```
    return
self.indices_to_words(model.predict([ids,input_y]).argmax(axis=2)[0])
```

함께 모으기

모든 것을 종합하면 주요 기능은 두 가지 흐름, 즉 훈련과 추론을 위한 흐름으로 정의할 수 있다. 훈련 기능에서도 입력 트윗 시퀀스에 대한 몇 가지 응답을 생성하여 모델을 얼마나 잘 훈련했는지 확인한다. 다음 코드는 참조를 위한 main 함수를 보여준다.

```
def main(self):
    if self.mode == 'train':
        X_train, X_test, y_train, y_test,test_sentences = self.data_creation()
        print(X_train.shape,y_train.shape,X_test.shape,y_test.shape)
        print('Data Creation completed')
        model = self.create_model()
        print("Model creation completed")
        model = self.train_model(model,X_train,X_test,y_train,y_test)
        test_responses = self.generate_response(model,test_sentences)
        print(test_sentences)
        print(test_responses)
        pd.DataFrame(test_responses).to_csv(self.outpath +
        'output_response.csv',index=False)

    elif self.mode == 'inference':

        model = load_model(self.load_model_from)
        self.vocabulary = joblib.load(self.vocabulary_path)
        self.reverse_vocabulary = joblib.load(self.reverse_vocabulary_path)
        #nalyzer_file = open(self.analyzer_path,"rb")
        count_vectorizer = joblib.load(self.count_vectorizer_path)
        self.analyzer = count_vectorizer.build_analyzer()
        data = self.process_data(self.data_path)
        col = data.columns.tolist()[0]
        test_sentences = list(data[col].values)
        test_sentences = self.replace_anonymized_names(test_sentences)
```

```
responses = self.generate_response(model,test_sentences)
print(responses)
responses.to_csv(self.outpath + 'responses_' + str(self.version) +
'_.csv',index=False)
```

훈련 시작하기

다음 명령과 같이 chatbot.py(이 프로젝트의 GitHub 코드 참조) 모듈을 여러 인수로 실행하여 교육을 호출할 수 있다.

```
python chatbot.py --max_vocab_size 50000 --max_seq_len 30 --embedding_dim
100 --hidden_state_dim 100 --epochs 80 --batch_size 128 --learning_rate
1e-4 --data_path /home/santanu/chatbot/data/twcs.csv --outpath
/home/santanu/chatbot/ --dropout 0.3 --mode train --num_train_records 50000
--version v1
```

다음은 챗봇 시퀀스-시퀀스 모델의 학습을 호출하기 위한 설명 및 사용된 값과 함께 중요한 인수 중 일부이다.

Parameters	Description	Values used for training
max_vocab_size	Number of words to take in the vocabulary	50,000
max_seq_len	The maximum length the tweets are to be restricted to for feeding to the LSTM	30
hidden_state_dim	Hidden state $\vec{h}$ dimension of the LSTM	100
embedding_dim	Dimension of the word embedding	100
learning rate	Starting learning rate to be used for the optimizer	0.0001
dropout	Dropout to be used for regularization purposes	0.3
Mode	Train/inference	For training use train for inference use inference

일부 입력 트윗에 대한 추론 결과

훈련 된 시퀀스-시퀀스 모델은 일부 입력 트윗에 대한 응답으로 관련 트윗을 생성했다. 샘플 추론 명령은 다음 명령에 표시된다. data_path 인수는 테스트 입력 트윗의 위치를 포함한다.

```
python chatbot.py --max_vocab_size 50000 --max_seq_len 30 --embedding_dim
100 --hidden_state_dim 100 --data_path /home/santanu/chatbot/data/test.csv
--outpath /home/santanu/chatbot/ --dropout 0.3 --mode inference --version
v1 --load_model_from /home/santanu/chatbot/s2s_model_v1_.h5 --
vocabulary_path /home/santanu/chatbot/vocabulary.pkl --
reverse_vocabulary_path /home/santanu/chatbot/reverse_vocabulary.pkl --
count_vectorizer_path /home/santanu/chatbot/count_vectorizer.pkl
```

추론의 결과는 다음 표에 나와 있다.

Tweet in	Tweet out
@sprintcare is the worst customer service.	@__cname__ Hey there! Can you dm us your account's email address? We'll take a look backstage / dn https://t.co/ldfdzrinat.
@__cname__ Y'all lie about your *great* connection. 5 bars LTE, still won't load something. Smh.	@__cname__ We apologize for the trouble. Please send us a dm with your email address so we can connect.
@__cname__ Whenever I contact customer support, they tell me I have shortcode enabled on my account, but I have never in the 4 years I've tried https://t.co/0G98RtNxPK.	@__cname__ Hi there, we are sorry to hear this. Please send us a dm with your email address and phone number so we can look into this for.
Actually that's a broken link you sent me and incorrect information https://t.co/V4yfrHR8VI.	@__cname__ Hi, we are sorry to hear this. Please dm us your contact info and we'll be happy to help. ^ kk
Yo @Ask_Spectrum, your customer service reps are super nice—. but imma start trippin if y'all don't get my service going!	@__cname__ We apologize for the trouble. Please send us a dm with your email address so we can connect.

My picture on @Ask_Spectrum pretty much every day. Why should I pay $171 per month? https://t.co/U6ptkQa5Ik.	@__cname__ Hi, we are sorry to hear this. Please dm us your contact info and we'll be happy to help. ^ kk
Somebody from @VerizonSupport please help me ���������� I'm having the worst luck with your customer service.	@__cname__ We apologize for the trouble. Please dm us your contact info and phone number so we can assist.
@VerizonSupport My friend is without internet we need to play video games together please our skills diminish every moment without internetz.	@__cname__ Hey there! Can you dm us your account's email address? we'll take a look backstage / dn https://t.co/ldfdzrinat
@__cname__ tried to pay a bill for 60 days. No service, rude CS, and several transfers. Look up my equipment # and give me an acct #!	@__cname__ Hi, we are sorry to hear this. Please dm us your contact info and we'll be happy to help. ^ kk
@__cname__ is the worst ISP I've ever had.	@__cname__ Hey there! Can you dm us your account's email address? We'll take a look backstage / dn https://t.co/ldfdzrinat
@__cname__ fix your app it won't even open.	@__cname__ Hi there! We don't have any info on this issue. Please send us a dm with your name and phone number and the full service address.

요약

이제 우리는 장의 끝 부분에 왔다. 이 장에서 설명된 챗봇 및 시퀀스-시퀀스 모델과 관련된 다양한 개념을 살펴본 독자는 이제 자체 챗봇 구현을 구축하고 흥미로운 방식으로 확장할 수 있어야 한다. 아시다시피, 시퀀스-시퀀스 모델은 챗봇 뿐만 아니라 기계 번역과 같은 모든 자연 언어 처리 영역에 적용된다. 이 장의 코드는 GitHub 위치 https://github.com/PacktPublishing/Python-Artificial-Intelligence-Projects/tree/master/Chapter08에 있다.

다음 장에서는 레이싱 카가 스스로 운전하는 법을 배우기 위해 강화 학습을 사용할 것이다. 우리는 독자의 참여를 기대한다.

CHAPTER 9

강화학습을 통한 자율주행차

에이전트가 환경과 상호 작용하여 의사 결정을 배우는 강화학습은 지난 몇 년 동안 실제로 시작되었다. 요즘 인공지능과 기계 학습에서 가장 인기 있는 주제 중 하나이며 이 분야의 연구는 빠른 속도로 진행되고 있다. **강화학습(RL)**에서 에이전트는 미래에 더 나은 결정을 내릴 수 있도록 그들의 행동과 경험을 학습으로 전환한다.

강화학습은 지도 또는 비지도 기계 학습 패러다임에 속하지 않는 특별한 영역에 속한다. 지도 학습에서는 입력 X를 출력 Y에 매핑하는 매핑 $F: X \rightarrow Y$를 배우려고 하지만 강화 학습에서는 에이전트가 시행착오를 통해 최상의 조치를 취하는 법을 배운다. 상담원이 업무를 잘 수행하면 보상이 할당되는 반면, 상담원이 제대로 수행하지 않으면 벌금을 지불한다. 에이전트는 이 정보를 활용하려고 시도하며 유사한 조건에서 이러한 실수를 반복하지 않는 것을 배우려고 한다. 에이전트에게 노출된 이러한 조건을 상태라고 한다. 그림 9.1은 강화학습 프레임 워크에서 환경에서 에이전트의 상호 작용을 보여준다.

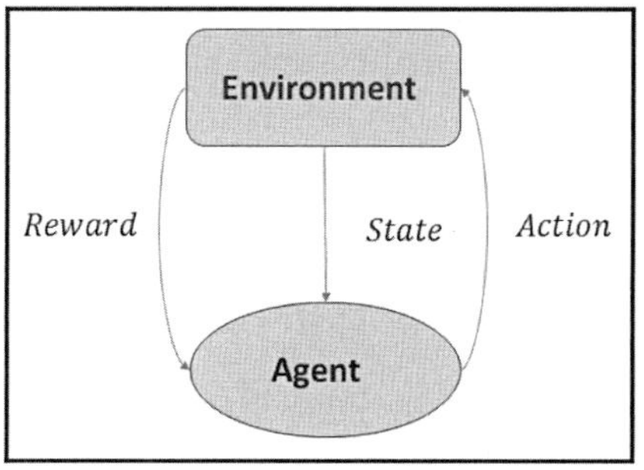

| 그림 9.1 | 에이전트와 환경과의 상호작용

기술 요구사항

Python 3, TensorFlow, Keras 및 OpenCV에 대한 기본 지식이 필요하다.

이 장의 코드 파일은 GitHub에서 찾을 수 있다:

`https://github.com/PacktPublishing/Intelligent-Projects-using-Python/tree/master/ Chapter09`

동영상 실습은 다음 비디오를 참고한다.

`http://bit.ly/2WxfwpF`

마르코프 결정 프로세스

강화학습 문제는 **마르코프 의사 결정 프로세스**Markov decision process로 볼 수 있으며, 1장 인공지능 기반 시스템의 기초에서 간략하게 살펴보았다. 독자의 이해를 위해 이것을 다시 자세히 살펴볼 것이다. 마르코프의 의사 결정 과정에서 우리는 환경과 상호 작용하는 에이전트를 갖는다. 임의의 경우에, 에이전트 t는 많은 상태 중 하나에 노출된다: $(s^{(t)} = s) \in S$. 에이전트의 행동 $(a^{(t)} = a) \in A$에 기초하여 상태 $s^{(t)}$에서 에이전트는 새로운 상태 $(s^{(t+1)} = s') \in S$를 갖게 된다. 여기서, S는 에이전트가 노출될 수 있는 모든 상태의 집합을 나타내고, A는 에이전트가 수행할 수 있는 가능한 행동을 나타낸다.

이제 에이전트가 어떻게 행동하는지가 궁금할 것이다. 임의적이어야 하는가 휴리스틱을 기반으로 해야 하는가? 이는 에이전트가 문제의 환경과 얼마나 상호 작용했는지에 달려 있다. 초기 단계에서 에이전트는 환경에 대한 지식이 없으므로 임의의 조치를 취할 수 있다. 그러나 에이전트가 보상 및 위약금에 근거하여 충분히 환경과 상호작용을 하게 되면, 에이전트는 주어진 상태에서 취해야 할 적절한 조치를 학습한다. 사람들이 장기 보상에 혜택을 주는 행동을 취하는 경향이 있는 것과 마찬가지로 RL 에이전트는 자신의 행동을 취하여 장기 보상을 극대화한다.

수학적으로 에이전트는 모든 상태 동작 쌍($s \in S,\ a \in A$)에 대한 Q값 $Q(s,\ a)$를 배우려고 시도한다. 주어진 상태 $s^{(t)}$에 대해 RL 에이전트는 최대 Q 값을 제공하는 작업 a를 선택합니다. 에이전트가 취한 조치 $a^{(t)}$는 다음과 같이 표현될 수 있다.

$$a^{(t)} = \arg\max_{a} Q(s^{(t)}, a)$$

에이전트가 상태 $s^{(t)}$에서 조치 $a^{(t)}$를 수행하면, 처리할 에이전트에 새로운 상태 $s^{(t+1)}$가 제공된다. 이 새로운 상태 $s^{(t+1)}$은 일반적으로 결정적이지 않으며 일반적으로 현재 상태 $s^{(t)}$와 동작 $a^{(t)}$에 대한 확률 분포 조건으로 표현된다. 이러한 확률을 **상태 전이확률**state transition probabilities이라고 하며 다음과 같이 표현할 수 있다:

$$P(s^{(t+1)} = s' / s^{(t)} = s, a^{(t)} = a)$$

에이전트가 상태 $s^{(t)}$에서 조치 $a^{(t)}$를 수행하고 새로운 상태 $s^{(t+1)}$에 도달할 때마다 에이전트에 다음과 같이 표현할 수 있는 보상이 즉시 제공된다.

$$R_{a^{(t)}}(s^{(t)}, s^{(t+1)})$$

이제 우리는 마르코프 의사 결정 프로세스를 정의하는 데 필요한 모든 것을 갖고 있다. 마르코프 의사 결정 프로세스는 다음과 같은 네 가지 요소로 특징 지어지는 시스템이다.

- 상태 집합 S
- 행동 집합 A
- 보상 집합 R
- 상태 전이 확률 $P(s^{(t+1)} = s' / s^{(t)} = s,\ a^{(t)} = a)$:

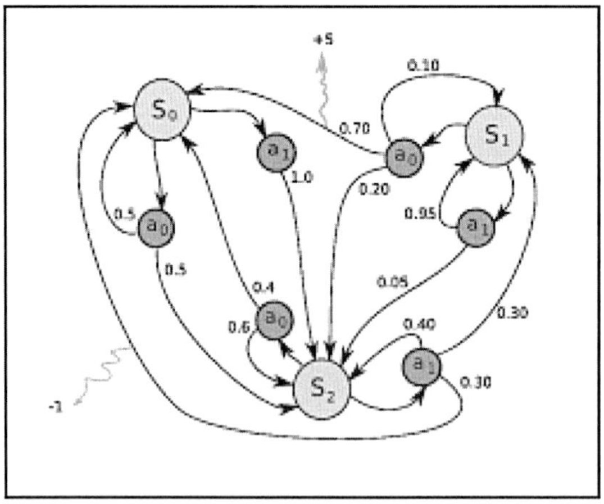

| 그림 9.2 | 세가지 상태를 가지는 마르코프 프로세스

Q 값 함수 학습

RL에이전트가 결정을 하려면 에이전트가 Q 값 함수를 배우는 것이 중요하다. Q 값 함수는 **Bellman의 방정식**을 통해 반복적으로 학습할 수 있다. 에이전트가 환경과 상호 작용하기 시작하면 임의 상태 $s^{(0)}$ 및 모든 상태 조치 쌍에 대한 Q 값의 임의의 상태로 시작한다. 에이전트의 조치는 정보에 근거한 결정을 내릴 상태 Q 값이 없기 때문에 다소 임의적이다. 각 수행된 각 조치에 대해 환경은 어떤 에이전트가 Q 값 테이블을 작성하기 시작하는지에 따라 보상을 리턴하며 시간이 지남에 따라 개선된다.

반복 t에서 노출된 상태 $s^{(t)}$에서 에이전트는 장기 보상을 최대화하는 행동 $a^{(t)}$를 수행한다. Q 테이블은 장기 보상 값을 보유하므로 선택한 $a^{(t)}$는 다음 휴리스틱을 기반으로 한다.

$$a^{(t)} = \arg\max_a Q^{(t)}(s^{(t)}, a)$$

에이전트는 환경과 더 상호 작용할수록 개선될 현재까지 구성된 Q 테이블만 볼 수 있으므로 Q 값 테이블은 반복 t에 의해 색인화된다.

취해진 행동 $a^{(t)}$에 기초하여, 환경은 에이전트에게 보상 $r^{(t)}$ 및 새로운 상태 $s^{(t+1)}$를 제시할 것이다. 에이전트는 장기 예상 보상이 최대화되도록 Q 테이블을 업데이트한다. 장기 보상 $r'^{(t)}$는 다음과 같이 쓸 수 있다.

$$r'^{(t)} = r^{(t)} + \gamma \max_{a'} Q^{(t)}(s^{(t+1)}, a')$$

여기서 γ는 할인율이다. 우리가 볼 수 있듯이, 장기 보상은 즉각적인 보상 $r^{(t)}$과 제시된 다음 상태 $s^{(t+1)}$에 기초한 누적 미래 보상을 합친다.

계산된 장기 보상에 따라, 상태 조치 쌍 ($s^{(t)}$, $a^{(t)}$)의 기존 Q 값이 다음과 같이 업데이트 된다.

$$\begin{aligned} Q^{(t+1)}(s^{(t)}, a^{(t)}) &= (1-\alpha) * Q^{(t)}(s^{(t)}, a^{(t)}) + \alpha * r'^{(t)} \\ &= (1-\alpha) * Q^{(t)}(s^{(t)}, a^{(t)}) + \alpha * (r^{(t)} + \gamma \max_{a'} Q^{(t)}(s^{(t+1)}, a)) \end{aligned}$$

딥 Q학습

딥 Q학습은 딥러닝 네트워크를 활용하여 Q값 함수를 학습한다. 다음 다이어그램, 그림 9.3은 딥Q 학습 신경망의 아키텍처이다.

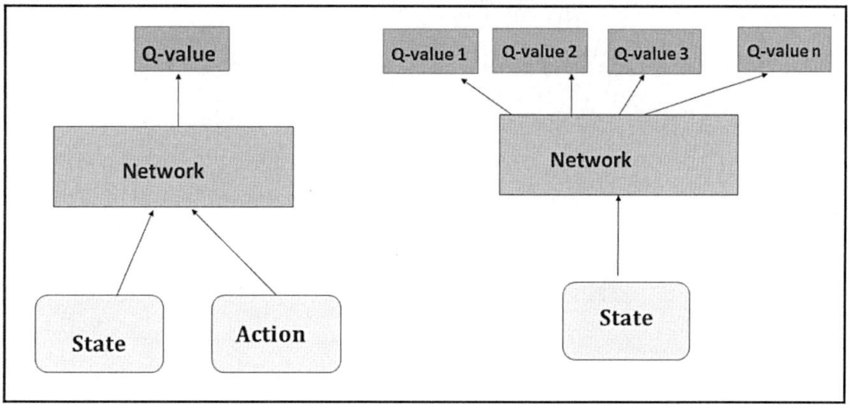

▌그림 9.3▐ 딥Q 신경망

다이어그램은 모든 상태 쌍 (s, a)과 동작을 출력 Q값 출력 Q(s, a)에 매핑하는 것을 배우고, 오른쪽 다이어그램에서 모든 상태 s에 대해 모든 동작 a과 관련된 Q 값들을 학습한다. 모든 상태에 대해 n개의 가능한 동작이 있는 경우, 신경망의 출력은 n개의 출력 $Q(s, a_1)$, $Q(s, a_2)$, ... $Q(s, a_n)$를 생성한다.

딥 Q학습 신경망은 경험 재생이라는 매우 간단한 아이디어로 훈련된다. RL 에이전트가 환경과 상호 작용하고 경험을 재생 버퍼에 튜플 형식(s, a, r, s')으로 저장하도록 한다. 이 재생 버퍼에서 미니 배치를 샘플링하여 네트워크를 훈련시킬 수 있다. 처음에는 재생 버퍼가 임의의 행동들로 저장된다.

비용 함수식 만들기

신경망에 공급되는 주어진 상태에 대한 모든 조치에 대한 Q값을 얻는 아키텍처로 작업하기가 더 쉽다. 그림 9.3의 오른쪽에도 동일하게 설명되어 있다. 우리는 에이전트가 환경과 상호 작용하고 Q 함수를 배울 수 있는 상태와 보상을 수집하게 할 것이다. 실제로, 신경망은 주어진 상태 s에 대한 모든 행동 $[a_i]_{i=1}^{n}$에 대해 예측된 Q값들을 목표 Q값들의 행동으로 최소화함으로써 Q 기능을 학습한다. 각 훈련 레코드는 $(s^{(t)}, a^{(t)}, r^{(t)}, s^{(t+1)})$ 튜플이다.

목표 Q값은 신경망 자체를 기반으로 계산되어야 한다. 신경망이 $W \in R^d$ 가중치에 의해 매개 변수화된다는 사실을 고려하고 상태에서 주어진 각 동작에 대해 상태에서 Q값으로의 매핑을 학습한다. n개의 행동 집합 $[a_i]_{i=1}^{n}$에 대해, 신경망은 각각의 동작에 관한 Q 값 i을 예측할 것이다. 매핑 함수는 다음과 같이 표시될 수 있다.

$$f_W(s) = [Q(s, a_1)\ Q(s, a_2)\ Q(s, a_3)\ ....\ Q(s, a_n)]^T$$

이 매핑은 상태 $s^{(t)}$가 주어지면 Q 값을 예측하는 데 사용되며 이 예측 $\hat{p}^{(t)}$은 최소화하려는 비용 함수로 한다. 여기서 고려해야 할 유일한 기술은 인스턴스 t에서 관찰된 행동

$a^{(t)}$에 해당하는 예측된 Q값만 취하면 된다는 것이다.

동일한 매핑을 사용하여 다음 상태 $s^{(t+1)}$에 따라 대상 Q값을 작성할 수 있다. 이전 절에서 설명했듯이 Q값에 대한 후보 업데이트는 다음과 같다.

$$r^{(t)} + \gamma \max_{a'} Q^{(t)}(s^{(t+1)}, a')$$

결과적으로 목표 Q 값은 다음과 같이 계산될 수 있다.

$$\begin{aligned} y_{t+1} &= r^{(t)} + \max_{a'} f_W(s^{(t+1)}) \\ &= r^{(t)} + \max_{a'}[Q(s, a_1)\ Q(s, a_2)\ Q(s, a_3) \ldots.\ Q(s, a_n)]^T \end{aligned}$$

어떤 상태에서 Q값으로의 기능적 매핑을 학습하기 위해 신경망의 가중치와 관련하여 제곱 손실 또는 기타 관련 손실을 최소화한다.

$$\hat{W} = \sum_{i=1}^{m} (y_i^{(t)} - \hat{p}_i^{(t)})^2$$

이중 딥 Q학습

딥 Q학습의 문제 중 하나는 동일한 신경망 가중치 W를 사용하여 목표와 Q값을 추정한다는 것이다. 결과적으로, 둘 다 동일한 가중치를 사용하기 때문에 우리가 예측하는 Q값과 목표 Q값 사이에는 큰 상관관계가 있다. 이를 통해 훈련의 모든 단계에서 예측 및 목표 Q값이 모두 이동하여 진동이 발생한다.

이를 안정화하기 위해 원래 신경망의 복사본을 사용하여 대상 Q값을 추정하고 대상 신경망의 가중치는 단계 동안 특정 간격으로 원래 신경망에서 복사된다. 딥 Q학습 신경망의 이 변형을 **이중 딥 Q학습**double deep Q learning이라고 하며 일반적으로 안정적인 훈련으로

연결된다. 이중 딥Q 학습의 작동 방식은 다음 그림 9.4A 및 그림 9.4B 다이어그램에 나와 있다:

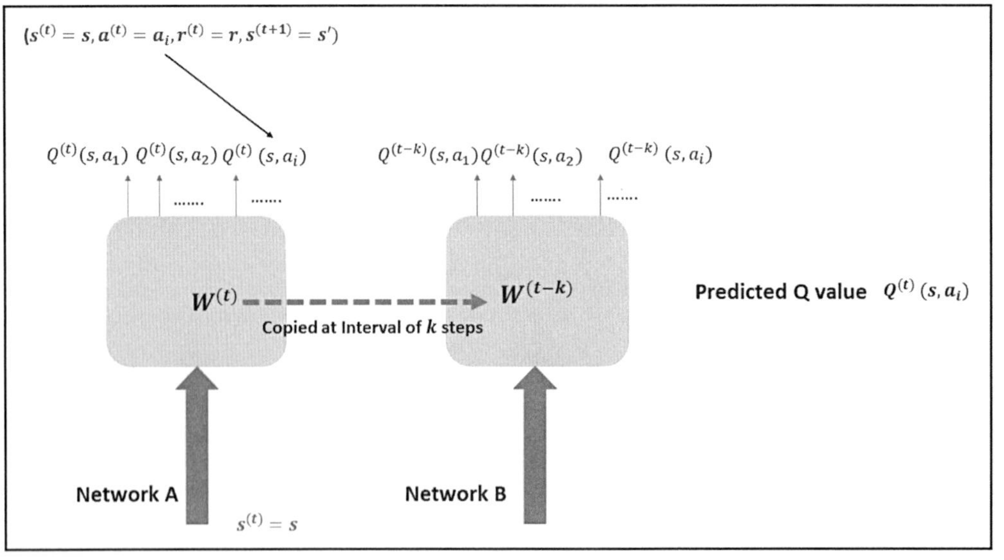

| 그림 9.4A | 이중 딥Q 학습

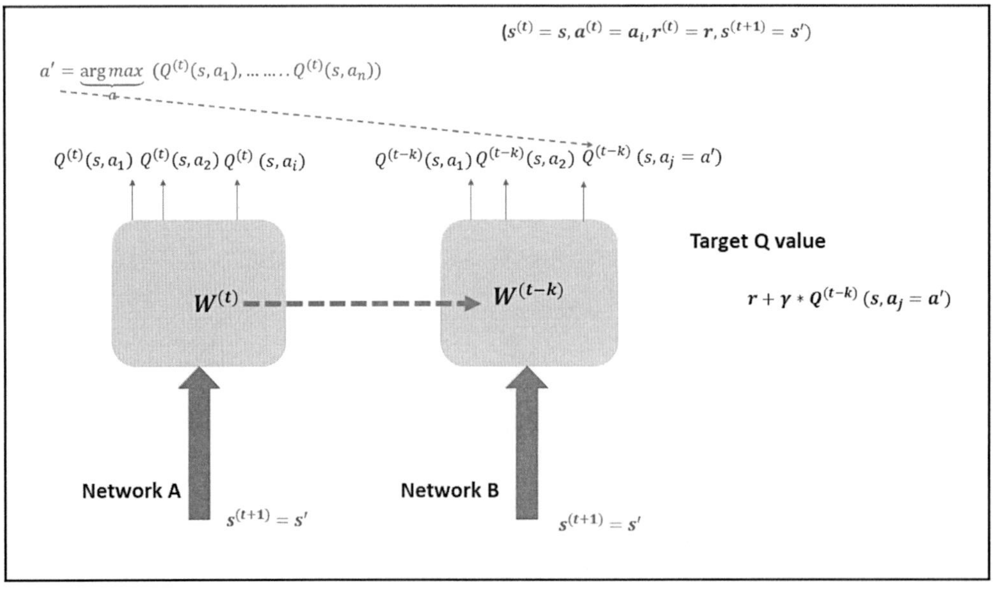

| 그림 9.4B | 이중 딥Q 학습

위의 다이어그램에서 우리는 두 가지 신경망을 볼 수 있습니다. **신경망 A**(Network A)는 상태에 따라 실제 Q값을 예측하는 법을 배우고 **신경망 B**(Network B)는 목표 Q값을 계산하는 데 도움이 된다. 신경망 A는 타겟의 손실 함수와 예측 된 Q값을 최소화하여 향상된다. Q값은 일반적으로 연속적이므로 유효한 손실 함수 중 일부는 평균 제곱 오차, 평균 절대 오차, `Huber Loss`, `logcosh loss` 등이다.

신경망 B는 기본적으로 **신경망 A**의 사본이므로 동일한 아키텍처를 공유한다. **신경망 A**의 가중치는 일반적으로 지정된 간격으로 **신경망 B**에 복사된다. 이것은 동일한 신경망 가중치 세트가 불안정한 훈련으로 이어지는 Q값 예측과 목표 Q값 공식화에 사용되지 않는 것을 보장하기 위해서다. 단일 트레이닝 튜플($s^{(t)}=s$, $a^{(t)}=a$, $r^{(t)}=r$, $s^{(t+1)}=s'$)이 주어지면, **신경망 A**는 가능한 모든 행동에 대해 상태 $s^{(t)}=s$를 고려한 Q값에 대한 예측을 제공한다. 실제 행동 $a^{(t)}=a$를 알기 때문에 Q값 $Q^{(t)}(s^{(t)}=s,\ a^{(t)}=a)$를 선택한다. 이것은 우리의 예측된 Q값 $\hat{y}$으로 작용할 것이다.

대상을 계산하는 것은 이제 두 신경망을 모두 포함하므로 조금 더 어렵다. 단계 t에서 임의의 상태 $s^{(t)}$에서의 후보 Q값이 시간 t에서의 즉각적인 보상 $r^{(t)}$에 새로운 상태 $s^{(t+1)}$가 주어진 다음 단계 $(t+1)$에서의 최대 Q값을 더한다는 한 것을 알고 있다. 후보 Q값은 다음과 같이 표현될 수 있다.

$$r^{(t)}+\gamma \max_{a'} Q^{(t)}(s^{(t+1)},a)=r+\gamma \max_{a'} Q^{(t)}(s',a)$$

이것은 γ이 일정한 할인율인 경우다. 보상 r은 이미 훈련 튜플의 일부다. 결과적으로, 목표를 계산할 필요가 있는 것은 최대 Q를 제공하고 해당 Q값을 해당 행동 a'로 가져오는 행동 a'입니다. 이 $\max_{a'} Q^{(t)}(s',\ a)$을 계산하는 문제는 다음의 두 부분으로 나뉜다.

- **신경망 A**는 상태 s'에 대해 최대 Q값을 제공하는 동작 a'를 결정한다. 그러나 **신경망 A**에서 우리는 동작 a' 및 상태 s'에 해당하는 Q값을 사용하지 않는다.

- **신경망 B**는 상태 s' 및 동작 a'에 해당하는 Q값 $Q^{(t-k)}(s', a')$를 추출하는 데 사용된다.

이는 기본 DQN과 비교할 때 훨씬 안정적인 훈련을 제공한다.

자율 주행 자동차 구현

우리는 이제 딥Q 신경망을 사용하여 경주 트랙에서 스스로 운전하는 법을 배우는 자율 주행 경주용 자동차를 구현하는 것을 살펴볼 것이다. 운전자와 자동차는 에이전트 역할을 하고 경주 트랙과 주변 환경은 환경 역할을 한다. 우리는 환경으로 OpenAI Gym `CarRacing-v0` 프레임워크를 사용한다. 상태와 보상은 환경에 의해 에이전트에게 제시될 것이며, 에이전트는 적절한 행동을 취함으로써 그들에게 반응할 것이다. 상태는 차 앞에서 촬영한 카메라 이미지 형태이다. 환경이 받아들이는 동작은 3차원 벡터 $a \in R^3$의 형태이며, 여기서 첫 번째 구성 요소는 좌회전, 두 번째 구성 요소는 전진, 세 번째 구성 요소는 우회전으로 사용된다. 에이전트는 환경과 상호 작용하고 상호 작용을 $(s, a, r, s')_{i=1}^{m}$ 양식의 튜플로 변환한다. 이러한 상호 작용 튜플은 훈련 데이터로 사용된다.

구성도는 그림 9.4A 및 그림 9.4B에 있는 다이어그램의 오른쪽에 표시된 것과 유사하다.

딥Q 학습을 위한 행동의 이산화

3차원 연속 동작 공간은 무한한 Q값을 가질 수 있고 딥Q 신경망의 출력 레이어에서 각각에 대해 별도의 단위를 가질 수 없으므로 딥Q 학습을 위한 행동의 이산화는 매우 중요하다. 작업 공간의 3차원은 다음과 같다.

Steering: $\in [-1, 1]$

Gas: $\in [0, 1]$

Break: $\in [0, 1]$

우리는 이 3차원 행동 공간을 다음과 같이 우리에게 관심 있는 4가지 행동으로 변환한다:

```
Brake:       [0.0, 0.0, 0.0]
Sharp Left:  [-0.6, 0.05, 0.0]
Sharp Right: [0.6, 0.05, 0.0]
Straight:    [0.0, 0.3, 0.0]
```

이중 딥Q신경망 구현

이중 딥Q신경망의 구조는 다음과 같다. 신경망에는 상태를 이미지로 처리하고 가능한 모든 작업에 대한 Q값을 출력하는 CNN 구조가 있다. 자세한 코드(`DQN.py`)는 다음과 같다.

```
import keras
from keras import optimizers
from keras.layers import Convolution2D
from keras.layers import Dense, Flatten, Input, concatenate, Dropout
from keras.models import Model
from keras.utils import plot_model
from keras import backend as K
import numpy as np

'''
Double Deep Q Network Implementation
'''

learning_rate = 0.0001
BATCH_SIZE = 128

class DQN:
```

```
    def __init__(self,num_states,num_actions,model_path):
        self.num_states = num_states
        print(num_states)
        self.num_actions = num_actions
        self.model = self.build_model() # Base Model
        self.model_ = self.build_model()
        # target Model (copy of Base Model)
        self.model_chkpoint_1 = model_path +"CarRacing_DDQN_model_1.h5"
        self.model_chkpoint_2 = model_path +"CarRacing_DDQN_model_2.h5"
        save_best = keras.callbacks.ModelCheckpoint(self.model_chkpoint_1,
                                                monitor='loss',
                                                verbose=1,
                                                save_best_only=True,
                                                mode='min',
                                                period=20)
        save_per = keras.callbacks.ModelCheckpoint(self.model_chkpoint_2,
                                                monitor='loss',
                                                verbose=1,
                                                save_best_only=False,
                                                mode='min',
                                                period=400)
        self.callbacks_list = [save_best,save_per]
    # Convolutional Neural Network that takes in the state and outputs the
        Q values for all the possible actions.
    def build_model(self):

        states_in = Input(shape=self.num_states,name='states_in')
        x = Convolution2D(32,(8,8),strides=(4,4),activation='relu')(states_in)
        x = Convolution2D(64,(4,4), strides=(2,2), activation='relu')(x)
        x = Convolution2D(64,(3,3), strides=(1,1), activation='relu')(x)
        x = Flatten(name='flattened')(x)
        x = Dense(512,activation='relu')(x)
        x = Dense(self.num_actions,activation="linear")(x)

        model = Model(inputs=states_in, outputs=x)
        self.opt = optimizers.Adam(lr=learning_rate, beta_1=0.9,
                      beta_2=0.999, epsilon=None,decay=0.0, amsgrad=False)
        model.compile(loss=keras.losses.mse,optimizer=self.opt)
        plot_model(model,to_file='model_architecture.png',show_shapes=True)
```

```
    return model

# Train function
def train(self,x,y,epochs=10,verbose=0):
    self.model.fit(x,y,batch_size=(BATCH_SIZE), epochs=epochs,
                   verbose=verbose, callbacks=self.callbacks_list)
#Predict function
def predict(self,state,target=False):
    if target:
        # Return the Q value for an action given a state from thr target Network
        return self.model_.predict(state)
    else:
        # Return the Q value from the original Network
        return self.model.predict(state)
# Predict for single state function
def predict_single_state(self,state,target=False):
    x = state[np.newaxis,:,:,:]
    return self.predict(x,target)
#Update the target Model with the Base Model weights
def target_model_update(self):
    self.model_.set_weights(self.model.get_weights())
```

앞의 코드에서 볼 수 있듯이 하나는 다른 것의 사본인 두 가지 모델이 있다. 기본 및 대상 모델은 CarRacing_DDQN_model_1.h5 및 CarRacing_DDQN_model_2.h5로 저장된다.

target_model_update를 호출하면 대상 모델이 기본 모델과 동일한 가중치를 갖도록 업데이트된다.

에이전트 설계

에이전트는 환경과 상호 작용하고 상태가 주어지면 최선의 조치를 실행하려고 시도한다. 에이전트는 처음에 임의의 동작을 실행하고 훈련이 진행됨에 따라 해당 동작은 상태에 따른 Q값을 기반으로 한다. **epsilon** 매개 변수의 값은 동작이 무작위일 확률을 결정한다.

초기에 **엡실론**epsilon은 1로 설정되어 동작을 무작위로 만든다. 에이전트가 지정된 수의 훈련 샘플을 수집하면 각 단계에서 엡실론이 감소하여 임의의 행동 확률이 줄어든다. 엡실론의 가치에 근거하여 행동을 취하는 이 체계를 엡실론 탐욕 알고리즘Epsilon greedy algorithm이라고 한다. 다음과 같이 두 개의 에이전트 클래스를 정의한다.

- Agent : 상태가 지정된 Q 값을 기반으로 작업을 실행
- RandomAgent : 랜덤 액션 실행

에이전트 클래스에는 다음 기능을 가진 세 가지 기능이 있다.

- act : 에이전트는 상태에 따라 취할 조치를 결정
- observe : 에이전트가 상태 및 대상 Q 값을 캡처
- replay : 에이전트는 관측치에 따라 모델을 학습

에이전트(Agents.py)의 자세한 코드는 다음과 같다.

```
import math
from Memory import Memory
from DQN import DQN
import numpy as np
import random
from helper_functions import sel_action,sel_action_index

# Agent and Random Agent implementations

max_reward = 10
grass_penalty = 0.4
action_repeat_num = 8
max_num_episodes = 1000
memory_size = 10000
max_num_steps = action_repeat_num * 100
gamma = 0.99
max_eps = 0.1
min_eps = 0.02
EXPLORATION_STOP = int(max_num_steps*10)
```

```
_lambda_ = - np.log(0.001) / EXPLORATION_STOP
UPDATE_TARGET_FREQUENCY = int(50)
batch_size = 128



class Agent:
    steps = 0
    epsilon = max_eps
    memory = Memory(memory_size)
    def __init__(self, num_states,num_actions,img_dim,model_path):
        self.num_states = num_states
        self.num_actions = num_actions
        self.DQN = DQN(num_states,num_actions,model_path)
        self.no_state = np.zeros(num_states)
        self.x = np.zeros((batch_size,)+img_dim)
        self.y = np.zeros([batch_size,num_actions])
        self.errors = np.zeros(batch_size)
        self.rand = False
        self.agent_type = 'Learning'
        self.maxEpsilone = max_eps
    def act(self,s):
        print(self.epsilon)
        if random.random() < self.epsilon:
            best_act = np.random.randint(self.num_actions)
            self.rand=True
            return sel_action(best_act), sel_action(best_act)
        else:
            act_soft = self.DQN.predict_single_state(s)
            best_act = np.argmax(act_soft)
            self.rand=False
            return sel_action(best_act),act_soft

    def compute_targets(self,batch):
        # 0 -> Index for current state
        # 1 -> Index for action
        # 2 -> Index for reward
        # 3 -> Index for next state
        states = np.array([rec[1][0] for rec in batch])
```

```
        states_ = np.array([(self.no_state if rec[1][3] is None else
                                rec[1][3]) for rec in batch])
        p = self.DQN.predict(states)
        p_ = self.DQN.predict(states_,target=False)
        p_t = self.DQN.predict(states_,target=True)
        act_ctr = np.zeros(self.num_actions)
        for i in range(len(batch)):
            rec = batch[i][1]
            s = rec[0]; a = rec[1]; r = rec[2]; s_ = rec[3]
            a = sel_action_index(a)
            t = p[i]
            act_ctr[a] += 1
            oldVal = t[a]
            if s_ is None:
                t[a] = r
            else:
                t[a] = r + gamma * p_t[i][ np.argmax(p_[i])] # DDQN
            self.x[i] = s
            self.y[i] = t
            if self.steps % 20 == 0 and i == len(batch)-1:
                print('t',t[a], 'r: %.4f' % r,'mean t',np.mean(t))
                print ('act ctr: ', act_ctr)
            self.errors[i] = abs(oldVal - t[a])

        return (self.x, self.y,self.errors)

    def observe(self,sample): # in (s, a, r, s_) format
        _,_,errors = self.compute_targets([(0,sample)])
        self.memory.add(errors[0], sample)

        if self.steps % UPDATE_TARGET_FREQUENCY == 0:
            self.DQN.target_model_update()
        self.steps += 1
        self.epsilon = min_eps + (self.maxEpsilone - min_eps) *
                                    np.exp(-1*_lambda_ * self.steps)

    def replay(self):
        batch = self.memory.sample(batch_size)
        x, y,errors = self.compute_targets(batch)
```

```
        for i in range(len(batch)):
            idx = batch[i][0]
            self.memory.update(idx, errors[i])

        self.DQN.train(x,y)
class RandomAgent:
    memory = Memory(memory_size)
    exp = 0
    steps = 0

    def __init__(self, num_actions):
        self.num_actions = num_actions
        self.agent_type = 'Learning'
        self.rand = True

    def act(self, s):
        best_act = np.random.randint(self.num_actions)
        return sel_action(best_act), sel_action(best_act)

    def observe(self, sample): # in (s, a, r, s_) format
        error = abs(sample[2]) # reward
        self.memory.add(error, sample)
        self.exp += 1
        self.steps += 1
    def replay(self):
        pass
```

자율주행차 환경

자율주행 차량의 환경은 OpenAI Gym의 CarRacing-v0이다. 이 OpenAI 환경에서 에이전트에게 제공되는 상태는 CarRacing-v0에서 시뮬레이션된 자동차의 앞면에 있는 이미지다. 환경은 또한 주어진 상태에서 에이전트가 취한 조치에 따라 보상을 반환한다. 우리는 차가 잔디 위를 밟으면 페널티를 부여하고 안정적인 훈련을 위해 보상을 (-1,1) 범위로 정규화한다. 환경에 대한 자세한 코드는 다음과 같다.

```
import gym
from gym import envs
import numpy as np
from helper_functions import
rgb2gray,action_list,sel_action,sel_action_index
from keras import backend as K

seed_gym = 3
action_repeat_num = 8
patience_count = 200
epsilon_greedy = True
max_reward = 10
grass_penalty = 0.8
max_num_steps = 200
max_num_episodes = action_repeat_num*100

'''
Enviroment to interact with the Agent
'''

class environment:
    def __init__(self, environment_name,img_dim,num_stack,num_actions,render,lr):
        self.environment_name = environment_name
        print(self.environment_name)
        self.env = gym.make(self.environment_name)
        envs.box2d.car_racing.WINDOW_H = 500
        envs.box2d.car_racing.WINDOW_W = 600
        self.episode = 0
        self.reward = []
        self.step = 0
        self.stuck_at_local_minima = 0
        self.img_dim = img_dim
        self.num_stack = num_stack
        self.num_actions = num_actions
        self.render = render
        self.lr = lr
        if self.render == True:
            print("Rendering proeprly set")
        else:
```

```
        print("issue in Rendering")
    # Agent performing its task
    def run(self,agent):
        self.env.seed(seed_gym)
        img = self.env.reset()
        img = rgb2gray(img, True)
        s = np.zeros(self.img_dim)
        #Collecting the state
        for i in range(self.num_stack):
            s[:,:,i] = img

        s_ = s
        R = 0
        self.step = 0
        a_soft = a_old = np.zeros(self.num_actions)
        a = action_list[0]
        #print(agent.agent_type)
        while True:
            if agent.agent_type == 'Learning' :
                if self.render == True :
                    self.env.render("human")

            if self.step % action_repeat_num == 0:
                if agent.rand == False:
                    a_old = a_soft
                #Agent outputs the action
                a,a_soft = agent.act(s)
                # Rescue Agent stuck at local minima
                if epsilon_greedy:
                    if agent.rand == False:
                        if a_soft.argmax() == a_old.argmax():
                            self.stuck_at_local_minima += 1
                            if self.stuck_at_local_minima >= patience_count:
                                print('Stuck in local minimum, reset learning rate')
                                agent.steps = 0
                                K.set_value(agent.DQN.opt.lr,self.lr*10)
                                self.stuck_at_local_minima = 0
                        else:
                            self.stuck_at_local_minima =
```

```
                max(self.stuck_at_local_minima -2, 0)
                K.set_value(agent.DQN.opt.lr,self.lr)
    #Perform the action on the environment
    img_rgb, r,done,info = self.env.step(a)
    if not done:
        # Create the next state
        img = rgb2gray(img_rgb, True)
        for i in range(self.num_stack-1):
            s_[:,:,i] = s_[:,:,i+1]
        s_[:,:,self.num_stack-1] = img
    else:
        s_ = None
    # Cumulative reward tracking
    R += r
    # Normalize reward given by the gym environment
    r = (r/max_reward)
    if np.mean(img_rgb[:,:,1]) > 185.0:
    # Penalize if the car is on the grass
        r -= grass_penalty
    # Keeping the value of reward within -1 and 1
    r = np.clip(r, -1 ,1)
#Agent has a whole state,action,reward,and next state to learn from
    agent.observe( (s, a, r, s_) )
    agent.replay()
    s = s_
else:
    img_rgb, r, done, info = self.env.step(a)
    if not done:
        img = rgb2gray(img_rgb, True)
        for i in range(self.num_stack-1):
            s_[:,:,i] = s_[:,:,i+1]
        s_[:,:,self.num_stack-1] = img
    else:
        s_ = None

    R += r
    s = s_
if (self.step % (action_repeat_num * 5) == 0) and
    (agent.agent_type=='Learning'):
```

```
        print('step:', self.step, 'R: %.1f' % R, a, 'rand:', agent.rand)
    self.step += 1
    if done or (R <-5) or (self.step > max_num_steps) or
    np.mean(img_rgb[:,:,1]) > 185.1:
        self.episode += 1
        self.reward.append(R)
        print('Done:', done, 'R<-5:', (R<-5), 'Green
              >185.1:',np.mean(img_rgb[:,:,1]))
        break

    print("Episode ",self.episode,"/",max_num_episodes,
          agent.agent_type)
    print("Average Episode Reward:", R/self.step, "Total Reward:",
          sum(self.reward))
def test(self,agent):
    self.env.seed(seed_gym)
    img= self.env.reset()
    img = rgb2gray(img, True)
    s = np.zeros(self.img_dim)
    for i in range(self.num_stack):
        s[:,:,i] = img

    R = 0
    self.step = 0
    done = False
    while True :
        self.env.render('human')
        if self.step % action_repeat_num == 0:
            if(agent.agent_type == 'Learning'):
                act1 = agent.DQN.predict_single_state(s)
                act = sel_action(np.argmax(act1))
            else:
                act = agent.act(s)
            if self.step <= 8:
                act = sel_action(3)
            img_rgb, r, done,info = self.env.step(act)
            img = rgb2gray(img_rgb, True)
            R += r
            for i in range(self.num_stack-1):
```

```
            s[:,:,i] = s[:,:,i+1]
        s[:,:,self.num_stack-1] = img
    if(self.step % 10) == 0:
        print('Step:', self.step, 'action:',act, 'R: %.1f' % R)
        print(np.mean(img_rgb[:,:,0]), np.mean(img_rgb[:,:,1]),
                np.mean(img_rgb[:,:,2]))
    self.step += 1
    if done or (R< -5) or (agent.steps > max_num_steps) or
                            np.mean(img_rgb[:,:,1]) > 185.1:
        R = 0
        self.step = 0
        print('Done:', done, 'R<-5:', (R<-5), 'Green>
                185.1:',np.mean(img_rgb[:,:,1]))
        break
```

위 코드에서 run 함수는 환경과 관련된 에이전트의 활동을 나타낸다.

함께 모으기

main.py 스크립트는 환경, DQN 및 에이전트의 논리를 적절히 조합하여 자동차가 강화 학습을 통해 운전을 배울 수 있도록 한다. 자세한 코드는 다음과 같다.

```
import sys
#sys.path.append('/home/santanu/ML_DS_Catalog-/Python-Artificial-
Intelligence-Projects_backup/Python-Artificial-Intelligence-
Projects/Chapter09/Scripts/')
from gym import envs
from Agents import Agent,RandomAgent
from helper_functions import action_list,model_save
from environment import environment
import argparse
import numpy as np
import random
from sum_tree import sum_tree
from sklearn.externals import joblib
```

```
'''
This is the main module for training and testing the CarRacing Application
from gym
'''

if __name__ == "__main__":
    #Define the Parameters for training the Model

    parser = argparse.ArgumentParser(description='arguments')
    parser.add_argument('--environment_name',default='CarRacing-v0')
    parser.add_argument('--model_path',help='model_path')
    parser.add_argument('--train_mode',type=bool,default=True)
    parser.add_argument('--test_mode',type=bool,default=False)
    parser.add_argument('--epsilon_greedy',default=True)
    parser.add_argument('--render',type=bool,default=True)
    parser.add_argument('--width',type=int,default=96)
    parser.add_argument('--height',type=int,default=96)
    parser.add_argument('--num_stack',type=int,default=4)
    parser.add_argument('--lr',type=float,default=1e-3)
    parser.add_argument('--huber_loss_thresh',type=float,default=1.)
    parser.add_argument('--dropout',type=float,default=1.)
    parser.add_argument('--memory_size',type=int,default=10000)
    parser.add_argument('--batch_size',type=int,default=128)
    parser.add_argument('--max_num_episodes',type=int,default=500)
    args = parser.parse_args()
    environment_name = args.environment_name
    model_path = args.model_path
    test_mode = args.test_mode
    train_mode = args.train_mode
    epsilon_greedy = args.epsilon_greedy
    render = args.render
    width = args.width
    height = args.height
    num_stack = args.num_stack
    lr = args.lr
    huber_loss_thresh = args.huber_loss_thresh
    dropout = args.dropout
    memory_size = args.memory_size
    dropout = args.dropout
```

```
    batch_size = args.batch_size
    max_num_episodes = args.max_num_episodes
    max_eps = 1
    min_eps = 0.02
    seed_gym = 2 # Random state
    img_dim = (width,height,num_stack)
    num_actions = len(action_list)

if __name__ == '__main__':

    environment_name = 'CarRacing-v0'
    env = environment(environment_name,img_dim,num_stack,num_actions,
                      render,lr)
    num_states = img_dim
    print(env.env.action_space.shape)
    action_dim = env.env.action_space.shape[0]
    assert action_list.shape[1] ==
    action_dim,"length of Env action space does not match action buffer"
    num_actions = action_list.shape[0]
    # Setting random seeds with respect to python inbuilt random and numpy
      random
    random.seed(901)
    np.random.seed(1)
    agent = Agent(num_states, num_actions,img_dim,model_path)
    randomAgent = RandomAgent(num_actions)

    print(test_mode,train_mode)
    try:
        #Train agent
        if test_mode:
            if train_mode:
                print("Initialization with random agent. Fill memory")
                while randomAgent.exp < memory_size:
                    env.run(randomAgent)
                    print(randomAgent.exp, "/", memory_size)
                agent.memory = randomAgent.memory
                randomAgent = None
                print("Starts learning")
                while env.episode < max_num_episodes:
```

```
            env.run(agent)
        model_save(model_path, "DDQN_model.h5", agent, env.reward)
    else:
        # Load train Model
        print('Load pre-trained agent and learn')
        agent.DQN.model.load_weights(model_path+"DDQN_model.h5")
        agent.DQN.target_model_update()
        try :
            agent.memory = joblib.load(model_path+"DDQN_model.h5"
                                        +"Memory")
            Params = joblib.load(model_path+"DDQN_model.h5"+
                                  "agent_param")
            agent.epsilon = Params[0]
            agent.steps = Params[1]
            opt = Params[2]
            agent.DQN.opt.decay.set_value(opt['decay'])
            agent.DQN.opt.epsilon = opt['epsilon']
            agent.DQN.opt.lr.set_value(opt['lr'])
            agent.DQN.opt.rho.set_value(opt['rho'])
            env.reward = joblib.load(model_path+"DDQN_model.h5"+
                                      "Rewards")
            del Params, opt
        except:
            print("Invalid DDQL_Memory_.csv to load")
            print("Initialization with random agent. Fill memory")
            while randomAgent.exp < memory_size:
                env.run(randomAgent)
                print(randomAgent.exp, "/", memory_size)
            agent.memory = randomAgent.memory
            randomAgent = None
            agent.maxEpsilone = max_eps/5
        print("Starts learning")
        while env.episode < max_num_episodes:
            env.run(agent)
        model_save(model_path, "DDQN_model.h5", agent, env.reward)
else:
    print('Load agent and play')
    agent.DQN.model.load_weights(model_path+"DDQN_model.h5")
    done_ctr = 0
```

```
        while done_ctr < 5 :
            env.test(agent)
            done_ctr += 1
        env.env.close()
#Graceful exit
except KeyboardInterrupt:
    print('User interrupt..gracefule exit')
    env.env.close()
    if test_mode == False:
        # Prompt for Model save
        print('Save model: Y or N?')
        save = input()
        if save.lower() == 'y':
            model_save(model_path, "DDQN_model.h5", agent, env.reward)
        else:
            print('Model is not saved!')
```

도움말 기능

다음은 액션 선택, 훈련에 사용되는 관측값 저장, 상태 이미지 처리 및 훈련된 모델의 무게 저장을 위해 이 강화학습 프레임워크에서 사용되는 도움말 기능 중 일부이다.

```
"""
Created on Thu Nov 2 16:03:46 2017

@author: Santanu Pattanayak
"""
from keras import backend as K
import numpy as np
import shutil, os
import numpy as np
import pandas as pd
from scipy import misc
import pickle
import matplotlib.pyplot as plt
from sklearn.externals import joblib
```

```
huber_loss_thresh = 1
action_list = np.array([
                    [0.0, 0.0, 0.0], #Brake
                    [-0.6, 0.05, 0.0], #Sharp left
                    [0.6, 0.05, 0.0], #Sharp right
                    [0.0, 0.3, 0.0]] ) #Staight
rgb_mode = True

num_actions = len(action_list)
def sel_action(action_index):
    return action_list[action_index]

def sel_action_index(action):
    for i in range(num_actions):
        if np.all(action == action_list[i]):
            return i
    raise ValueError('Selected action not in list')

def huber_loss(y_true,y_pred):
    error = (y_true - y_pred)

    cond = K.abs(error) <= huber_loss_thresh
    if cond == True:
        loss = 0.5 * K.square(error)
    else:
        loss = 0.5 *huber_loss_thresh**2 + huber_loss_thresh*(K.abs(error)
                - huber_loss_thresh)
    return K.mean(loss)

def rgb2gray(rgb,norm=True):
    gray = np.dot(rgb[...,:3], [0.299, 0.587, 0.114])
    if norm:
        # normalize
        gray = gray.astype('float32') / 128 - 1

    return gray

def data_store(path,action,reward,state):
```

```
    if not os.path.exists(path):
        os.makedirs(path)
    else:
        shutil.rmtree(path)
        os.makedirs(path)
    df = pd.DataFrame(action, columns=["Steering", "Throttle", "Brake"])
    df["Reward"] = reward
    df.to_csv(path +'car_racing_actions_rewards.csv', index=False)
    for i in range(len(state)):
        if rgb_mode == False:
            image = rgb2gray(state[i])
        else:
            image = state[i]

    misc.imsave( path + "img" + str(i) +".png", image)


def model_save(path,name,agent,R):
    ''' Saves actions, rewards and states (images) in DataPath'''
    if not os.path.exists(path):
        os.makedirs(path)
    agent.DQN.model.save(path + name)
    print(name, "saved")
    print('...')
    joblib.dump(agent.memory,path+name+'Memory')
    joblib.dump([agent.epsilon,agent.steps,agent.DQN.opt.get_config()],
                path+name+'AgentParam')
    joblib.dump(R,path+name+'Rewards')
    print('Memory pickle dumped')
```

자율 주행 차량을 위한 강화학습 과정의 훈련은 다음과 같이 호출할 수 있다.

```
python main.py --environment_name 'CarRacing-v0' --model_path
'/home/santanu/Autonomous Car/train/' --train_mode True --test_mode False -
-epsilon_greedy True --render True --width 96 --height 96 --num_stack 4 --
huber_loss_thresh 1 --dropout 0.2 --memory_size 10000 --batch_size 128 --
max_num_episodes 500
```

훈련 결과

처음에는 자율주행차가 실수를 하지만 일정 시간이 지나면 차는 실수를 통해 훈련을 통해 배우므로 더 좋아진다. 이 스크린샷은 훈련의 초기 단계에서 자동차 활동의 이미지를 보여준 다음 이전 실수에서 배운 후 훈련의 이후 부분에서 이미지를 보여준다. 이것은 다음 스크린샷에서 설명되었다(그림 9.5(A) 및 그림 9.5(B)).

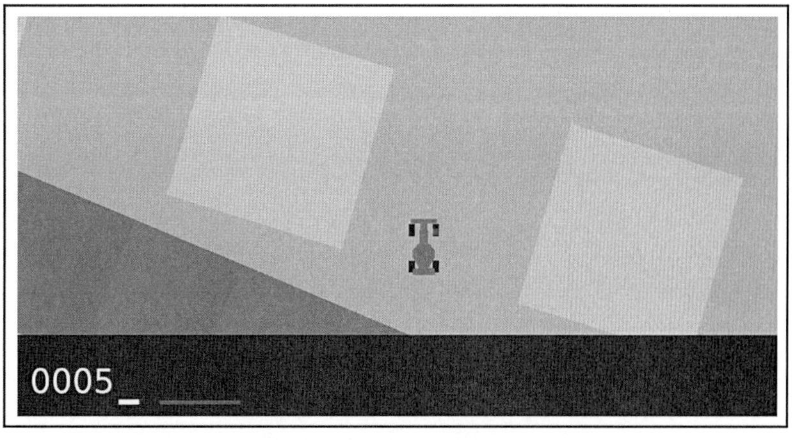

| 그림 9.5A | 훈련 초입부에서 자동차가 실수하고 있다.

다음 결과는 충분한 훈련을 받은 후 자동차가 성공적으로 운전되었음을 보여준다.

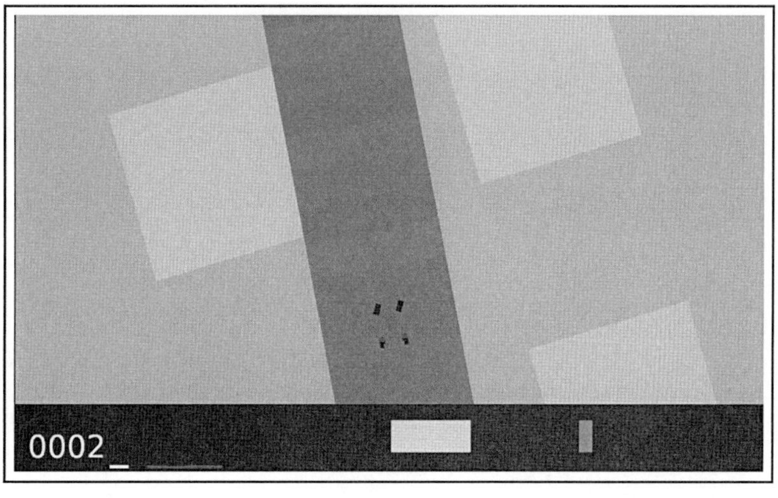

| 그림 9.5B | 충분한 훈련후에 자동차가 성공적으로 주행중이다.

요약

이것으로 우리는 이 장의 끝으로 간다. 이 장에서 다루는 주제는 강화 학습 패러다임에 익숙해지면서 지능적인 RL 시스템을 구축하는 데 도움이 된다. 또한, 독자는 이 프로젝트에서 배운 기술을 다른 RL 기반 문제에 적용해야 한다.

다음 장에서는 딥러닝 관점에서 보안 문자를 살펴보고 그 주위에 흥미로운 프로젝트를 만들 것이다. 독자의 참여를 기대한다.

CHAPTER 10

딥러닝 관점에서의 CAPTCHA

CHAPTCHA라는 용어는 **컴퓨터와 사람을 구별하기 위한 완전 자동화된 공개 Turing 테스트** completely automated public Turing test to tell computers and humans apart의 약자이다. 이것은 스팸과 데이터 오용을 방지하기 위한 보안 수단으로 사람 사용자와 컴퓨터 또는 봇을 구분하도록 설계된 컴퓨터 프로그램이다. 인터넷 검색 회사인 AltaVista가 검색 엔진 알고리즘을 왜곡하려고 플랫폼에 자동으로 URL을 보내는 것을 차단하려고 시도하던 1997년 초 CAPTCHA의 개념이 도입되었다. 이 문제를 해결하기 위해 AltaVista의 수석 과학자 인 Andrei Broder는 봇이 아닌 사람만이 쉽게 식별할 수 있는 텍스트 이미지를 무작위로 생성하는 알고리즘을 고안했다. 이후 2003년 Luis von Ahn, Manuel Blum, Nicholas J Hopper 및 John Langford는 이 기술을 완성하여 CAPTCHA라고 했다. 가장 일반적인 형태의 보안 문자는 사용자가 왜곡된 이미지에서 문자와 숫자를 인식하도록 요구한다. 이 테스트는 인간이 왜곡된 이미지에서 문자를 쉽게 구별할 수 있고 자동화된 프로그램이나 봇이 문자를 구별할 수 없도록 하기 위해 수행된다. 보안 문자 테스트는 때때로 사람과 달리 컴퓨터에서 수행되기 때문에 역튜링 테스트라고도 한다.

최근 CAPTCHA는 봇 사기를 방지하는 것보다 훨씬 큰 역할을 수행하기 시작했다. 예를 들어, Google은 CAPTCHA와 그 변형 중 하나인 reCAPTCHA를 사용하여 New York Times의 아카이브와 Google 도서의 일부 도서를 디지털화했다. 이는 일반적으로 사용자에게 하나 이상의 보안 문자를 올바르게 입력하도록 요청하여 수행된다. 보안 문자 중 하나만 실제로 라벨이 붙어 있으며 사용자가 사람인지 여부를 확인하는 데 사용된다.

나머지 보안 문자는 사용자가 레이블을 단다. 현재 Google은 이미지 기반 보안 문자를 사용하여 다음 스크린 샷과 같이 자율 주행 자동차 데이터 세트에 레이블을 다는 일을 도와주고 있다.

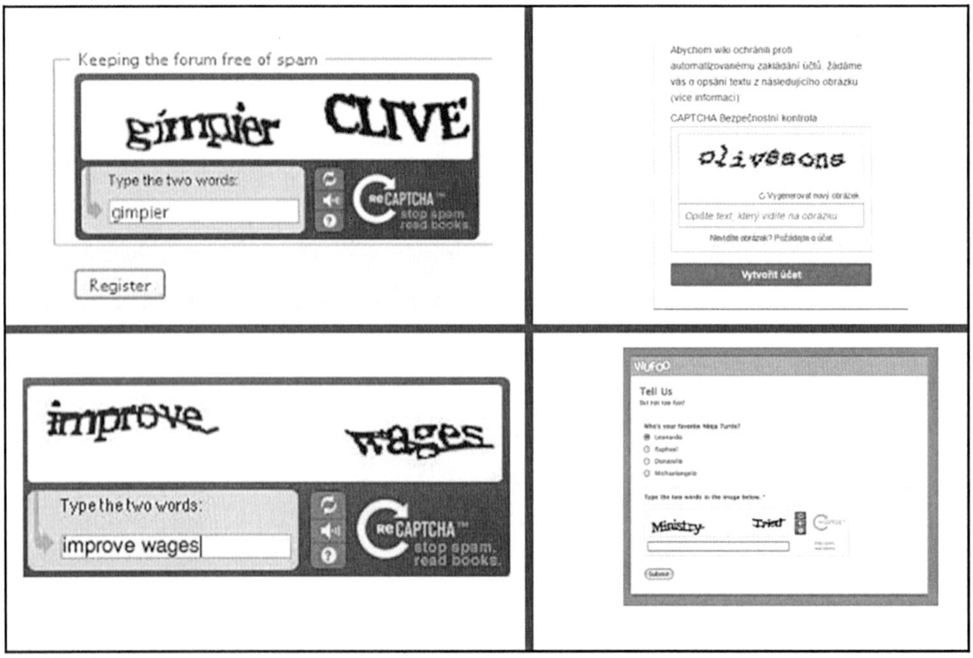

| 그림 10.1 | 다양한 웹사이트의 일반적인 CAPTCHA

이 장에서는 다음과 같은 주제를 다룰 것이다.

- CAPTCHA란 무엇인가
- 딥러닝을 사용하여 CAPTCHA를 해독하여 그 취약점을 노출시키기
- 적대적 학습을 사용하여 CAPTCHA 생성

기술 요구사항

Python 3, TensorFlow, Keras 및 OpenCV에 대한 기본 지식이 필요하다.

이 장의 코드 파일은 GitHub에서 찾을 수 있다 :

https://github.com/PacktPublishing/Intelligent-Projects-using-Python/tree/master/Chapter10

동영상 실습은 다음 비디오를 참고한다.

http://bit.ly/2SgwR6P

딥러닝으로 CAPTCHA 깨기

최근 컴퓨터 비전 작업에서 CNN Convolutional Neural Network이 성공함에 따라 몇 분 만에 기본 보안 문자를 해제하는 것은 비교적 쉬운 작업이다. 결과적으로 보안 문자는 과거보다 훨씬 더 진화해야 한다. 이 장의 첫 부분에서는 딥러닝 프레임워크 기반의 봇을 사용하여 자동으로 감지되는 기본 보안 문자의 취약점을 공개할 것이다. 이어서 우리는 봇이 탐지하기 어려운 보안 문자를 생성하기 위해 GAN을 활용할 것이다.

기본 CAPTCHA 생성하기

보안 문자는 Python의 CAPTCHA 패키지를 사용하여 생성할 수 있다. 이를 사용하여 숫자와 텍스트로 구성된 4개의 문자로 된 보안 문자 이미지를 생성한다. 결과적으로 각 문자는 26자 및 10자리 중 하나이다. 문자와 숫자를 임의로 선택하여 보안 문자를 생성하는 데 다음 코드를 사용할 수 있다.

```
alphabets = 'abcdefghijklmnopqrstuvwxyz'
alphabets = alphabets.upper()
font = "/home/santanu/Android/Sdk/platforms/android-28/data/fonts/
       DancingScript-Regular.ttf"
# For each of the 4 characters determine randomly whether its a digit or
alphabet
char_num_ind = list(np.random.randint(0,2,4))
text = ''
```

```
for ind in char_num_ind:
    if ind == 1:
    # for indicator 1 select character else number
        loc = np.random.randint(0,26,1)
        text = text + alphabets[np.random.randint(0,26,1)[0]]
    else:
        text = text + str(np.random.randint(0,10,1)[0])

c = Claptcha(text,font)
text,image = c.image
plt.imshow(image)
```

다음 스크린 샷(그림 10.2)은 앞의 코드에서 생성된 임의의 보안 문자이다.

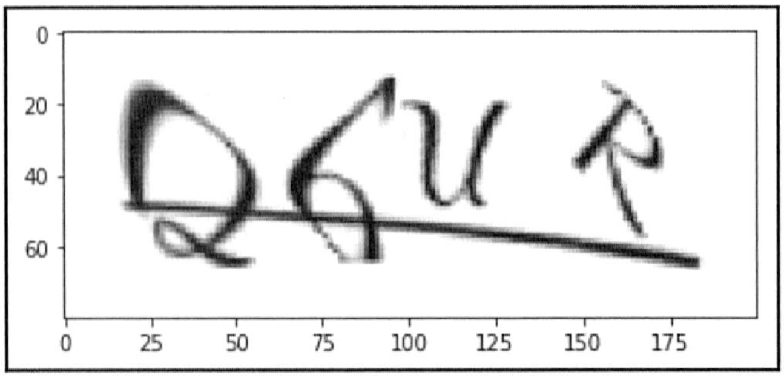

| 그림 10.2 | 랜덤하게 26UR 문자를 생성한 CAPTCHA

텍스트와 함께 CAPTCHA 도구에는 텍스트를 입력으로 인쇄할 글꼴이 필요하다. 보시다시피, 가로 축을 가로 질러 다소 왜곡된 선 형태로 이미지에 노이즈가 추가되었다.

CAPTCHA를 깨는 도구를 훈련하기 위한 데이터 생성하기

이 절에서는 CNN 모델 학습을 위해 Captcha 도구를 사용하여 여러 보안 문자를 생성한다. CNN 모델은 감독 훈련을 통해 보안 문자의 문자를 식별하는 방법을 배운다. 우리는 CNN 모델 교육을 위한 교육 및 검증 세트를 생성할 것이다. 이 외에도 보이지 않는 데이터를 일반화하는 능력을 평가하기 위해 별도의 테스트 세트를 생성할 것이다.

CaptchaGenerator.py 스크립트는 다음과 같이 코딩하여 보안 문자 데이터를 생성할 수 있다.

```
from claptcha import Claptcha
import os
import numpy as np
import cv2
import fire
from elapsedtimer import ElasedTimer

def generate_captcha(outdir,font,num_captchas=20000):
    alphabets = 'abcdefghijklmnopqrstuvwxyz'
    alphabets = alphabets.upper()
    try:
        os.mkdir(outdir)
    except:
        'Directory already present,writing captchas to the same'
    #rint(char_num_ind)
    # select one alphabet if indicator 1 else number
    for i in range(num_captchas):
        char_num_ind = list(np.random.randint(0,2,4))
        text = ''
        for ind in char_num_ind:
            if ind == 1:
                loc = np.random.randint(0,26,1)
                text = text + alphabets[np.random.randint(0,26,1)[0]]
            else:
                text = text + str(np.random.randint(0,10,1)[0])
        c = Claptcha(text,font)
        text,image = c.image
        image.save(outdir + text + '.png')

def main_process(outdir_train,num_captchas_train,
                 outdir_val,num_captchas_val,
                 outdir_test,num_captchas_test,
                 font):

    generate_captcha(outdir_train,font,num_captchas_train)
```

```
    generate_captcha(outdir_val,font,num_captchas_val)
    generate_captcha(outdir_test,font,num_captchas_test)


if __name__ == '__main__':
    with ElasedTimer('main_process'):
        fire.Fire(main_process)
```

한 가지 주의할 점은 대부분의 CAPTCHA 생성기는 `ttf` 파일을 사용하여 CAPTCHA의 글꼴 패턴을 얻는다는 것이다.

`CaptchaGenerator.py` 스크립트를 사용하여 다음과 같이 훈련 세트, 유효성 검사 및 크기 16000, 4000 및 4000의 테스트 세트를 생성할 수 있다.

```
python CaptchaGenerator.py --outdir_train '/home/santanu/Downloads/Captcha
Generation/captcha_train/' --num_captchas_train 16000 --outdir_val
'/home/santanu/Downloads/Captcha Generation/captcha_val/' --
num_captchas_val 4000
--outdir_test '/home/santanu/Downloads/Captcha Generation/captcha_test/' --
num_captchas_test 4000 --font
"/home/santanu/Android/Sdk/platforms/android-28/data/fonts/DancingScript-
Regular.ttf"
```

다음 스크립트 로그에서 알 수 있듯이 스크립트는 3.328분이 소요되어 16000개의 교육용 CAPTCHA, 4000개의 유효성 검사 CAPTCHA 및 4000개의 테스트 CAPTCHA를 생성했다.

```
3.328 min: main_process
```

다음 절에서는 보안 문자 차단기의 컨볼루션 신경망 구조에 대해 설명한다.

CAPTCHA 깨는 CNN 구조

우리는 CNN 구조를 사용하여 보안 문자의 문자를 식별할 것이다. CNN은 완전연결 레이어 전에 두 쌍의 컨볼루션과 풀링을 갖는다. 전체 CAPTCHA를 네트워크에 공급하는 대신 CAPTCHA를 네 문자로 쪼개서 모델에 개별적으로 공급한다. 이를 위해서는 CNN의 최종 출력 레이어에 26개의 문자와 10자리로 구성되는 36개 클래스 중 하나를 예측해야 한다.

다음 코드와 같이 _model_ 함수에 의해 모델을 정의할 수 있다.

```
def _model_(n_classes):
    # Build the neural network
    input_ = Input(shape=(40,25,1))
    # First convolutional layer with max pooling
    x = Conv2D(20, (5, 5), padding="same",activation="relu")(input_)
    x = MaxPooling2D(pool_size=(2, 2), strides=(2, 2))(x)
    x = Dropout(0.2)(x)
    # Second convolutional layer with max pooling
    x = Conv2D(50, (5, 5), padding="same", activation="relu")(x)
    x = MaxPooling2D(pool_size=(2, 2), strides=(2, 2))(x)
    x = Dropout(0.2)(x)
    # Hidden layer with 1024 nodes
    x = Flatten()(x)
    x = Dense(1024, activation="relu")(x)
    # Output layer with 36 nodes (one for each possible alphabet/digit we
      predict)
    out = Dense(n_classes,activation='softmax')(x)
    model = Model(inputs=[input_],outputs=out)

    model.compile(loss="sparse_categorical_crossentropy",
                  optimizer="adam",metrics=
    ["accuracy"])
    return model
```

CAPTCHA 깨기 CNN 모델은 다음 다이어그램과 같이 그림으로 묘사할 수 있다(그림 10.3).

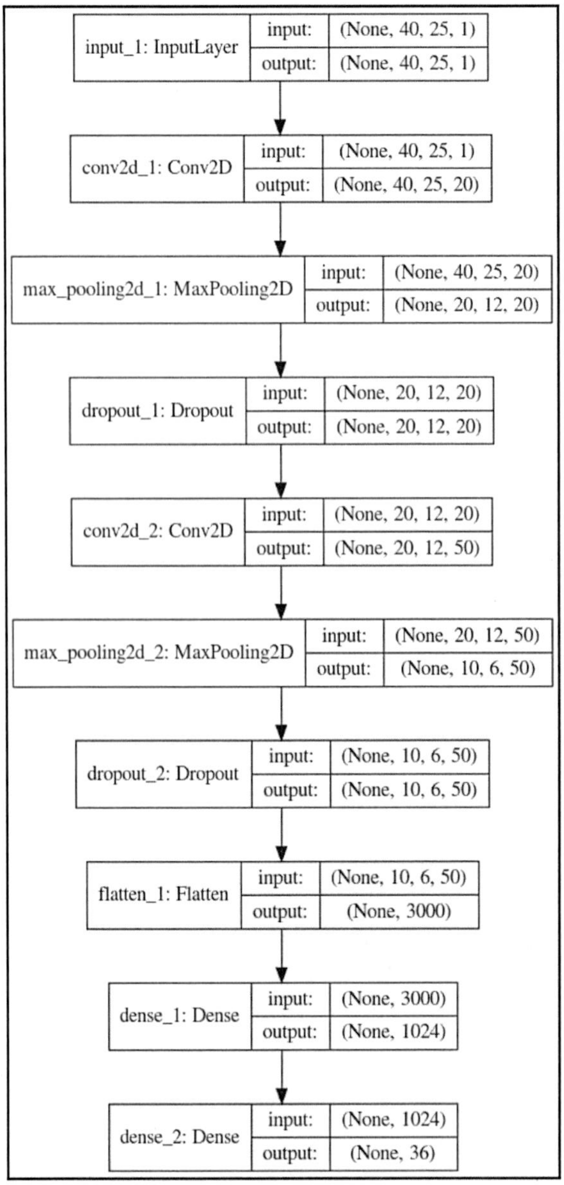

| 그림 10.3 | CAPTCHA를 깨는 CNN 구조

CAPTCHA 이미지 전처리

이미지의 원시 픽셀은 CNN 아키텍처에서 제대로 작동하지 않는다. CNN이 더 빨리 수렴되도록 이미지를 정규화하는 것이 항상 좋다. 일반적으로 정규화 방식으로 사용되는 두 가지 방법은 평균 픽셀 빼기 방법 또는 픽셀 값을 255로 나누어 [0,1] 범위에 있도록 픽셀을 스케일링하는 것이다. 이 CNN 네트워크의 경우, 이미지를 [0,1]의 범위에 있도록 정규화하려고 한다. 우리는 또한 보안 문자의 그레이 스케일 이미지를 처리할 것이다. 이는 하나의 컬러 채널만 처리한다는 의미이다. 다음 코드와 같이 load_img 함수를 사용하여 CAPTCHA 이미지를 로드하고 전처리할 수 있다.

```
def load_img(path,dim=(100,40)):
    img = cv2.imread(path,cv2.IMREAD_GRAYSCALE)
    img = cv2.resize(img,dim)
    img = img.reshape((dim[1],dim[0],1))
    #print(img.shape)
    return img/255.
```

CAPTCHA 문자를 클래스로 변환

CAPTCHA의 원시 문자는 훈련을 위해서 숫자 클래스로 변환해야 한다. create_dict_char_to_index 함수는 원시 문자를 클래스 레이블로 변환하는 데 사용할 수 있다.

```
def create_dict_char_to_index():
    chars = 'abcdefghijklmnopqrstuvwxyz0123456789'.upper()
    chars = list(chars)
    index = np.arange(len(chars))
    char_to_index_dict,index_to_char_dict = {},{}
    for v,k in zip(index,chars):
        char_to_index_dict[k] = v
        index_to_char_dict[v] = k

return char_to_index_dict,index_to_char_dict
```

데이터 생성기

CNN을 효율적으로 훈련시키기 위해서는 일련의 훈련 및 검증 데이터를 동적으로 생성하는 것이 중요하다. 훈련을 시작하기 전에 모든 데이터를 메모리에 로드하면 데이터 저장 문제가 발생할 수 있으므로 훈련 시간 동안 CAPTCHA를 읽고 배치를 동적으로 작성하는 것이 좋다. 이것은 자원의 최적 사용으로 이어진다.

우리는 훈련 및 검증 배치를 모두 구축하는 데 활용할 수 있는 데이터 생성기를 사용할 것이다. 생성기는 초기화하는 동안 CAPTCHA 파일 위치를 저장하고 각 에포크마다 배치를 동적으로 빌드한다. 파일의 순서는 각 순서에 따라 무작위로 뒤섞여 CAPTCHA 이미지가 각 에포크에서 동일한 순서로 순회되지 않는다. 이것은 일반적으로 훈련 중에 모델이 나쁜 로컬 최소점에 걸리지 않도록 한다. 데이터 생성기 클래스는 다음과 같이 코딩될 수 있다.

```
class DataGenerator(keras.utils.Sequence):
    'Generates data for Keras'
    def
__init__(self,dest,char_to_index_dict,batch_size=32,n_classes=36,
dim=(40,100,1),shuffle=True):
        'Initialization'
        self.dest = dest
        self.files = os.listdir(self.dest)
        self.char_to_index_dict = char_to_index_dict
        self.batch_size = batch_size
        self.n_classes = n_classes
        self.dim = (40,100)
        self.shuffle = shuffle
        self.on_epoch_end()

    def __len__(self):
        'Denotes the number of batches per epoch'
        return int(np.floor(len(self.files) / self.batch_size))

    def __getitem__(self, index):
        'Generate one batch of data'
```

```
        # Generate indexes of the batch
        indexes = self.indexes[index*self.batch_size:(index+1)*self.batch_size]

        # Find list of files to be processed in the batch
        list_files = [self.files[k] for k in indexes]

        # Generate data
        X, y = self.__data_generation(list_files)

        return X, y

    def on_epoch_end(self):
        'Updates indexes after each epoch'
        self.indexes = np.arange(len(self.files))
        if self.shuffle == True:
            np.random.shuffle(self.indexes)

    def __data_generation(self,list_files):
        'Generates data containing batch_size samples' # X :
         (n_samples, *dim, n_channels)
        # Initialization
    dim_h = dim[0]
    dim_w = dim[1]//4
    channels = dim[2]
    X = np.empty((4*len(list_files),dim_h,dim_w,channels))
    y = np.empty((4*len(list_files)),dtype=int)
    # print(X.shape,y.shape)

    # Generate data
    k = -1
    for f in list_files:
        target = list(f.split('.')[0])
        target = [self.char_to_index_dict[c] for c in target]
        img = load_img(self.dest + f)
        img_h,img_w = img.shape[0],img.shape[1]
        crop_w = img.shape[1]//4
        for i in range(4):
            img_crop = img[:,i*crop_w:(i+1)*crop_w]
            k+=1
```

```
            X[k,] = img_crop
            y[k] = int(target[i])

    return X,y
```

CAPTCHA 깨는 훈련하기

CAPTCHA 깨기 모델은 다음과 같은 train 함수를 호출하여 훈련할 수 있다.

```
def
train(dest_train,dest_val,outdir,batch_size,n_classes,dim,shuffle,epochs,lr):
    char_to_index_dict,index_to_char_dict = create_dict_char_to_index()
    model = _model_(n_classes)
    train_generator = DataGenerator(dest_train,char_to_index_dict,
                                    batch_size,n_classes,dim,shuffle)
    val_generator = DataGenerator(dest_val,char_to_index_dict,
                                  batch_size,n_classes,dim,shuffle)
                model.fit_generator(train_generator,epochs=epochs,
                                    validation_data=val_generator)
    model.save(outdir + 'captcha_breaker.h5')
```

배치의 보안 문자의 경우 네 문자 모두 훈련 대상으로 간주됩니다. DataGenerator 클래스를 사용하여 train_generator 및 val_generator 객체를 정의한다. 이러한 데이터 생성기는 교육 및 검증을 위한 배치를 동적으로 제공한다.

다음과 같이 train 인수와 함께 captcha_solver.py 스크립트를 실행하여 훈련을 호출할 수 있다.

```
python captcha_solver.py train --dest_train
'/home/santanu/Downloads/Captcha Generation/captcha_train/' --dest_val
'/home/santanu/Downloads/Captcha Generation/captcha_val/' --outdir
'/home/santanu/ML_DS_Catalog-/captcha/model/' --batch_size 16 --lr 1e-3 --
epochs 20 --n_classes 36 --shuffle True --dim '(40,100,1)'
```

단 20 에포크의 훈련 교육만으로 이 모델은 다음과 같은 출력 로그에서 볼 수 있듯이 CAPTCHA의 문자 레벨 당 약 98.3%의 검증 정확도를 달성했다.

```
Epoch 17/20
1954/1954 [==============================] - 14s 7ms/step - loss: 0.0340 -
acc: 0.9896 - val_loss: 0.0781 - val_acc: 0.9835
Epoch 18/20
1954/1954 [==============================] - 13s 7ms/step - loss: 0.0310 -
acc: 0.9904 - val_loss: 0.0679 - val_acc: 0.9851
Epoch 19/20
1954/1954 [==============================] - 13s 7ms/step - loss: 0.0315 -
acc: 0.9904 - val_loss: 0.0813 - val_acc: 0.9822
Epoch 20/20
1954/1954 [==============================] - 13s 7ms/step - loss: 0.0297 -
acc: 0.9910 - val_loss: 0.0824 - val_acc: 0.9832
4.412 min: captcha_solver
```

GeForce GTX 1070 GPU를 사용하여 약 16000개(즉, 64000 CAPTCHA 문자)의 CAPTCHA 20 에포크 훈련 시간은 약 4.412분 걸렸고 정확도는 98.3이다. 독자는 더 빠른 교육을 위해 GPU 기반 GPU 시스템을 사용하는 것이 좋다.

테스트 데이터 세트의 정확도

evaluate 함수를 호출하여 테스트 데이터의 추론을 실행할 수 있다. evaluate 함수는 참조용으로 다음과 같이 설명됩니다. 평가는 CAPTCHA의 문자 수준이 아니라 전체 보안 문자 관점에서 정확성을 보도록 설계되어야 한다. 따라서 CAPTCHA 대상의 네 문자가 모두 예측과 일치할 때만 CAPTCHA가 CNN에 의해 올바르게 식별 된 것으로 플래그를 지정할 수 있다.

테스트 보안 문자에서 추론을 실행하기 위한 evaluate 함수는 다음과 같이 코딩할 수 있다.

```
def evaluate(model_path,eval_dest,outdir,fetch_target=True):
    char_to_index_dict,index_to_char_dict = create_dict_char_to_index()
    files = os.listdir(eval_dest)
    model = keras.models.load_model(model_path)
    predictions,targets = [],[]
    for f in files:
        if fetch_target == True:
            target = list(f.split('.')[0])
            targets.append(target)

        pred = []
        img = load_img(eval_dest + f)
        img_h,img_w = img.shape[0],img.shape[1]
        crop_w = img.shape[1]//4
        for i in range(4):
            img_crop = img[:,i*crop_w:(i+1)*crop_w]
            img_crop = img_crop[np.newaxis,:]
            pred_index = np.argmax(model.predict(img_crop),axis=1)
            #print(pred_index)
            pred_char = index_to_char_dict[pred_index[0]]
            pred.append(pred_char)
        predictions.append(pred)

    df = pd.DataFrame()
    df['files'] = files
    df['predictions'] = predictions

    if fetch_target == True:
        match = []
        df['targets'] = targets

        accuracy_count = 0
        for i in range(len(files)):
            if targets[i] == predictions[i]:
                accuracy_count+= 1
                match.append(1)
            else:
                match.append(0)
        print(f'Accuracy: {accuracy_count/float(len(files))} ')
```

```
        eval_file = outdir + 'evaluation.csv'
        df['match'] = match
        df.to_csv(eval_file,index=False)
        print(f'Evaluation file written at: {eval_file} ')
```

captcha_solver.py 스크립트의 evaluate 함수를 추론하기 위해 다음 명령을 실행할 수 있다.

```
python captcha_solver.py evaluate --model_path
/home/santanu/ML_DS_Catalog-/captcha/model/captcha_breaker.h5 --eval_dest
'/home/santanu/Downloads/Captcha Generation/captcha_test/' --outdir
/home/santanu/ML_DS_Catalog-/captcha/ --fetch_target True
```

4000개의 CAPTCHA 테스트 데이터 세트에서 달성되는 정확도는 약 93%이다. evaluate 함수를 실행한 결과는 다음과 같다.

```
Accuracy: 0.9320972187421699
Evaluation file written at: /home/santanu/ML_DS_Catalog-
/captcha/evaluation.csv
13.564 s: captcha_solver
```

또한 4000개의 CAPTCHA에 대한 추론이 약 14초가 걸리고 평가 결과가 /home/santanu/ML_DS_Catalog-/captcha/evaluation.csv 파일에 기록되어 있음을 알 수 있다.

다음 스크린 샷(그림 10.4)에서 모델이 제대로 수행되지 않은 일부 목표 및 예측을 살펴 보겠다.

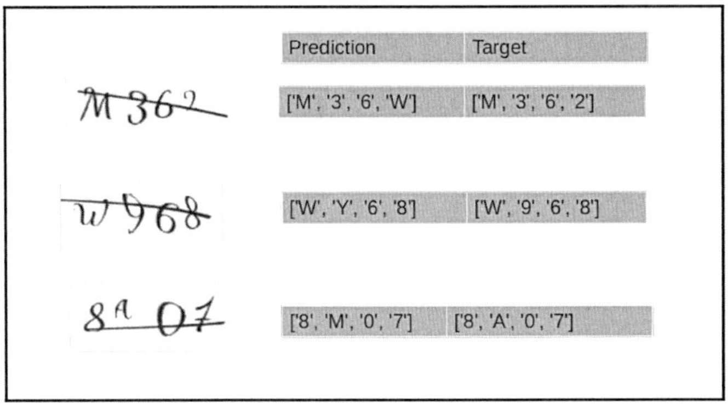

| 그림 10.4 | CAPTCHA 깨기 모델이 실패한 CAPTCHA들

적대적 학습을 통한 CAPTCHA 생성

이 절에서는 적대적 생성 네트워크를 통해 보안 문자 생성을 통해 작업할 것이다. **거리에서 본 주택번호**Street View House Numbers(**SVHN** 데이터 세트)의 이미지와 유사한 이미지를 생성할 것이다. 아이디어는 이러한 GAN 생성 이미지를 CAPTCHA로 사용하는 것이다. 우리가 이 GAN을 사용하여 훈련했을 때만 잡음 분포로부터 쉽게 샘플링할 수 있게 된다. 이는 보다 복잡한 방법을 통해 보안 문자를 생성할 필요가 없게 만든다. 또한 CAPTCHA에 사용된 SVHN 번지 수에 다양성을 제공한다.

SVHN은 객체 인식 알고리즘에 사용되는 머신러닝 및 딥러닝 분야에서 매우 인기가 있는 실제 데이터 세트다. 이름에서 알 수 있듯이 데이터 세트에는 Google 스트리트 뷰 이미지에서 얻은 실제 주택 번호 이미지가 포함되어 있다. 데이터 세트는 `http://ufldl.stanford.edu/housenumbers/` 링크에서 다운로드할 수 있다.

이미지의 크기가 `(32,32)`로 조정된 집 번호 데이터 세트로 작업할 것이다. 우리가 관심을 가지는 데이터 세트는 `train_32x32.mat`이다.

이 **적대적 생성신경망(GAN)**를 통해 랜덤 노이즈에서 하우스 번호 이미지를 생성할 것이며 생성된 이미지는 SVHN 데이터 세트의 이미지와 매우 유사할 것이다.

간단히 말해 GAN에는 손실 함수와 관련하여 서로 제로섬 미니맥스minimax 게임을 하는 제너레이터(G)와 판별기(D)가 있다. 시간이 지남에 따라 생성기와 판별기는 둘 다 더 이상 개선할 수 없는 고정 지점에 도달할 때까지 자신의 결과를 개선한다. 이 정지점은 손실 기능에 대한 안장점이다. 우리의 어플리케이션을 위해, 제너레이터 G는 주어진 분포 $P(z)$의 노이즈 z를 $x = G(z)$와 같은 주택 번호 이미지 x로 변환할 것이다.

이 생성 이미지는 판별기(D)에 전달되며 이는 생성된 이미지 x를 가짜로 감지하고 SVHN 데이터 세트의 실제 집번호 이미지를 실제로 감지하려고 시도한다. 동시에 생성기는 판별기가 이미지가 실제인 것을 찾도록 이미지 $x = G(z)$를 만들려고 한다. 실제 이미지를 1로 생성하고 생성기에 의해 생성된 가짜 이미지를 0으로 태그 지정하면 판별기는 2개의 클래스가 제공된 분류기 신경망으로서 이진 교차 엔트로피 손실을 최소화하려고 한다. 판별기 D에 의해 최소화된 손실은 다음과 같이 나타낼 수 있다.

$$-E_{z \sim p_Z(z)}[\log D(G(z)) - E_{x \sim p_X(x)}[log(1 - D(G(x))] \tag{1}$$

위의 식에서 $D(\cdot)$는 판별 함수이며 그 출력은 이미지에 실제 태그를 지정할 가능성을 나타낸다. $P_Z(z)$는 랜덤 변수 노이즈 z의 분포를 나타내고, $P_X(x)$는 실제 집 번호 이미지의 분포를 나타낸다. $G(\cdot)$ 및 $D(\cdot)$는 각각 생성기 신경망 함수 및 판별기 신경망 함수를 나타냅니다. 이것들은 우리가 표기의 복잡함을 편리하게 하기 위해 신경망의 가중치로 매개변수화 된다. 만약 우리가 생성기 신경망 가중치의 매개변수를 θ와 판별기 신경망의 매개변수를 ϕ로 표시한다면, 판별기는 ϕ에 대하여 (1)에서 손실을 최소화하는 것을 배우고 생성기는 ϕ에 대하여 (1)에서 동일한 손실을 최대화하는 것을 목표로 한다. 우리는 (1)에서 최적화된 손실을 발생기와 판별기가 매개변수와 관련하여 최적화하는 유틸리티 함수라고 할 수 있다. 유틸리티 함수 U는 다음과 같이 생성기 및 판별기의 매개변수 함수로 작성될 수 있다.

$$U(\theta, \phi) = -E_{z \sim p_Z(z)}[\log D(G(z)) - E_{x \sim p_X(x)}[log(1 - D(G(x))]$$

게임 이론 관점에서, 생성기(G)와 판별기(D)는 유틸리티 함수로 서로 제로섬zero sum 최

소최대 minmax 게임을 하고, 이 게임의 최적화 문제는 다음과 같이 표현될 수 있다:

$$\begin{aligned}\hat{\theta}, \hat{\phi} &= \max_{\theta} \min_{\phi} U(\theta, \phi) \\ &= \max_{\phi_G} \min_{\phi_D} -E_{z \sim p_Z(z)} \log D(G(z)) - E_{x \sim p_X(x)} \log(1 - D(G(x)))\end{aligned} \tag{2}$$

매개변수 공간의 한 지점에서 함수가 일부 매개 변수 및 로컬 최소값과 관련하여 로컬 최대값인 경우 나머지 매개변수와 관련하여 해당 포인트를 **안장점** saddle point이라고 한다. 결과적으로 주어진 점 ($\hat{\theta}$, $\hat{\phi}$)은 유틸리티 기능 $U(\theta,\ \phi)$의 안장점이 된다. 이 안장점은 미니맥스 제로섬 게임의 내쉬 평형이며 파라미터 $\hat{\theta}$, $\hat{\phi}$는 생성자와 판별기가 최적화하는 유틸리티와 관련하여 가장 최적이다. 당면한 문제의 관점에서, 생성기 G는 판별기가 $\hat{\theta}$을 매개변수로 탐지하기에 가장 어려운 CAPTCHA를 생성한다. 마찬가지로, 판별기는 ϕ를 매개 변수로 갖는 가짜 CAPTCHA를 탐지하도록 가장 적합하다.

안장점을 가지는 가장 간단한 함수는 $x^2 - y^2$이며 이때 안장점은 원점이다: `(0,0)`.

GAN 손실 최적화

이전 절에서 각 네트워크의 매개 변수와 관련하여 생성기와 판별기의 최적 상태는 다음과 같다.

$$\begin{aligned}\hat{\theta}, \hat{\phi} &= \max_{\theta} \min_{\phi} U(\theta, \phi) \\ &= \max_{\phi_G} \min_{\phi_D} -E_{z \sim p_Z(z)} \log D(G(z)) - E_{x \sim p_X(x)} \log(1 - D(G(x)))\end{aligned}$$

목적 함수를 최대화하기 위해 일반적으로 기울기 상승을 사용하는 반면 비용 함수를 최소화하려면 경사 하강을 사용한다. 앞선 최적화 문제는 두 가지 부분으로 나눌 수 있다: 생성기 및 판별기는 각각 경사상승 및 경사하강에 의해 유틸리티 기능을 차례로 최적화한다. 최적화 중 t 단계에서 판별기는 다음과 같이 유틸리티를 최소화하여 새로운 상태로 이동하려고 시도한다.

$$\min_{\phi} -E_{z\sim p_Z(z)} \log D(G(z)) - E_{x\sim p_X(x)} \log(1 - D(G(x)))$$

또는 생성기가 동일한 유틸리티를 최대화하려고 시도한다. 판별기 D에는 생성기의 매개변수가 없으므로 유틸리티의 두 번째 항은 생성기 최적화에 영향을 미치지 않는다. 동일하게 다음과 같이 표현할 수 있다.

$$\max_{\theta} -E_{z\sim p_Z(z)} \log D(G(z)) - E_{x\sim p_X(x)} \log(1 - D(G(x)))$$
$$= \max_{\theta} -E_{z\sim p_Z(z)} \log D(G(z))$$
$$= \min_{\theta} E_{z\sim p_Z(z)} \log D(G(z))$$

생성기 및 판별기 최적화 목표를 최소화 문제로 변환했다. 판별기 및 생성기 모두에 의한 최적화는 목적 함수가 안장점에 도달할 때까지 경사 하강을 사용하여 수행된다.

생성기 신경망

생성기 신경망은 랜덤 노이즈를 수신하고 SVHN 이미지와 유사한 이미지를 출력으로 출력하려고 한다. 랜덤 노이즈는 100차원 입력 벡터이다. 각 차원은 평균이 0이고 표준 편차가 1인 표준 정규 분포를 따르는 랜덤 변수이다.

초기 밀집층은 8192개의 유닛을 가지며, 이는 $4 \times 4 \times 512$ 형태의 3차원 텐서로 재형성된다. 텐서는 512 필터가 있는 4×4 이미지로 생각할 수 있다. 텐서의 공간 크기를 늘리기 위해 보폭이 2이고 크기가 5×5인 커널 필터 크기로 일련의 전치 2D 컨볼루션을 수행한다. 보폭은 전치 컨볼루션의 스케일을 결정한다. 예를 들어, 2의 보폭은 입력 이미지의 각 공간 차원을 2배로 늘려주고 전치 컨볼루션이 뒤따르며, 일반적으로 더 나은 수렴을 위해 배치 정규화를 수반한다. 신경망은 활성화 계층을 제외하고 LeakyReLU를 활성화 함수로 사용합니다. 신경망의 최종 출력은 $32 \times 32 \times 3$ 차원의 이미지이다.

tanh 활성화는 최종 레이어에서 [-1,1] 범위의 이미지 픽셀 값을 정규화하기 위해 사용된다.

생성기는 다음과 같이 코딩할 수 있다.

```
def generator(input_dim,alpha=0.2):
    model = Sequential()
    model.add(Dense(input_dim=input_dim, output_dim=4*4*512))
    model.add(Reshape(target_shape=(4,4,512)))
    model.add(BatchNormalization())
    model.add(LeakyReLU(alpha))
    model.add(Conv2DTranspose(256, kernel_size=5, strides=2,
                              padding='same'))
    model.add(BatchNormalization())
    model.add(LeakyReLU(alpha))
    model.add(Conv2DTranspose(128, kernel_size=5, strides=2,
                              padding='same'))
    model.add(BatchNormalization())
    model.add(LeakyReLU(alpha))
    model.add(Conv2DTranspose(3, kernel_size=5, strides=2,
                              padding='same'))
    model.add(Activation('tanh'))
    return model
```

생성기의 신경망 구조는 다음 다이어그램(그림 10.5)에 나와 있다.

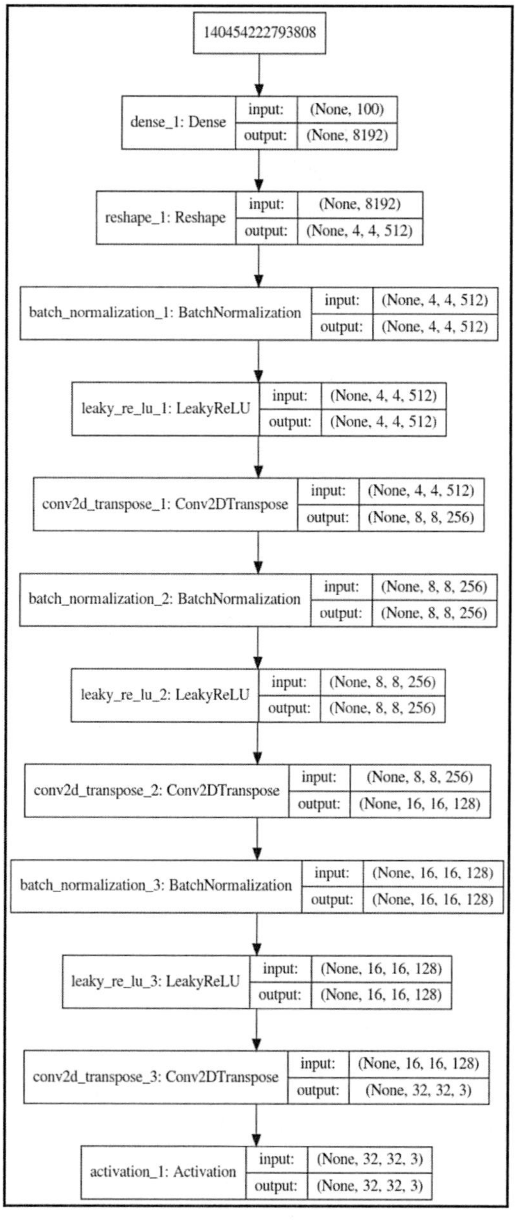

| 그림 10.5 | 생성기 신경망 그래프

판별기 네트워크

판별기는 생성기 이미지를 가짜로 분류하고 실제 SVHN 데이터 세트 이미지를 실제로 분류할 수 있는 클래식 이진 분류 컨볼루션 신경망이다.

```
def discriminator(img_dim,alpha=0.2):
    model = Sequential()
    model.add(
              Conv2D(64, kernel_size=5,strides=2,
              padding='same',
              input_shape=img_dim)
              )
    model.add(LeakyReLU(alpha))
    model.add(Conv2D(128,kernel_size=5,strides=2,padding='same'))
    model.add(BatchNormalization())
    model.add(LeakyReLU(alpha))
    model.add(Conv2D(256,kernel_size=5,strides=2,padding='same'))
    model.add(BatchNormalization())
    model.add(LeakyReLU(alpha))
    model.add(Flatten())
    model.add(Dense(1))
    model.add(Activation('sigmoid'))
    return model
```

판별기 신경망는 다음과 같이 코딩될 수 있다.

이전 코드 블록에서 정의된 판별자 네트워크는 위조 생성기 이미지와 실제 SVHN 이미지를 입력으로 가져 와서 최종 출력 레이어 전에 3세트의 2D 컨볼루션을 통과시킨다. 이 신경망의 컨볼루션에는 풀링이 아니라 배치 정규화 및 LeakyReLU 활성화가 뒤 따른다.

판별기의 신경망 구조는 다음 다이어그램에 표시된다(그림 10.6).

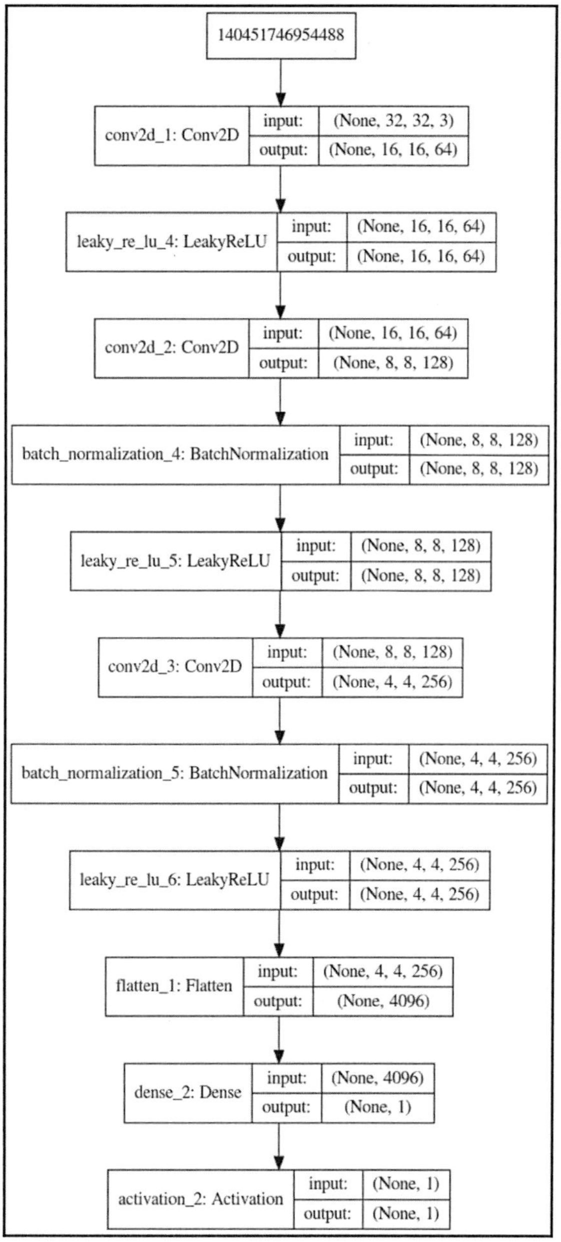

그림 10.6 판별기 신경망 그래프

판별기의 출력 활성화 함수는 시그모이드이다. 이는 실제 SVHN 이미지에서 가짜 생성 이미지의 이진 분류를 지원한다.

GAN 훈련

적대적 생성신경망에 대한 교육 흐름을 설정하는 것은 많은 기술적 고려 사항을 요구하기 때문에 간단하지 않다. 훈련을 위한 세 가지 신경망을 다음과 같이 정의한다.

- 매개변수 θ가 있는 생성기 신경망 g
- 매개변수 ϕ가 있는 판별기 신경망 d
- 가중치 θ와 ϕ가 있는 결합된 생성기-판별기 신경망 g_d

생성기(g)는 판별기 d가 평가하고 위조로 라벨링하려고 시도하는 위조 이미지를 생성한다.

g_d 네트워크에서 생성기 g는 가짜 이미지를 생성한 다음 판별기 d를 실제 이미지로 믿도록 속이려고 한다. 판별기 신경망은 이진 교차 엔트로피 손실로 컴파일되고, 손실은 판별기 파라미터 ϕ에 대해 최적화되는 반면, g_d 네트워크는 판별기를 속이기 위해 g 생성기의 파라미터 θ에 대해 컴파일된다. 결과적으로, g_d 네트워크 손실은 모든 가짜 이미지에 실제라고 태깅하는 판별기와 관련된 이진 교차 엔트로피 손실이다. 각 미니배치에서 생성기와 판별기 가중치는 g_d 및 d 네트워크와 관련된 손실의 최적화를 기반으로 업데이트된다.

```
def train(dest_train,outdir,
        gen_input_dim,gen_lr,gen_beta1,
        dis_input_dim,dis_lr,dis_beta1,
        epochs,batch_size,alpha=0.2,smooth_coef=0.1):

    #X_train,X_test = read_data(dest_train),read_data(dest_test)
    train_data = loadmat(dest_train + 'train_32x32.mat')
    X_train, y_train = train_data['X'], train_data['y']
    X_train = np.rollaxis(X_train, 3)
    print(X_train.shape)
```

```
#Image pixels are normalized between -1 to +1 so that one can use the
   tanh activation function
#_train = (X_train.astype(np.float32) - 127.5)/127.5
X_train = (X_train/255)*2-1
g = generator(gen_input_dim,alpha)
plot_model(g,show_shapes=True, to_file='generator_model.png')
d = discriminator(dis_input_dim,alpha)
d_optim = Adam(lr=dis_lr,beta_1=dis_beta1)
d.compile(loss='binary_crossentropy',optimizer=d_optim)
plot_model(d,show_shapes=True, to_file='discriminator_model.png')
g_d = generator_discriminator(g, d)
g_optim = Adam(lr=gen_lr,beta_1=gen_beta1)
g_d.compile(loss='binary_crossentropy', optimizer=g_optim)
plot_model(g_d,show_shapes=True, to_file=
'generator_discriminator_model.png')
for epoch in range(epochs):
    print("Epoch is", epoch)
    print("Number of batches", int(X_train.shape[0]/batch_size))
    for index in range(int(X_train.shape[0]/batch_size)):
        noise =
        np.random.normal(loc=0, scale=1, size=(batch_size,gen_input_dim))
        image_batch = X_train[index*batch_size:(index+1)*batch_size,:]
        generated_images = g.predict(noise, verbose=0)
        if index % 20 == 0:
            combine_images(generated_images,outdir,epoch,index)
            # Images converted back to be within 0 to 255
        print(image_batch.shape,generated_images.shape)
        X = np.concatenate((image_batch, generated_images))
        d1 = d.train_on_batch(image_batch,[1 - smooth_coef]*batch_size)
        d2 = d.train_on_batch(generated_images,[0]*batch_size)

        y = [1] * batch_size + [0] * batch_size
        # Train the Discriminator on both real and fake images
        make_trainable(d,True)
        #_loss = d.train_on_batch(X, y)
        d_loss = d1 + d2

        print("batch %d d_loss : %f" % (index, d_loss))
        noise =
```

```
        np.random.normal(loc=0, scale=1, size=(batch_size,gen_input_dim))
        make_trainable(d,False)
        #d.trainable = False
        # Train the generator on fake images from Noise
        g_loss = g_d.train_on_batch(noise, [1] * batch_size)
        print("batch %d g_loss : %f" % (index, g_loss))
        if index % 10 == 9:
            g.save_weights('generator', True)
            d.save_weights('discriminator', True)
```

Adam 옵티마이저는 두 신경망의 최적화에 사용된다. 주목할 점은 생성기 G의 파라미터에 대해서만 손실을 최적화하기 위해 네트워크 g_d를 컴파일해야 한다는 것이다. 결과적으로, 우리는 네트워크 g_d에서 판별기 D의 파라미터의 훈련을 비활성화해야 한다.

다음 기능을 사용하여 신경망 매개변수 학습을 비활성화하거나 활성화할 수 있다.

```
def make_trainable(model, trainable):
    for layer in model.layers:
        layer.trainable = trainable
```

trainable을 False로 설정하여 매개 변수 학습을 비활성화할 수 있지만 이러한 매개 변수의 학습을 활성화하려면 True로 설정해야 한다.

노이즈 분포

GAN에 입력되는 노이즈는 특정 확률분포를 따라야 한다. 일반적으로 균일분포 U[-1,1] 또는 표준정규분포, 즉 평균 0 및 표준편차 1을 갖는 정규분포는 잡음벡터의 각 차원을 샘플링하는 데 사용된다. 경험적으로 표준정규분포의 샘플링 노이즈는 균일분포의 샘플링보다 더 잘 작동하는 것으로 나타났다. 이 구현에서는 표준정규분포를 사용하여 임의 노이즈를 샘플링한다.

데이터 전처리

앞에서 논의한 바와 같이, 우리는 32 × 32 × 3 크기의 SVHN 데이터 세트 이미지로 작업할 것이다.

데이터 세트 이미지는 매트릭스 데이터 형식으로 쉽게 사용할 수 있다. 이미지의 원시 픽셀은 [-1,1] 범위 내에서 표준화되어 더 빠르고 안정적인 수렴이 이루어진다. 이 변환으로 인해 생성된 이미지가 [-1,1] 내의 픽셀 값을 갖도록 생성기의 최종 활성화가 tanh로 유지된다.

read_data는 입력 데이터를 처리하는 데 사용될 수 있다. dir_flag는 원시 처리 데이터 매트릭스 파일 또는 이미지 디렉토리가 있는지 판별하는 데 사용된다. 예를 들어, SVHN 데이터 세트로 작업할 때는 이미 처리된 데이터 매트릭스 파일인 train_32x32.mat가 있으므로 dir_flag를 False로 설정해야 한다.

그러나 read_data 함수를 generic으로 유지하는 것이 좋다. 이렇게 하면 다른 데이터 세트에 스크립트를 재사용할 수 있다. scipy.io의 loadmat 함수는 train_32x32.mat를 읽는 데 사용할 수 있다.

입력이 디렉토리에 배치된 원 이미지인 경우 디렉토리에 있는 이미지 파일을 opencv를 통해 읽을 수 있다. load_img 함수는 opencv를 사용하여 원 이미지를 읽는 데 사용할 수 있다.

마지막으로, 픽셀 강도는 네트워크의 더 나은 수렴을 위해 [-1,1] 범위로 정규화된다.

```
def load_img(path,dim=(32,32)):

        img = cv2.imread(path)
        img = cv2.resize(img,dim)
        img = img.reshape((dim[1],dim[0],3))
        return img
```

```
def read_data(dest,dir_flag=False):

    if dir_flag == True:
    files = os.listdir(dest)
    X = []
    for f in files:
    img = load_img(dest + f)
    X.append(img)
    return X
    else:
    train_data = loadmat(path)
    X,y = train_data['X'], train_data['y']
    X = np.rollaxis(X,3)
    X = (X/255)*2-1
    return X
```

훈련 호출하기

captcha_gan.py 스크립트의 train 함수를 다음과 같은 매개변수와 함께 실행하여 GAN 훈련을 호출할 수 있다.

```
python captcha_gan.py train --dest_train
'/home/santanu/Downloads/train_32x32.mat' --outdir
'/home/santanu/ML_DS_Catalog-/captcha/SVHN/' --dir_flag False --batch_size
100 --gen_input_dim 100 --gen_beta1 0.5 --gen_lr 0.0001 --dis_input_dim
'(32,32,3)' --dis_lr 0.001 --dis_beta1 0.5 --alpha 0.2 --epochs 100 --
smooth_coef 0.1
```

위의 스크립트는 fire Python 패키지를 사용하여 사용자 지정 함수, 우리의 경우 train을 호출한다. fire에 대한 좋은 점은 이전 명령에서 볼 수 있듯이 함수에 대한 모든 입력을 인수로 제공할 수 있다는 것이다.

GAN은 학습하기 어렵기로 유명하므로 모델이 올바르게 작동하려면 이러한 매개변수를 잘 조정해야 한다. 다음은 몇 가지 중요한 매개변수들이다.

Parameters	Values	Comment
batch_size	100	The batch size for mini batch stochastic gradient descent.
gen_input_dim	100	The input random noise vector dimension.
gen_lr	0.0001	Generator learning rate.
gen_beta1	0.5	beta_1 is the parameter for the Adam optimizer for the generator.
dis_input_dim	(32,32,3)	Shape of the real and fake housing number images to the discriminator.
dis_lr	0.001	Learning rate of the discriminator network.
dis_beta1	0.5	beta_1 is the parameter for the Adam optimizer for discriminator.
alpha	0.2	This is the leak factor of the LeakyReLU activation. This helps to provide a gradient (0.2 here) when the input to the activation function is negative. It helps solve the dying ReLU problem. The gradient of the output of the ReLU function with respect to its input is 0 if the input is less than or equal to 0. The back-propagated error from later layers gets multiplied by this 0 and no error passes to the earlier layers though the neuron associated with this ReLU. The ReLU is said to have died and many such dead ReLUs can affect the training. LeakyReLU overcomes this problem by providing small gradient even for negative input values, thus ensuring that the training never stops due to lack of gradient.
epochs	100	This is the number of epochs to run.
smooth_coef	0.1	This smooth coefficient is designed to reduce the weight of the loss of real samples to the discriminator. For instance, the smooth_coef of 0.1 would reduce the loss attributed to the real images to 90% of the original loss. This helps the GANs to converge better.

GeForce GTX 1070 GPU를 사용하여 이러한 매개변수로 GAN을 훈련하는 데 약 3.12시간이 소요된다. 독자는 더 빠른 교육을 위해 GPU를 사용하는 것이 좋다.

훈련 중 CAPTCHA의 품질

이제 훈련 중에 다양한 시대에 생성된 CAPTCHA의 품질을 살펴보자. 다음은 에포크 5(그림 10.7a 참조), 에포크 51(그림 10.7b 참조) 및 에포크 100(그림 10.7c 참조) 이후의 CAPTCHA 이미지이다. 훈련이 진행됨에 따라 CAPTCHA 이미지의 품질이 향상되었음을 알 수 있다. 다음 스크린 샷은 에포크 5에서 생성된 샘플 CAPTCHA의 결과를 보여준다.

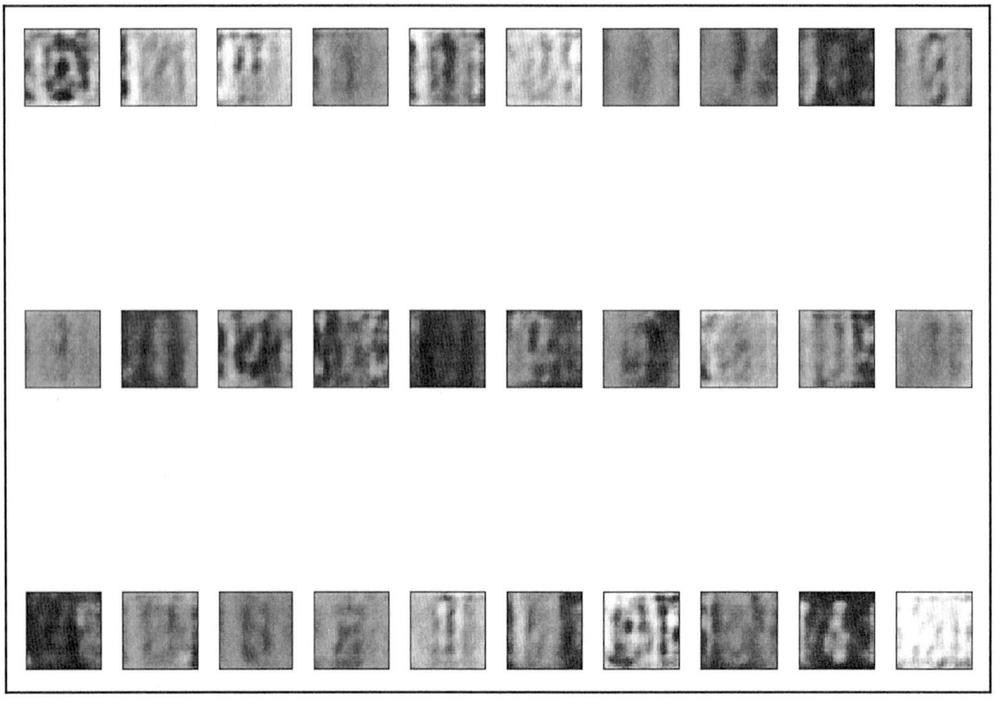

그림 10.7a 에포크 5에서 생성된 CAPTCHA 예

다음 스크린 샷은 신기원 51에서 생성된 샘플 CAPTCHA에 대한 결과를 보여준다.

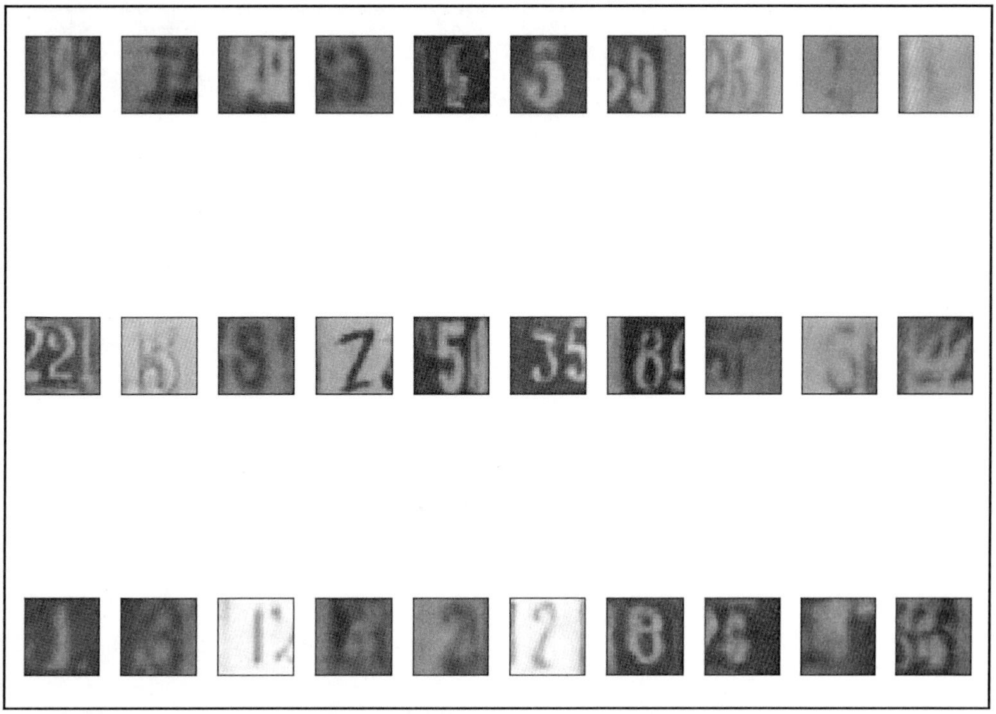

▌그림 10.7b▐ 에포크 51에서 생성된 CAPTCHA 예

다음 스크린 샷은 에포크 100에서 생성된 샘플 CAPTCHA의 결과를 보여준다.

| 그림 10.7c | 에포크 100에서 생성된 CAPTCHA 예

훈련된 생성기를 사용하여 사용할 CAPTCHA 생성

훈련된 GAN 신경망은 런타임에 로드하여 CAPTCHA와 같은 스트리트 뷰 주택 번호를 생성하여 사용할 수 있다. generate_captcha 함수는 다음과 같이 사용할 CAPTCHA를 생성하는 데 사용할 수 있다.

```
def generate_captcha(gen_input_dim,alpha,
                     num_images,model_dir,outdir):

    g = generator(gen_input_dim,alpha)
    g.load_weights(model_dir + 'generator')
    noise =
    np.random.normal(loc=0, scale=1, size=(num_images,gen_input_dim))
    generated_images = g.predict(noise, verbose=1)
    for i in range(num_images):
        img = generated_images[i,:]
        img = np.uint8(((img+1)/2)*255)
        img = Image.fromarray(img)
        img.save(outdir + 'captcha_' + str(i) + '.png')
```

사용자가 사람인지 봇인지 확인해야 하기 때문에 생성된 CAPTCHA에 대한 레이블을 갖는 방법이 궁금할 것이다. 아이디어는 매우 간단하다. 레이블이 없는 CAPTCHA를 레이블이 있는 일부 CAPTCHA와 함께 보내서 사용자가 어떤 CAPTCHA가 평가될지 알 수 없도록 한다. 생성된 CAPTCHA에 대해 충분한 레이블이 있으면 대부분 레이블을 실제 레이블로 사용하여 이후 평가에 사용한다.

다음 명령을 호출하여 captcha_gan.py 스크립트에서 generate_captcha 함수를 호출할 수 있다.

```
python captcha_gan.py generate-captcha --gen_input_dim 100 --num_images 200
--model_dir '/home/santanu/ML_DS_Catalog-/captcha/' --outdir
'/home/santanu/ML_DS_Catalog-/captcha/captcha_for_use/' --alpha 0.2
```

다음 스크린 샷(그림 10.8)은 generate_captcha 함수를 호출하여 생성된 일부 CAPTCHA를 보여준다. 이미지가 보안 문자로 사용하기에 충분하다는 것을 알 수 있다.

| 그림 10.8 | 훈련된 GAN 신경망의 생성기를 사용하여 생성된 CAPTCHA

요약

이 장과 관련된 모든 코드는 다음 위치에 있는 GitHub 링크에 있다. https://github.com/PacktPublishing/Intelligent-Projects-using-Python/tree/master/Chapter10. 딥러닝이 CAPTCHA에 어떤 영향을 미칠 수 있는지에 대한 공정한 아이디어를 갖게 되었다. 스펙트럼의 한쪽 끝에서 심층 학습 AI 응용 프로그램이 포함된 봇으로 CAPTCHA를 얼마나 쉽게 해결할 수 있는지 확인할 수 있었다. 그러나 다른 한편으로, 우리는 주어진 데이터 세트를 활용하고 랜덤 노이즈로부터 새로운 CAPTCHA를 생성하기 위해 딥러닝이 어떻게 사용될 수 있는지 보았다. 이 장에서는 적대적 생성신경망에 대해 배운 기술을 확장하여 딥러닝을 사용하여 스마트 생성 시스템을 구축할 수 있다. 이제 우리는 이 책의 끝 부분에 왔다. 9가지 실용적인 인공지능 기반 응용 프로그램을 통한 이러한 여정이 풍요로운 것이기를 바란다. 최선을 다하자.

찾아보기